住房和城乡建设部"十四五"规划教材

高等学校房地产开发与管理和物业管理学科专业指导委员会规划推荐教材

物业管理理论与实务

季如进　主　编

陈德豪　主　审

中国建筑工业出版社

图书在版编目（CIP）数据

物业管理理论与实务/季如进主编. —北京：中国建筑工业出版社，2022.9（2023.12重印）

住房和城乡建设部"十四五"规划教材　高等学校房地产开发与管理和物业管理学科专业指导委员会规划推荐教材

ISBN 978-7-112-27650-9

Ⅰ.①物…　Ⅱ.①季…　Ⅲ.①物业管理—高等学校—教材　Ⅳ.①F293.33

中国版本图书馆CIP数据核字（2022）第130393号

本书是在广泛吸收综合近年各地物业管理实践经验与成果基础上，融入民法典等最新物业立法精神编制而成，兼顾思想性、实用性与操作性。

本书是为物业管理专业主干课程"物业管理理论与实务"而编，获评住房和城乡建设部"十四五"规划教材，主要内容包括物业管理概述、物业管理基本理论、物业管理基本制度与政策、业主与业主大会、物业管理的早期介入与前期管理、房屋及设施设备管理、公共秩序与环境管理、物业管理风险防范与应急管理、物业服务收费和财务管理、社区治理与物业管理、其他国家的物业管理。

本书可作为高校物业管理、房地产开发与管理、工商管理、工程管理、资产管理等学科专业本科和研究生教材使用，也可供房地产和物业管理等行业从业人员学习参考和培训使用。

为更好地支持相应课程的教学，我们向采用本书作为教材的教师提供教学课件，有需要者可与出版社联系，邮箱：jckj@cabp.com.cn，电话：（010）58337285，建工书院http://edu.cabplink.com。

责任编辑：王　跃　张　晶　冯之倩
责任校对：芦欣甜

住房和城乡建设部"十四五"规划教材
高等学校房地产开发与管理和物业管理学科专业指导委员会规划推荐教材
物业管理理论与实务
季如进　主　编
陈德豪　主　审
*
中国建筑工业出版社出版、发行（北京海淀三里河路9号）
各地新华书店、建筑书店经销
北京建筑工业印刷厂制版
北京君升印刷有限公司印刷
*
开本：787毫米×1092毫米　1/16　印张：$14\frac{1}{2}$　字数：309千字
2022年9月第一版　2023年12月第二次印刷
定价：**39.00元**(赠教师课件)
ISBN 978-7-112-27650-9
（39857）

出版说明

党和国家高度重视教材建设。2016年，中办国办印发了《关于加强和改进新形势下大中小学教材建设的意见》，提出要健全国家教材制度。2019年12月，教育部牵头制定了《普通高等学校教材管理办法》和《职业院校教材管理办法》，旨在全面加强党的领导，切实提高教材建设的科学化水平，打造精品教材。住房和城乡建设部历来重视土建类学科专业教材建设，从"九五"开始组织部级规划教材立项工作，经过近30年的不断建设，规划教材提升了住房和城乡建设行业教材质量和认可度，出版了一系列精品教材，有效促进了行业部门引导专业教育，推动了行业高质量发展。

为进一步加强高等教育、职业教育住房和城乡建设领域学科专业教材建设工作，提高住房和城乡建设行业人才培养质量，2020年12月，住房和城乡建设部办公厅印发《关于申报高等教育职业教育住房和城乡建设领域学科专业"十四五"规划教材的通知》（建办人函〔2020〕656号），开展了住房和城乡建设部"十四五"规划教材选题的申报工作。经过专家评审和部人事司审核，512项选题列入住房和城乡建设领域学科专业"十四五"规划教材（简称规划教材）。2021年9月，住房和城乡建设部印发了《高等教育职业教育住房和城乡建设领域学科专业"十四五"规划教材选题的通知》（建人函〔2021〕36号）。为做好"十四五"规划教材的编写、审核、出版等工作，《通知》要求：（1）规划教材的编著者应依据《住房和城乡建设领域学科专业"十四五"规划教材申请书》（简称《申请书》）中的立项目标、申报依据、工作安排及进度，按时编写出高质量的教材；（2）规划教材编著者所在单位应履行《申请书》中的学校保证计划实施的主要条件，支持编著者按计划完成书稿编写工作；（3）高等学校土建类专业课程教材与教学资源专家委员会、全国住房和城乡建设职业教育教学指导委员会、住房和城乡建设部中等职业教育专业指导委员会应做好规划教材的指导、协调和审稿等工作，保证编写质量；（4）规划教材出版单位应积极配合，做好编辑、出版、发行等工作；（5）规划教材封面和书脊应标注"住房和城乡建设部'十四五'规划教材"字样和统一标识；（6）规划教材应在"十四五"期间完成出版，逾期不能完成的，不再作为《住房和城乡建设领域学科专业"十四五"规划教材》。

住房和城乡建设领域学科专业"十四五"规划教材的特点，一是重点以修订教育部、住房和城乡建设部"十二五""十三五"规划教材为主；二是严格按照专业标准规范要求编写，体现新发展理念；三是系列教材具有明显特点，满足不同层次和类型的学校专业教学要求；四是配备了数字资源，适应现代化教学的要求。规划教材的出版凝聚了作者、主审及编辑的心血，得到了有关院校、出版单位的大力支持，教材建设管理过程有严格保障。希望广大院校及各专业师生在选用、使用过程中，对规划教材的编写、出版质量进行反馈，以促进规划教材建设质量不断提高。

住房和城乡建设部"十四五"规划教材办公室

2021年11月

前　言

　　随着物业资产规模的日益扩大和社区治理、人居服务、新冠肺炎疫情防治重要性的日益凸显，物业管理服务成为现代社会经济生活须臾不离的基本承载和重要保障。物业管理是一门融经济学、管理学、法学、社会学、建筑科学和现代信息技术等多学科为一体的综合性、专门性学科，"物业管理理论与实务"是物业管理、房地产开发与管理本科专业学生必学的主干专业课程。本书的编写正是应时代发展和高等学校专业人才培养需求，力求使物业管理和相关相近专业的大学生能比较全面、系统、准确地理解、掌握物业管理的基本知识、基本理论和物业管理服务的基本方法及专业工作的重点、难点与要求。

　　本书编写团队的骨干老师长期承担"物业管理理论与实务"课程的教学与科研，对物业管理理论与实务的知识内容、发展动态和专业规范要求十分熟悉。本书主编清华大学季如进教授是国内较早从事物业管理教学与研究的高校教师，其主编的几本物业管理教材是国内影响面巨大的专业书籍，季教授参与过国家、北京市等有关物业管理法律法规与政策的制定，并承担过多项部级物业管理方面的科研项目，有丰富的物业管理专业教学与研究经验，其所授课程相继获得清华大学、北京市"精品课程"称号。

　　本书最主要的特点是理论和实践的统一。理论上从"物权""人权"两个基本理论出发，以《中华人民共和国民法典》物权编为基础，结合我国国情、改革开放的历程和行业实践成果，以物业管理相关理论、制度政策为依据，全面阐述物业管理的本质和物业管理行业的独有特征；实务上全面阐述物业管理服务实施各个阶段、各环节的具体工作内容。力求使缺乏物业管理实践和社会工作经历的大学生通过教材的学习能在理论与实务两方面获得专业提升。

　　另外，本次教材编写特别注重内容的前沿性和时代性。教材充分吸收《中华人民共和国民法典》关于建筑物区分所有权、物业服务合同、建筑物侵权责任等与物业管理紧密有关的内容，融入住房和城乡建设部等部门《关于加强和改进住宅物业管理工作的通知》等一系列通知的精神，将新法规、新政策和近年行业数字化转型探索的成果充实进入教材，并注重引导学生对社会问题的分析、对政策走向的把握、对行业动态的关注。

　　本书可作为高校物业管理、房地产开发与管理、工商管理、工程管理、资产管理等学科专业本科和研究生教材使用，也可供房地产和物业管理等行业项目负责人员和一线从业人员学习参考。

　　本书由清华大学季如进教授主编并编写了第1、2、3、8、9、11章，第4章由河南牧业经济学院韩俊丽副教授编写，第5章由广州大学陈平副教授编写，第6章由北京林业大学张英杰副教授编写，第7、10章由北京林业大学张洋副教授编写，最后由季如进教授、北京瀛和律师事务所赵中华律师统稿，广州大学陈德豪教授主审。陈德豪教授在《中华人民共和国民法典》与新政策精神融入、物业服务收费标准测算等方面补充了很多有价值的内容，解丹丹律师也提出了不少宝贵意见与建议。

本书的编写获得清华大学、中国建筑工业出版社的大力支持。另外，本书的编写参考了国内外不少学者同仁的编著、论文，在此一并表示衷心的感谢。

诚挚欢迎有关专家学者、一线从业人员对书中疏漏不足之处批评指正。

目　录

1

物业管理概述

本章要点及学习目标

理解物业管理的基本概念。

了解物业管理的产生和发展。

掌握物业管理的基本内容。

熟悉物业管理的主要阶段。

1.1 物业管理的基本概念

1.1.1 物业的基本概念

1. 物业的含义

根据中华人民共和国行业标准《房地产业基本术语标准》JGJ/T 30—2015的规定，"物业"（Property）特指"已经竣工和正在使用中的各类建筑物、构筑物及附属设备、配套设施、相关场地等组成的房地产实体以及依托于该实体上的权益。"一个完整的物业应该包括以下几个组成部分：

（1）建筑物。通称"建筑"，一般指供人居住、工作、学习、生产、经营、娱乐、储藏物品以及进行其他社会活动的工程建筑。

（2）附属设备。其包括给水排水系统、消防系统、暖通空调系统、强电系统、弱电系统、运输设备、防雷设备等。

（3）配套设施。其是指服务于主业的配套设施，如小区中配套的商店、幼儿园、地下停车场库等。

（4）相关场地。其是指建筑物周围的庭院、绿地、道路、露天停车位等。

（5）权益。其是指附着在上述各实体上的各种权益。权利人依法对特定的物业享有占有、使用、收益或处分的权利。

需要注意的是，物业不仅包括建筑物和场地，还包括配套的设备和设施，并且多指已经建成并投入使用的。

2. 物业的分类

从建筑结构形式、层数、产权形式等不同的角度，可以对物业做不同的分类。从物业管理的角度，根据物业使用功能的不同，可以将物业分为以下四类：

（1）居住物业。其是指以居住为主要功能的物业，包括：住宅小区、单体住宅楼、公寓、别墅等。

（2）商业物业。其是指以收益性经营活动为主要功能的物业，包括：综合楼、写字楼、商业中心、酒店、康乐场所等，以及以收益性办公服务为主要功能的其他物业，如商务办公楼等。

（3）工业物业。其是指以生产经营活动为主要功能的物业，包括工业园区、厂房、仓库等。

（4）其他用途物业。其是指除上述三项物业以外的其他物业，如车站、机场、医院、学校等。

1.1.2 物业管理的概念

1. 物业管理的定义

随着物业管理行业的发展，对物业管理的认识和理解也在不断深化。

（1）《城市新建住宅小区管理办法》的提法。物业管理最早的官方提法来源于《城市新建住宅小区管理办法》（建设部令第33号），其第二条表述为：本办法所称住宅小区管理，是指对住宅小区内的房屋建筑及其设备、市政公用设施、绿化、卫生、交通、治安和环境容貌等管理项目进行维护、修缮与整治。其第四条表述为：住宅小区应当逐步推行社会化、专业化的管理模式。由物业管理公司统一实施专业化管理。

早期的物业管理是作为房地产开发建设的延伸和配套而出现的，主要体现为住宅小区的售后管理。该办法列明了物业管理的基本内容及其社会化、专业化的性质，但对于物业管理的内涵和物业管理公司的职责及权利义务的界定还比较模糊。

（2）《物业管理条例》给出的界定。2003年出台的《物业管理条例》对物业管理活动中业主、物业服务企业、建设单位和政府的责、权、利进行了较为明确的表述，其第二条对物业管理的界定为：本条例所称物业管理，是指业主通过选聘物业服务企业，由业主和物业服务企业按照物业服务合同约定，对房屋及配套的设施设备和相关场地进行维修、养护、管理，维护相关区域内的环境卫生和秩序的活动。此后，全国各地出台的地方法规普遍采用了这种表述，事实上，这种表述仅仅覆盖了业主选聘物业服务企业这一特定形式的物业管理。

（3）《物权法》的表述。2007年颁布的《中华人民共和国物权法》（以下简称《物权法》）奠定了物业管理的法律基础，但《物权法》并未明确给出物业管理的定义，其第八十一条的表述为：业主可以自行管理建筑物及其附属设施，也可以委托物业服务企业或者其他管理人管理。

《物权法》中将"物业管理企业"改称为"物业服务企业"。《物权法》颁布后，2007年《物业管理条例》的相关表述也进行了相应的修改。

从物业管理的立法演进过程来看，物业管理可以从广义和狭义两个层面定义。广义的物业管理是不动产管理活动的总称，是指业主通过自行管理、委托其他管理人或者物业服务企业等方式，对其所有的建筑物及其附属设施设备进行维修、养护、管理及维护相关权益的活动。狭义的物业管理，是指业主通过选聘物业服务企业，由业主和物业服务企业按照物业服务合同约定，对房屋及其配套的设施设备和相关场地进行维修、养护、管理，维护相关区域内的环境卫生和秩序的活动。

业主自行管理建筑物及其附属设施是业主的权利，但只有在业主具备管理能力且容易达成意见一致的情况下才具有可行性。通常情况下，物业管理工作由业主委托专业的管理人来进行。除了物业服务企业之外，《物权法》提出的"其他管理人"有可能是自然人、专业服务企业、机关、事业单位和社会团体法人等各种主体。本书侧重于以物业服务企业管理物业作为主要阐述对象。需要指出的是，"其他管理人"如果接受业主委托或聘用从事物业管理工作，同样应该具备相应的专业能力和资格，也应有相应的管理制度。本书对于物业管理和物业服务企业的论述原则上也适用于其他管理人。

2020年5月全国人民代表大会通过的《中华人民共和国民法典》（以下简称《民法典》）物权编第二百八十四条完整地保留了原《物权法》的表述，相关规定继续适用。

2. 对物业管理作用的认识

概括地讲，物业管理的作用是为了保证和发挥物业的使用功能，使其保值增值；为物业所有人和使用人创造整洁、文明、安全、舒适的生活和工作环境；最终实现社会、经济、环境三个效益的统一和最大化，促进城市的现代文明程度和可持续发展。

为加深对物业管理作用的认识，可以从以下三个角度进行具体分析：

（1）从物的角度讲，通过物业管理，发挥物业使用功能，实现物业的保值增值。

物业管理的对象首先是物业，没有物业就没有物业管理。物业管理首先要管好物业。房地产作为不动产，是一个国家最主要的自然社会资源和财富载体。对于一个家庭来说，拥有的房产或称物业是其主要或重要的物质财富。通过物业管理，确保和延长物业的使用期限，发挥和增强物业的使用功能，实现物业的保值增值，在实现业主利益最大化的同时也实现了社会总体效益和社会福利的最大化。

（2）从人的角度看，通过以人为核心的物业管理服务，为广大住用人创造良好的生活、工作环境，提升生活品质。

物业为人所用，物业的产权人、使用人具有多元化的特征。在物业管理的具体实施过程中，其管理服务必须坚持以人为核心，通过开展全方位、多层次、高效率、高质量的服务工作，为广大住用人提供并保持整洁、文明、安全、舒适的生活、工作环境和秩序，以保障人们生活、工作的正常、有序进行。物业管理承载着人们对美好生活的追求，2021年1月5日，住房和城乡建设部、国家发展改革委等十部委发布的《关于加强和改进住宅物业管理工作的通知》中明确提出促进线上线下服务融合发展，鼓励有条件的物业服务企业向养老、托幼、家政、文化、健康、房屋经纪、快递收发等领域延伸，探索"物业服务＋生活服务"模式，满足居民多样化、多层次的居住生活需求。引导物业服务企业通过智慧物业管理服务平台，提供定制化产品和个性化服务，实现一键预约、服务上门。

（3）从社会的角度看，通过物业管理，促进社区管理和社会的和谐与稳定，提高城市的现代文明程度和可持续发展。

城市的基础是社区，每个社区又由众多的居住小区和其他物业组成。因此，从一定意义上讲，物业管理尤其是住宅小区的物业管理，是社区管理和城市管理的基础性工作之一。做好物业管理工作，可以保障和促进社会的和谐稳定，提高城市管理水平和现代文明程度。为此，2021年1月5日，住房和城乡建设部、国家发展改革委等十部委发布《关于加强和改进住宅物业管理工作的通知》，着重强调将物业管理融入基层社会治理体系，是社区治理的重要内容。但是，长期以来社会各界对于物业管理的定位和作用认识不清晰，物业管理参与社区治理的沟通协作机制不健全，在社区治理中的作用未得到充分发挥。新冠肺炎疫情暴发以来，物业企业发挥贴近居民优势，在社区疫情防控中的作用凸显。

目前，我国物业服务企业主要从事的是基本的或基础性的物业管理，在物业资源整合利用中，在商业物业的经营管理中，部分物业服务企业会从事经营性服务和资产管理工作。随着市场经济的发展，保险公司、社保基金等机构投资者将越来越多地涉足不动产投资，资产管理和投资组合管理将日益成为物业管理行业新的增长点。本书侧重于基础性物业管理内容，有关物业资源整合利用和资产管理及投资组合管理的详细内容参见本书系列教材《物业经营管理》。

3. 物业管理的性质

物业管理是城市管理体制、房地产管理体制的重大改革，是一种与房地产综合开发，与现代化生产方式相配套的综合性管理；是随着住房制度改革的推进而出现产权多元化格局后与之相衔接的统一管理；是与建立社会主义市场经济体制相适应的社会化、专业化、市场化的管理。按照社会产业部门划分的标准，这种集高度统一的管理、全方位、多层次的服务、市场化经营为一体，寓经营管理于服务之中的物业管理是一种服务行业，属于第三产业。其主要性质有：

（1）服务性

物业管理作为房地产综合开发、销售的延续和完善，它不直接提供实物形态的劳动产品，而是向业主和使用人提供无形的产品——专业化的管理与服务，所以物业管理从产业划分上属第三产业——服务业。其管理的对象是物，服务的对象是人（业主、使用人），寓经营管理于服务之中。管理本身就是一种服务，为物业产权人和使用人提供优质高效的服务是物业管理的宗旨，也是物业管理行业赖以存在的根本，服务是物业管理最本质的特性。不过，物业服务与其他第三产业服务相比，综合性更强、门类更多、项目更广、期限更长、差异更大，并且所受的制约也多。

物业管理服务与公用事业服务（供水、供电、电话通信、有线电视等）及纯商业化的一般第三产业服务（商业、交通、旅游业服务等）另外一点根本的不同在于，其不易区别和选择。即单个业主不能对物业服务企业、服务项目、服务标准作出选择，物业服务企业也不能因个别业主欠费、违规，即时针对性地终止服务，即双方都难以对服务进程进行控制。加之物业管理服务的长期性和综合性，容易使双方产生、扩散、积累矛盾。这也是现在众多物业区域业主使用人与物业服务企业经常发生纠纷的原因之一。

（2）经营性

我国以前的房屋管理主要是政府行为，是福利性的，不可能以业养业。现在从事物业管理的是独立核算、自负盈亏、自我生存、自我发展的经营服务性企业，其从事一切活动必然要考虑经济收益，否则便无法生存发展。其从事的基本业务是有偿的，另外，其管理服务内容大量涉及房屋的出售、出租、代售、代租及围绕业主使用人的各种需求开展的针对性经营服务项目，所以经营性是物业管理的属性之一。各种有偿经营业务的开展解决了物业管理的经费来源，为物业服务企业的生存发展和物业管理的良性循环起到了保障作用。

（3）专业性

随着社会经济的发展，物业管理作为房地产业的一个专业分工成为必然。物业管理的专业性包含三层含义：一是指有专门的组织机构，表明这一行业从分散的劳动型转向了专业型；二是指有专业的人员配备，如机电维修、治安、消防、清洁、绿化等均有相应的专业人员负责；三是指有专门的管理工具和设备。除此之外，物业管理的保安、清洁、绿化等工作交由保安公司、清洁公司、绿化公司去做，也是物业管理专业性的一种体现。专业分工越细，物业管理的社会化程度就越高，这是物业管理的发展方向。

（4）社会性

物业服务区域是大量人群生活、工作、居住的地方，不同行业、具有不同社会背景、文化层次、宗教信仰、肤色、语言的各色人等集聚一处，一个物业服务区域就是一个小社会。由于资源（公共空间、土地、公用设施设备）共享、（区内公共）事务共管、责任共担，相关的管理服务工作必然具有很强的社会性。物业服务企业应争取业主、使用人和社会各方面力量的支持与帮助。例如，生活小区的治安状况、环境状况与整个社会的治安、环境状况紧密相关，社会治安状况、城市环保等大环境必然对小区的小环境产生巨大的影响。所以，在小区的治安管理、环境管理工作中应加强与所在地公安部门、环保部门的沟通，争取外部的帮助。

（5）统一性和综合性

物业设施系统化、物业产权多元化、多头管理易生的弊端等，都强烈要求有一个统一的机构对物业的各种项目进行统一严格的管理。企业化、社会化、专业化的物业管理模式将有关物业的各种管理服务工作（如清洁、绿化、保安、维修等）汇集起来统一办理，正好呼应了这一要求。在这种情况下，各产权、使用人只需面对一家物业服务企业，就可办理所有围绕物业服务需求的日常事宜，而不必分别面对各个不同的部门。因此，物业管理的服务性质具有明显的综合性。随着社会分工的进一步深化，物业管理的各专项工作如清洁、绿化、机电维修等也开始分包给专业的清洁公司、园林绿化公司和机电维修公司去做，在这种情况下，物业管理公司充当的是"总承包""大管家"的角色，工作重点是对专业公司进行监督检查。在物业公司这个"大管家"的统一管理下，产权人和使用人只需按时支付适当的服务费或租金，就可获得便捷周到的管理服务。"大管家"的综合管理职能与专业公司的专业技术操作职能相结合，既宜于提高物业管理水平，又可以降低物业管理成本。当然物业管理的统一性和综合性并不是绝对的，在不同规模和不同档次的物业项目中，也可以由不同的专业服务机构分别进行专业分项管理服务。

（6）规范性

物业管理的规范性主要有三层含义：一是物业服务主体要根据国家有关政策法规，到工商行政管理部门正式登记注册，接受审核，依法经营；二是物业服务人应通过规范的程序接管物业，即通过契约形式获得业主大会或开发商的正式聘用；三是物业服务人须依照专业法规、条例、标准和一定的规范、规程进行专业管理，并需接受业主组织和政府主管部门的监督检查。总之，规范有序是物业管理高效运作发展的重要前提，也是服务业发展的共性。

若是从物业服务企业负责物业管理工作的角度来看，物业管理还具有受聘、受托性（物业管理权来自于物业的财产权。由于现代物业建造档次高、体系完整、产权分散，使得产权人各自高效地管理自己的物业变得不可能，所以一般是将所有权与管理权分离，由开发商或业主团体以合同或协议方式聘用或委托专业物业服务企业行使管理权，对其提出明确的要求，给予相应的报酬，也进行一定的监督）和中介性（由物业服务企业代与社会联系、寻求社会的支持、服务与交换）。

1.1.3 物业管理的原则

从以上物业管理特性和其在我国各地开展的要求来看，开展物业管理应遵循以下八个原则。

1. 以人为本、服务第一

物业管理说到底是一个服务行业，业主是物业权利的主体，有权选聘、续聘和解聘物业服务企业。物业服务企业是受聘、受托工作，为业主、使用人提供服务是其生存的基础，只有处处为业主、使用人着想，寓经营管理于服务之中，用优质完善的服务满足业主、使用人居住、办公、经营等多方面的需求，为他们营造满意的生活、工作空间，才能赢得赞同，取得配合，真正管好物业，取得应有的效益。

2. 依法守约

物业服务企业的成立、物业管理权的取得、物业管理工作的开展必须依法进行，众多业主的意志也必须以法律准则来统一，因为相关的法律法规兼顾了全局和长远利益。同时，企业化、专业化的物业管理是一种市场行为，必须遵守市场契约经济的原则，业主与管理企业平等互利、权利义务对等，双方应严格按契约办事。

3. 所有权与管理权分离

物业管理权来自于物业的所有权，物业的所有权是物业管理权的基础，业主、业主大会是物业管理权的权利主体，是物业管理权的核心。物业服务企业是物业管理的执行者。由于当今物业大量属于区分所有的产权状况，产权人构成复杂（有法人、个人、甚至政府），共用部分的维护管理非哪一方能决定和胜任。

将管理权与所有权分离，统一把物业交由专业物业管理公司管理，可以克服分散管理的低效，减少纠纷扯皮现象，有利于节省人力、物力，发挥整体优势、规模效应，达到物业管理的统一高效。贯彻这一原则的方法是召开业主代表大会，选举业主委员会，通过招标选聘物业管理公司行使物业的具体管理权。

4. 专业管理与民主管理相结合

物业管理的许多工作技术性、专业性强，需要专门机构专业人员的专业管理。同时，物业管理工作的开展与业主、使用人的生活、工作紧密相关，围绕其利益进行，必须取得他们的配合。所以，召开业主大会成立业主委员会，完善民主管理监督机构，发动组织全体业主、使用人参与、配合物业管理各项工作，形成民主管理机制和专业管理与民主管理的良性互动，才能达到物业管理的高水平。

5. 统一和综合管理

现代物业体系完整，设施设备配套齐全，有很强的整体性、系统性，同时物业功能多、产权分散，各管一摊必然导致效率低下。只有统一综合管理才能克服多头管理带来的推诿扯皮、"各扫门前雪"、效率低下等问题，也才能充分发挥物业的整体功能。同时，也只有这样才能使管理集约化，降低管理成本。《物业管理条例》规定一个物业区域只能成立一个业主大会，选聘一家物业服务企业从事物业服务，正是这一原则的体现。

6. 综合效益最大化

物业管理能为开发企业、业主、使用人带来直接的经济利益，但开展物业管理不能只从局部经济利益考虑问题。因为物业管理还涵盖社区文化的内容，与业主和使用人的精神生活密切相关。同时，它又关乎城市的安定与发展，是城市管理的重要组成部分。所以，开展物业管理一定要经济效益、社会效益和环境效益兼顾，以综合效益最大化为原则。

7. 有偿服务、经济合理

要想使物业管理持久有效，服务企业生存发展，必须要有稳定的管理经费支撑。服务收费是物业管理市场化的必然要求与突出体现，是物业管理的活水之源。物业服务企业应根据业主的需要开展有偿服务，走"取之于民，用之于民""靠山吃山，以区养区"的经营之道，从而保证物业管理有稳定的经费来源，形成经营管理的良性循环。同时，物业服务的项目、深度、质量、收费标准的高低等应根据实际情况，视服务成本、服务对象支付能力、硬件配套设施状况等综合而定，不能盲目增加服务项目、提高服务收费标准甚至强制收费，否则便会引致纠纷，造成管理的被动。

8. 竞争择优

竞争是市场经济的灵魂。物业管理行业的发展要遵循市场经济规律，引入竞争机制，鼓励公平合理的竞争，打破物业管理权的"世袭"和垄断，让那些信誉好、水平高、收费合理的物业服务企业占领市场，把那些靠依附关系生存、收费高、水平低的企业淘汰出局。只有这样，才能促使物业服务企业苦练"内功"，强化内部管理，重视用户呼声和成本控制，提高综合竞争能力，促使我国物业管理行业吸收和引进外国物业管理的先进经验，尽快实现与国际接轨，促进物业管理向专业化、集约化方向发展，推动我国物业管理行业整体水平的提高。

1.1.4　物业管理与传统房地产管理的区别

物业管理作为城市管理体制的重大改革，与传统的房地产管理相比，从观念、管理模式以及管理的内容、广度和深度上都有本质区别，主要体现在以下四个方面。

1. 管理体制不同

传统的房地产管理是在计划经济体制下由政府或各部门、企事业单位采用行政手段直接进行的福利型封闭式管理，管理单位是终身制。物业管理则是专业化的企业通过市场由业主选择，并且通过合同方式实行在规定期限内的聘用制，用经济手段进行社会化管理的有偿服务。即传统的房地产管理是计划经济体制下的政府行政行为，是福利型的、无偿的；物业管理则是市场经济体制下的企业行为，是经营型的、有偿的。

2. 管理内容不同

传统的房地产管理以单一的收租养房为主要内容，管理内容单一。物业管理则是对房屋设施设备等实行多功能、全方位、综合性经营管理与服务，既管物又服务于人，以对物业有形"物质"（房屋主体、设施设备等）的管理为基础，以该物业的业主和使用人为核心展开与此相关联的各项服务与管理工作，以人为核心提供精神和物质两个方面的服务。物业服务企业通过自身的经营渠道形成正常的造血功能，以业养业，政府不给补贴，实现资金的良性循环。

3. 所管房屋的产权结构不同

传统的房地产管理，不论是政府还是单位管理的房屋绝大多数是国家或单位所有，是公产，其产权关系单一，使用人仅是承租者而不是产权人。随着住房制度改革的深入和房屋商品化的进程，产权结构发生了根本性变化，国家或单位所占的比例越来越少，已形成国家、单位、公司、个人，包括外国人拥有产权的产权多元化格局。

4. 经营机制不同

传统的房地产管理是一种福利机制，由管理者按自身的意愿去管理用户，与用户是管理与被管理的关系。用户无法选择管理者，很少有监督权，更谈不上决策权，处于被动地位。物业管理则是市场经营机制，业主可以自行管理，也有权选聘物业服务企业，物业服务企业也有权接受或不接受选聘。双方在完全平等的原则下，通过市场竞争双向选择，签订物业服务合同，明确各自的权利、义务，业主和使用人参与重大事项的决策。物业服务企业与业主和使用人是服务与被服务的关系。

总之，物业管理与传统房地产管理相比无论是在管理模式、手段、观念、关系上，还是在管理的深度和广度上，都有明显的区别，具体见表1-1。

物业管理与传统房地产管理的比较　　　　　表1-1

比较内容　　　　类别	物业管理	传统房地产管理
物业权属	多元产权（个人产权为主）	单一产权（国家产权）
管理模式	市场经济管理模式	计划经济管理模式
管理手段	经济、法律手段	行政手段
管理实体	物业管理或其他专业企业	政府房地产管理部门
管理性质	有偿服务	无偿服务
管理行为	企业行为	政府行为
管理关系	契约关系、服务与被服务的关系	隶属关系、管理与被管理的关系
管理形式	社会化、专业化统一管理	分散的部门管理
管理方针	以业养业	以租养房
管理内容	多功能全方位	管房修房，内容单一
管理费用	管理服务费为主	低租金和大量财政补贴
管理观念	为业主、使用人服务	管理住、用户
管理期限	合同期	终身

1.2　物业管理的产生和发展

1.2.1　物业管理的起源与发展

物业管理起源于19世纪60年代的英国。当时正值资本主义上升时期，在城市化迅猛发展的形势下，大量农村人口涌入城市，但城市房屋跟不上人口的激增，造成严重的房荒。于是，许多开发商修建一些简易住宅低租金租给平民和工人，但由于缺乏管理，居住环境恶劣、条件差，使得拖欠租金、人为损坏房屋设施的情况时有发生，业主们的利益无法得到保障。一位名叫奥克维娅·西尔（Octavia Hill）的女业主，率先为其出租的住宅制定了一套别开生面的管理办法，引导并要求租户严格遵守，并及时对损坏的房屋及其设施设备进行修缮，出人意料地收到了良好效果，引得当地业主纷纷效仿，这便是最早的"物业管理"。随后英国还成立了非营利性行业组织——皇家特许屋宇经理学会，以英国为起源地，在一个多世纪的时间里，物业管理在世界各地逐渐推行开来。

19世纪末20世纪初，美国经济得到迅速发展，伴随着建筑技术的不断进步，一幢幢高楼拔地而起，这些高层建筑附属设备多、结构复杂、日常维修养护和管理事务烦琐复杂，对管理人员的专业性和技术水平提出很高的要求，同时这些建筑物往往不是一个或几个业主所有，常常是数十个或数百个业主共有，于是出现了专业化的物业管理机构，为楼宇所有业主提供专业性和技术性的楼宇管理和维修养护工作。随着物业管理机构的增加，20世纪初美国也成立了第一个物业管理方面的行业协会——芝加哥建筑管理人协会。行业自治组织的成立既标志着物业管理行业的成熟，又有力地推动了物业管理行业的有序发展。此后，物业管理日益被业主和政府重视，逐渐发展成为一个新型的服务行业。

1.2.2 城镇住房及住房制度改革

我国物业管理是在城市房地产综合开发和住房制度改革背景下，通过实行住房商品化制度而逐渐发展起来的。

1. 我国城镇住房的发展情况

1949年中华人民共和国成立后，国家对城市房地产确立了逐步实行国有化的政策。一方面，大量城市房屋经过私房社会主义改造运动转化为国有；另一方面，政府和国有企业又建造大量的住房提供给居民和职工租用，形成了具有中国特色的公有住宅体系（包括非住宅公房）。除各国有单位经管的房屋外，政府房地产行政主管部门还直接经管一部分公房，出租给居民使用，由房管所具体负责管理和养护。

中华人民共和国成立后的七十多年中，公有住宅的总量经历了一个由小到大、再由大到小的演变过程，即中华人民共和国成立初期私房总量远远大于公房总量，以后城市公有住宅又远远大于私有住宅。改革开放以后，随着住房制度的改革和房地产市场的发展，私有住宅数量又迅速超过公有住宅。改革开放以后，国家确立了住房商品化方针，一方面，大力发展商品房销售；另一方面，按照住房制度改革政策向职工和居民出售公有住房。

2. 改革开放前的城镇住房制度

几十年来，我国房屋管理一直采取福利型的行政管理模式，这种管理模式符合当时城镇住房制度的要求。所谓城镇住房制度，就是国家在解决城镇居民住房问题方面实行的基本政策和制度，主要包括：城镇住宅建设投资方式、住房分配方式、住房管理方式、住房消费方式、住房交换关系等方面，这些方面经济关系的总和构成城镇住房制度。

我国改革开放前的城镇住房制度主要呈现三个特征：一是住房投资由国家和国有企业统包；二是住房分配采取实物分配；三是住房消费采取福利低租金和国家包修包养制度。

住房建设、分配、管理都由国家和国有企业统包，是我国在计划经济体制下的城镇住房制度。其弊端表现在建设资金有投入无回收，形不成投入产出的良性循环，制约了住宅建设的发展，住房供应极其短缺，人均住房面积下滑；收取的房租过低，不能维持房屋的维修养护，房屋损坏严重，大量的危旧破房得不到改造，危及群众的居住安全，国家为此也背上了沉重的包袱。

3. 住房商品化制度

（1）建立并扶持商品房市场

1978年以后，随着我国经济体制改革逐步展开，房地产领域进行了三项改革：一是城镇住房制度改革；二是城市土地使用制度改革；三是房地产生产方式改革。房地产生产方式改革的主要内容就是改变国家统一投资、统一分配、统一修缮管理的统包统支制度，发挥国家、企业和个人的积极性，推行"统一规划、合理布局、综合开发、配套建设"的综合开发模式，建立并完善商品房市场。房地产生产方式经历长时期的改革发展，综合开发后的住宅小区呈现三个特点：一是数量多；二是规模大；三是建筑水平与配套设施设备得到突破性的提升。在"统一规划、合理布局、综合开发、配套建设"的建设方针指引下，居住区规划布局日臻合理，配套设施日益完善，我国商品房市场从建立日趋完善。

（2）城镇住房制度改革

城镇住房制度改革是经济体制改革的重要组成部分。早在1979年，国家就开始逐步推行城镇住房制度改革，开始实行向居民售房的试点。1994年，国务院下发了《关于深化城镇住房制度改革的决定》，全面开展公有住房向居民和职工出售工作。1998年，国务院发布了《进一步深化城镇住房制度改革加快住房建设的通知》，取消住房实物分配，开始实施住房分配货币化。同时，提出经济适用住房建设方针和政策，为中低收入居民购房铺平了道路。国家通过提高工资、给职工发放住房公积金和住房补贴，鼓励职工到房地产市场购买住房，全面实现了住房商品化秩序。

1.2.3 我国物业管理的产生

随着住房商品化的深入开展，如何管理好新建住宅小区和各类商品房屋既是广大群众的迫切要求，也是新形势下摆在房地产主管部门面前的紧迫任务。各地对住宅小区的管理模式进行了多方面的探索，例如，大庆石油管理局对住宅区进行封闭式管理；常州等地由街道办事处统一管理；上海市由房管所、街道居委会、派出所三位一体进行管理等。这些探索对长期以来的行政管房方式都作了不同程度的改革，也取得了一些效果，但都没有将房屋管理推向市场，没有从根本上改变住宅小区的行政管理体制。

1981年3月10日，深圳市第一家涉外商品房管理的专业公司——深圳市物业管理公司挂牌成立。该公司隶属于深圳经济特区房地产公司，针对商品住宅小区的商品房被多家单位和个人购买后形成的产权多元化格局，按照社会化、专业化的管理原则和企业经营的方式对住宅小区实施专业管理，为业主提供有偿服务，收取相应的服务费用，建立了"独立核算、自负盈亏、自我发展、自我完善"的运行机制，使房屋管理工作从政府行为转变为企业行为，使房屋管理从政府补贴为主到自负盈亏，为特区乃至全国房屋管理工作的改革提供了成功的经验。

随后，南方一些沿海城市也相继成立物业管理公司。广州东华实业股份有限公司1984年征地开发的五羊村，也是实行专业化物业管理较早的一个小区。该小区的住户较为复杂，既有个人购房者，也有企事业单位购房后分配给职工的。从1986年第一批住户入住，五羊村就成立了专业物业管理公司，为居民提供各种公共服务、专项服务和特约服务，并承担公共设施的管理和维护。

广州东华物业管理公司在实践中不断完善小区物业管理模式。在五羊小区，行政管理和物业管理职责分明、互相配合、互相支持、密切联系。例如，街道和居民委员会派员参加管理处的主任例会，及时了解物业管理的情况，通过宣传、教育使居民、单位支持物业管理工作；派出所对管理处开出产权人或住户签妥的物业管理协议的证明，及时给予办理户口迁入手续；派出所还负责小区保安队伍的业务指导和交通违章处罚等工作；小区管理处对各种违章搭建进行管理，遇到困难时规划城监部门及时依法予以强制处理，其他行政管理部门对物业管理也给予大力支持。物业管理公司通过专业化的管理服务，使小区的各个方面能够正常运转并发挥最佳效能，营造和维持了优美整洁、方便舒适、文明安全的小区居住环境。

对党政机关、事业单位和企业干部职工居住较为集中的房屋进行物业管理，获得成功经验的是深圳市莲花二村。莲花二村住宅区是深圳市住宅局1990年10月开发建设的大型居住小区，入住者大多是党政事业单位和企业的干部职工。该小区由深圳市住宅局下属企业——深圳市莲花物业管理公司管理。深圳市莲花物业管理公司勇于开拓、锐意改革，在实践中既吸取我国香港房屋管理的成功经验，又借鉴国内房管所房屋管理的丰富经验，努力开创一流的管理、一流的服务，探索出了一条自我运转、自我发展、自我完善、社会效益和经济效益相统一的房屋管理新路子。1992年，莲花二村被评为"国家示范文明住宅小区"。

由此，我国城镇房屋管理开始逐步走上专业化的物业管理道路。

1.2.4　我国物业管理的发展

1981年3月我国第一家专业化物业管理公司——深圳市物业管理公司成立，标志着我国在物业管理道路上迈出了第一步。1994年，深圳市人民代表大会常务委员会颁发了全国第一部物业管理地方性法规——《深圳经济特区住宅区物业管理条例》，以地方立法的方式对物业管理进行制度规范。

建设部在认真总结深圳和广州经验的基础上，于1994年颁布了《城市新建住宅小区管理办法》，明确要求"住宅小区应当逐步推行社会化、专业化的管理模式，由物业管理公司统一实施专业化管理""房地产开发企业在出售住宅小区房屋前，应当选聘物业管理公司承担住宅小区的管理，并与其签订物业管理合同""住宅小区应当成立住宅小区管理委员会，在房地产行政主管部门指导下，由住宅小区内房地产产权人和使用人选举的代表组成，代表和维护住宅小区内房地产产权人和使用人的合法权益"，并对管理委员会、物业管理公司的权利、义务，物业服务合同内容以及物业管理相关各方违规的处罚等作出了规定。由此，确立了物业管理新体制，为我国房地产管理体制的改革指明了方向。

《城市新建住宅小区管理办法》颁布后，各地开始把物业管理作为城市管理体制的重大改革事项来着手推行。青岛市委、市政府于1994年制定了住宅小区实施物业管理"一年试点、三年普遍推开"的目标。市政府成立了领导小组，分管市长担任组长，建设、房地产、市政、园林、公安、规划、环卫等部门和各区区长作为成员，保证了市、区政府各部门在推动物业管理新体制上形成合力。1995年，建设部在青岛召开了全国第一次物业管理工作会议，推广青岛对住宅小区实施物业管理的经验。在这次会议上，侯捷部长在讲话中提出："房地产业的发展，对住宅区以及其他房屋的管理、维护提出了新的要求，要求房地产的售后服务按照市场经济的模式建立新体制，房地产经营管理必须从简单的修修补补、收收租金，转向综合性、多功能的社会服务"。

在此期间，大连市也开始部署对全市较大住宅小区的整治改造工作，将全面清理违章建筑、实施绿化工程、增补市政设施作为全面推进物业管理的前期准备工作，要求住房小区建立以经营性服务为核心的物业管理新体制，同时加快地方立法，巩固整治成果。1997年，建设部在大连召开全国第二次物业管理工作会议，推广大连整治改造旧住宅小区、推进物业管理的经验。

早在1993年，深圳市就开始积极探索物业管理招标投标制度。深圳市住宅局首先在内部进行尝试，将新建的大型住宅小区——莲花北村的物业管理权用招标投标的方式选聘物业服务企业。1994年，深圳市万厦居业公司获得了该小区的物业管理权，在1995年全国优秀示范小区评比中，莲花北村获得了全国物业管理优秀示范小区第一名。1996年，深圳又以旧小区鹿丹村作为试点进行物业管理招标投标，经过激烈竞争，深圳万科物业管理公司中标，取代了原物业管理公司，从而使深圳物业管理招标投标又向前迈进了一步。

1999年，建设部在深圳召开了全国第三次物业管理工作会议，推广深圳物业管理项目招标投标制度和经验。宋春华副部长在这次会议的工作报告中指出：深圳加速推进物业管理竞争机制，初步形成了以政府调控为主导，业主和企业双向选择，公平竞争的物业管理市场机制。俞正声部长在这次会议上也指出：深圳会议主要解决了物业管理市场问题，其核心问题是推进竞争、规范行为。学习深圳，关键是把市场竞争作为推动物业管理健康发展的途径。

从1995年开始，建设部还在全国开展了城市物业管理优秀小区（大厦、工业区）和优秀市长的表彰活动，激发了各地提高物业管理水平的热情，创建了一批又一批"全国物业管理优秀小区（大厦、工业区）"，取得了丰硕成果。

2000年，中国物业管理协会成立，对加强行业发展指导和行业自律起到了重要作用。2001年，中国物业管理协会在杭州举办中国物业管理发展论坛，把我国物业管理理论与实践的研究工作引向深入。2002年，建设部建立全国物业服务企业信用档案系统，有力地促进了物业管理行业的诚信建设，推动物业服务企业规范运作。

2003年9月1日，国务院《物业管理条例》颁布实施，标志着我国物业管理正式统一进入法制化、规范化的新发展阶段。此后随着2007年《中华人民共和国物权法》的实施、2017年国务院取消物业服务企业资质审定等法规政策的出台，2007年8月、2016年2月、2018年3月，国务院又对《物业管理条例》做了三次修改。

2007年10月1日，《中华人民共和国物权法》（以下简称《物权法》）正式施行，其第六章"业主的建筑物区分所有权"，首次明确以国家法律的形式提出了业主的建筑物区分所有权概念。《物权法》第七十条规定，业主对建筑物内的住宅、经营性用房等专有部分享有所有权，对专有部分以外的共有部分享有共有和共同管理的权利。换句话说，物业服务区域内，除专有物权以外的部分，比如电梯、过道、走廊、小区绿化带等都属于业主共有的物权。业主们打开家门，直到小区红线以内的非专有部分，未经特殊规定，都属于业主共有部分。共有物权的概念之所以重要，是因为这是业主、业主大会、业主委员会一切权利、义务关系的物质基础。业主大会、业主委员会存在的物质基础就在于，业主们要联合起来，就大家共同拥有、使用的共有部分进行管理、处分与协调，使共有部分处于良好的状态，营造一个整洁、和谐、宁静的家园。而物业服务人的基本职责也正是对这一部分的管理服务，因为对于业主来说，专有部分是私人物权部分，任何人未经允许，不能随便进入干涉。

2021年1月1日《民法典》正式实施（原单行法物权法、合同法、侵权责任法、民法通则等分别称为《民法典》其中的一编），标志着我国物业管理全面进入法制化优化发展轨道。《民法典》物权编对原《物权法》进行了部分修改，主要包括：修改了业主对共同决定事项的投票表决规则，明确了业主共有物权部分产生收入的归属，增加了物业服务企业执行、配合政府依法实施的应急处置措施或管理措施的规定，同时也强调了业主配合物业服务企业的义务；《民法典》合同编新增了物业服务合同一章（共14条），对物业服务合同的定义、内容、形式、效力、订立、执行、终止等作了系统明确的规定，突出了对物业服务各方权利的平等保护和义务对等的市场化精神；《民法典》侵权责任编新增建筑物和物件损害责任，明确规定禁止从建筑物中抛掷物品，强调从建筑物中抛掷物品或者从建筑物上坠落的物品造成他人损害的，由侵权人依法承担侵权责任，并且明确物业服务企业等建筑物管理人应当采取必要的安全保障措施防止建筑物抛物和坠物情形的发生，未采取必要安全保障措施的，应当依法承担未履行安全保障义务的侵权责任。另外，《民法典》对涉及物业管理的一些用词也进一步作了规范，例如以"物业服务人"代指"物业服务企业"或"其他管理人"，将"物业管理区域"改为"物业服务区域"，将"物业管理用房"改为"物业服务用房"，将"缴交""交纳"改为"支付"等。总之，《民法典》的颁布实施进一步凸显了物业管理在社会经济生活中的重要性，对进一步促进和规范物业管理行业的健康发展意义重大。

据统计，截至2021年底，我国物业服务企业总数已超过13万家，从业人员突破1200多万。物业管理已在房地产业与其他服务业相结合的基础上，发展成为与我国社会、经济协调发展，与广大人民生活、工作息息相关的一个新兴行业。以2014年"彩生活"在我国香港上市为标志，截至2021年底共有近60家物业服务企业在我国香港地区和内地上市，物业管理市场化、平台化、资本化运作水平日益提升。新冠肺炎疫情背景下，物业管理的中长期行业价值进一步获得社会认可。

1.3 物业管理的基本内容

物业管理的对象、范围相当广泛，涵盖各类建筑，如高层与多层住宅区、综合办公楼、商业楼宇、工业厂房、仓库、停车场等。尽管物业类型各有不同，使用性质差异很大，但物业管理的基本内容是一致的，按服务的性质和提供的方式可分为常规性的公共服务、针对性的专项服务和委托性的特约服务三大类。

1.3.1 常规性的公共服务

1. 常规性公共服务的概念

常规性公共服务是指物业服务企业面向所有业户提供的最基本的管理和服务，目的是确保物业的完好与正常使用，保证正常的生活、工作秩序和净化、美化生活、工作环境。公共性服务工作是物业内所有住用人每天都能享受得到的，其具体内容和要求应在物业服务合同中明确规定。因此，物业服务企业有义务按时按质提供合同中约定的服务，住用人在享受这些服务时一般不需要事先再提出或做出某种约定。

2. 常规性公共服务的内容

（1）房屋建筑主体管理服务

房屋建筑主体管理服务是为了保持房屋完好、确保房屋使用功能，努力使房屋保值增值的管理与服务工作。

（2）房屋设施设备管理服务

房屋设备设施管理服务是为了保持房屋配套附属的各类设施设备完好以及正常使用而进行的管理与服务工作，详见本书第6章。

以上两项是物业管理最基本、最重要的内容，是物业健康有序正常运行的前提，也是物业保值增值的保障。

（3）环境卫生管理服务

环境卫生管理服务是为了净化物业及其环境，保持区域内卫生的清洁而进行的管理与服务工作。

（4）绿化管理服务

绿化管理服务是为了美化物业及其环境，保障生活、工作环境更加舒适健康而进行的管理与服务工作。

第（3）（4）两项管理服务可以称为物业的环境管理，是为了给广大住用人创造更加舒适整洁的生活环境，提高住用人的生活、工作质量，也是日常的物业管理服务。

（5）公共秩序管理服务

公共秩序管理服务是为维护物业服务区域的正常工作、生活秩序而开展的各项管理服务工作，广义上也属于物业环境（软环境）管理范畴。其具体工作内容包括：

1）安全防范和保卫服务，主要是通过站岗、值班、巡逻、监控等方式，对人员和物资出入物业服务区域及人员在物业服务区域的活动情况进行检查、引导和控制，保障广大业主的人身、财产安全。

2）消防协助管理服务，主要是做好物业服务区域的消防宣传教育、消防检查、消防设施配置及维护、消防火灾与水灾等应急处置工作，防患于未然。

3）交通协助管理服务，主要是对物业服务区域内部车辆、道路的管理，保障行车、停车安全有序，为人们提供更加安全、便利、舒适的生活环境。

4）物业装饰装修管理服务，包括房屋装修要求与注意事项的宣传、装修申请的审核、装修管理服务协议签订、装修过程的监管及项目验收等环节的管理与服务工作。

5）应急管理服务，主要是针对各类突发事件制定应急预案、做好应急准备与演练、进行应急处置和善后等事宜。

（6）日常客户服务

日常客户服务包括客户接待、服务受理与指引、投诉处理与反馈等日常服务工作。

（7）社区文化服务

社区文化服务是指根据物业服务区域业户需要开展的集体、节日和特色文化活动，旨在促进业户增进交往、团结互助、增强归属感。

除了以上常见的公共性服务以外，其他同时惠及全体业户的服务均可以归入此类。

1.3.2 针对性的专项服务

1. 针对性专项服务的概念

针对性专项服务是指物业服务企业为提高部分业户的工作、生活条件和质量，面向广大住用人，为满足其中部分住户、群体和单位的某种特定需要而提供的各项服务工作。其特点是物业服务企业事先设立各种专门服务项目，并将服务内容与质量、收费标准公布，当部分业户需要这种服务时，可自行选择。

2. 针对性专项服务的内容

物业服务企业应根据所管辖物业的基本状况和住用人的需求以及自身的能力开展适用的专项服务。专项服务的内容主要有以下几大类：

（1）针对部分特定业户刚性需求类

例如，一个大型小区可能有某一组团业户需要进行水箱清洗、电梯维护、绿化美化等（部分或大部分楼栋业户没有这种需求），这些工作就构成专项服务内容。

（2）商业服务类

商业服务类指物业服务企业为开展多种经营活动而为特定商户提供的各种商业经营服务项目，包括各商业网点的开设与管理以及各项经营活动的开展。

（3）文化、教育、卫生、体育类

文化、教育、卫生、体育类主要指的是物业服务企业在文化、教育、卫生、体育等方面开展的各项服务活动，包括各类相关设施的建立与管理以及各种活动的开展。

（4）社会福利和社会管理类

社会福利类指物业服务企业提供的带有社会福利性质的各项服务工作，如照顾孤寡老人、残障人士和拥军优属等；社会管理类指物业服务企业为配合政府部门针对疫情防控、人口普查等而进行的社会性工作。这类服务一般是配合地方政府和居民组织等以"低偿"或"无偿"的方式提供。需要注意的是，这类服务所需成本费用未征得广大业主同意时，不得由业主分摊。

（5）其他部分业户需要的服务

例如，部分小区业主需要的加装电梯服务、部分办公楼用户需要的室内保洁服务、部分工业园区用户需要的专门供配电服务等。

1.3.3 委托性的特约服务

特约服务是为满足产权人、使用人的个别需求受其委托而提供的服务，通常指在物业服务合同中未要求、物业服务企业在专项服务中未设立，而业户个体又提出该方面的需求，此时物业服务企业应在可能的情况下尽量满足，提供特约服务。

特约服务实际上是专项服务的补充和完善。当有较多的业户有某种需求时，物业服务企业可将此项特约服务纳入专项服务。该类服务并非必须存在，物业服务企业有权决定是否提供。

上述三大类服务工作是物业管理的常态内容。物业服务企业在实施物业管理时，第一大类是最基本的工作，必须做好，同时根据自身的能力和业户的需求确定第二、三大类中的具体服务项目与内容。物业服务企业应该采取灵活多样的经营机制和服务方式，以人为本做好物业管理的各项管理与服务工作，并根据业主和使用人的要求适时延伸服务内容，不断拓展其广度和深度。

1.3.4 住宅物业服务的三个档次

由于各类住宅小区的档次不同，居住群体存在差异，导致物业服务在实施中具有不同的档次。综合我国目前的情况看，在住宅小区中实施的物业管理服务总体上有三个档次，即保障型、常规型和尊享型。

1.保障型的物业管理服务

保障型的物业管理服务以公共性基础服务为主，其功效是保障全体业户的基本物业服务需求。内容以房屋、设施设备的正常使用和基本的环境与秩序管理服务为主，满足业主和使用人最基本的生活需求，涉及的专项服务开展较少，基本上没有特约服务。其收费标准主要执行当地政府指导价，主要适用于老旧小区、售后公房、廉租房和部分经济适用房等。

2.常规型的物业管理服务

常规型的物业管理服务是指服务交易双方按市场化原则以协议方式确定常规服务内容，在服务质量上高于保障型的物业管理服务，即在全面做好公共性服务的基础上，开展必要的专项服务，有选择地进行特约服务，旨在满足业主和使用人常规性的服务需求。其收费标准一般是在参考政府指导价的基础上，根据提供服务的项目和水平由双方协商定价。常规型的物业管理服务当前主要存在于新建中、高档商品住宅小区。

3.尊享型的物业管理服务

尊享型的物业管理服务是在提供必要的常规型物业服务的基础上，侧重于提高客户服务的品质，拓展专项服务的领域和深度，同时提供各项灵活多样的特约服务，旨在满足业户不断增长的各类服务需求，全面提升业户的生活和工作品质。其收费采用市场调节价，标准普遍较高。尊享型的物业管理服务目前主要存在于一些高档居住物业和商业楼宇。

1.4　物业管理的主要阶段

物业管理总体上是房地产开发的延续和完善，是一个复杂的、完整的系统工程。为保证物业管理工作有条不紊地顺利启动和正常进行，从项目策划、规划设计开始到管理工作的全面展开，乃至项目的灭失，有若干环节不容忽视。根据物业管理在房地产开发、建设和使用过程中不同时期的地位、作用、特点及工作内容，按先后顺序可以将物业管理工作分为以下五个主要阶段：物业管理的策划阶段、物业管理的前期准备阶段、物业管理的启动阶段、物业管理的日常运作阶段和物业管理的撤场阶段。

1.4.1　物业管理的策划阶段

物业管理策划阶段的工作包括：物业管理的早期介入、制定物业管理方案和选聘物业服务企业三个基本环节。

1.物业管理的早期介入

所谓物业管理的早期介入，是指物业服务企业在接管物业以前的各个阶段

（项目决策、可行性研究、规划设计、施工建设等阶段）就介入项目中，从物业管理运作的角度对项目的环境布局、功能规划、楼宇设计、材料选用、设备选型、配套设施、管线布置、房屋租赁经营、施工质量、竣工验收等多方面提供有益的建设性意见，协助开发商把好规划设计关、建设配套关、工程质量关和使用功能关，以确保物业的设计、建造质量和配套适用，熟悉物业情况，为物业投入使用后的物业管理创造条件，是日后项目销售顺畅、使用顺心和物业管理顺畅的前提和基础。

早期介入不需要整个物业服务企业参与，只需由物业服务企业的若干名骨干管理和技术人员参与即可，也可邀请社会上的物业管理专家参加，由他们提供专业咨询意见与建议。

2. 制定物业管理方案

项目即将建成使用前，建设单位应尽早筹划制定物业管理方案，也可聘请物业服务企业代为制定。制定物业管理方案，首先是根据物业类型、功能等客观条件以及住用人的群体特征和需求确定物业服务定位，明确物业管理的档次，物业管理的档次应当与物业本身的档次相匹配，体现物业服务的消费水平；其次，确定相应的管理服务机构、物资配备、服务流程、服务内容与具体标准；然后进行年度物业服务费用收支预算，确定各项管理服务的成本（支出）与收费标准，建立完善的能有效控制服务费用收支的财务制度。物业管理方案的核心是确定物业服务标准和服务收费标准。

3. 选聘物业服务企业

在物业管理方案制定并经审批之后，即应根据方案确定的物业管理档次着手进行物业服务企业的选聘工作。首次选聘物业服务企业由建设单位在开始销售（预售）房屋之前进行并完成。建设单位与其选聘的物业服务企业签订的物业服务合同称为前期物业服务合同，由受聘物业服务企业负责前期物业管理。建设单位也可自行组建物业服务企业，但是国家提倡房地产开发建设与物业管理相分离，主张通过招标投标的形式选聘物业服务企业。《前期物业管理招标投标管理暂行办法》（建住房〔2003〕130号）规定，居住型物业项目必须通过招标投标形式选聘物业服务企业，只有在建筑规模较小或投标人较少的情况下才可以用协议方式选聘企业。

物业管理策划阶段的特点是物业管理相关工作由建设单位主导。该阶段三个环节的工作是物业管理全面启动和运作的必要先决条件，应给予足够的重视。

1.4.2　物业管理的前期准备阶段

一旦选聘了物业服务企业，签订了前期物业服务合同，物业管理就进入前期准备阶段。这时物业服务企业就要着手进行一系列准备工作，包括物业服务企业内部机构的设置与拟定人员编制；办公场所完善和物质装备配置；物业服务人员的选聘与培训；规章制度的制定等几项准备工作。

1.物业服务企业内部机构的设置与拟定人员编制

企业内部机构及岗位要依据所管物业的规模和特点以及业主对物业管理服务的要求灵活设置。其设置原则是使企业的人力、物力、财力资源得到优化高效的配置，尽可能建立一个以最少人力资源和费用支出而能达到最高运营管理效率和最佳经济效益的组织。

岗位设置和职能安排既要分工明确，又要注意各部门之间的衔接配合，并最大限度地减少冗员，具体员工数需视实际需要而定。

2.物业服务人员的选聘和培训

物业管理日常工作平凡而繁杂，从事物业管理服务的人员需具有勤奋不懈的敬业精神。另外，根据专业化的要求，物业管理所涉及的各岗位工种人员应达到一定的水平并对其上岗资格进行确认。

选聘的人员一般为两种类型：管理服务类型和工程技术类型。其中，有的岗位人员应按国家有关规定取得相应的岗位执业资格证书，例如消防监控人员、电梯维护人员、电工等特殊工种岗位人员等；选聘的其他人员应由富有经验的专业人员进行培训，培训时间应选在开展管理工作前3～6个月为宜。培训内容根据设置的岗位要求考虑，培训重点是各部门的负责人及骨干；培训的目的以能胜任所承担的工作为主。随着技术培训向社会化发展，物业服务企业也可以直接聘用已经取得从事相关专业认证资格的人员。

3.办公场所完善与物质装备配置

"工欲善其事，必先利其器"。为了能顺利为业户提供优质服务，保障各项工作顺利开展，必须落实办公、值班、设备用房，完善工作条件，配置必要的办公、工作器具和材料。

4.规章制度的制定

规章制度是物业管理顺利进行的保证。规章制度的制定应依据国家和政府有关部门法律、法规、政策和示范文本，结合本物业的实际情况制定，制度是物业管理规范化、法制化的重要前提，也是实施和规范物业管理行为的必要措施和保证。

首先，应根据物业特点和外部环境，依据政府的示范文本，有针对性地编写管理规约（临时管理规约）；其次，制定管理文件，如各项守则、管理规定、各级员工岗位职责及工作程序，建立正常高效的企业运作内、外部管理制度，各项规章制度都要具有可操作性。在制定企业内、外部管理制度时，要特别注意沟通机制、监督约束机制和奖惩机制的建立与执行，并在实践中逐步补充、修改和完善。

1.4.3 物业管理的启动阶段

物业管理的全面启动以物业的承接查验为标志，物业一旦承接查验，物业管理服务就要全面启动。从物业的承接查验开始到首次业主大会会议的召开、业主委员会的成立，并选聘新的物业服务企业之前都属于前期物业管理。在此阶段，除了要开展日常的物业管理服务以外，有几个基本环节需要特别重视，即物业的承接查验、用户入住、档案资料的建立、首次业主大会会议的召开和业主委员会的正式成立。

1. 物业的承接查验

物业的承接查验包括新建物业的承接查验和原有物业的承接查验。新建物业的承接查验是在开发建设单位和政府有关部门对施工单位竣工验收的基础上进行的再验收。承接查验一旦完成，即由开发商或建设单位向物业服务企业办理物业的交接手续，标志着物业正式进入使用阶段，物业管理全面启动。

原有物业的承接查验通常发生在产权人将原有物业委托给物业服务企业管理之际；或发生在原有物业服务区域改聘物业服务企业之时。在这两种情况下，原有物业承接查验的完成也标志着新物业管理工作的全面开始。

物业的承接查验是直接关系到物业管理工作能否正常顺利开展的重要一环。在承接查验的过程中，物业服务企业要充分发挥自己的专业价值，严密做好物质、资料等各环节的查验，对验收中发现的问题应准确记录在案，明确整改与管理维修责任。相关内容详见本书第5章。

2. 用户入住

用户入住是指住宅小区的业主和使用人入住，或商业楼宇中业主和租户的迁入。用户入住发生在物业使用期的全过程，但大量的用户入住集中在物业交付使用的最初一段时间内。这一环节的最大特点是物业服务企业与服务对象的首次全面接触，因此，如何使服务对象从一开始就对物业服务企业有一个基本的认同感和满意是这一环节的关键。

为了能有一个良好的开端，物业服务企业首先需要通过各种宣传手段和方法，使用户了解物业管理的有关规定，主动配合物业服务企业日后的管理工作。通常，物业服务企业需向用户发放《用户须知》或《用户手册》《装修管理规定》等指引性或规范性文件；为配合用户搬迁，做好入住前的清洁开荒等工作；同时，加强入住阶段的安全保卫工作等。

3. 档案资料的建立

档案资料包括业户资料和物业的档案资料。

业主或租住户入住以后应及时建立他们的档案资料，例如，业主的姓名、家庭人员情况、工作单位、平时联系的电话或地址、支付服务费情况、物业的使用或维修养护情况等。

物业档案资料是对前期建设开发成果的记录，是以后实施物业管理时工程维修、配套、改造必不可少的依据，是更换物业服务企业时必须移交的资料之一。

档案资料的建立主要应抓住收集、整理、归档、利用四个环节。要尽可能完整地归集从规划设计到工程竣工、从地下到楼顶、从主体到配套、从建筑物到环境的全部工程技术维修、安装、调试资料，尤其是隐蔽工程的技术资料。经整理后按照资料本身的内在规律和联系进行科学的分类与归档，也可按系统项目分类，如配电系统、供水排水系统、消防系统、空调系统等。

4. 首次业主大会会议的召开和业主委员会的正式成立

根据相关规定，当物业销售和用户入住达到一定比例（如50%）或首位业主入住达到一定时间时，应在政府主管部门和街道办事处（镇政府）的指导下由街镇（居委会）代表、业主代表、建设单位代表组成业主大会筹备组，负责业主大会的筹备工作，并在30日内召开首次业主大会会议，制定和通过业主大会议事规则、管理规约等规章，选举产生业主委员会。至此，物业管理工作就从全面启动转向日常运作。具体内容详见本书第4章。

1.4.4 物业管理的日常运作阶段

物业管理的日常运作是物业管理最主要的工作内容，包括日常综合服务与管理和系统的协调两个基本环节。

1. 日常综合服务与管理

日常综合服务与管理是指用户入住后，物业服务企业在实施物业管理中所做的各项工作。这是物业服务企业最经常、最持久、最基本的工作内容，也是物业管理服务水平的集中体现。这个工作涉及的方面很多，例如，房屋修缮管理、房屋设备管理、环境卫生管理、绿化管理、安全管理、消防管理、车辆道路管理以及为改善居住与工作环境而进行的配套设施及公共环境的进一步完善等各项管理服务工作。

2. 系统的协调

现在我国正处在经济体制的全面转轨、社会的全面转型和人们思想观念的全面转变这一特定的历史时期，物业管理社会化、专业化、市场化的特征，决定了其具有特定的、复杂的系统内、外部环境条件。系统内部环境条件主要是物业服务企业与业主、业主大会、业主委员会的相互关系以及业主之间相互关系的协调，这种内部环境是做好物业管理工作的基础。系统外部环境条件是与相关部门，例如，劳动保障、工商管理、环卫管理、园林管理、房地产管理、城市管理、街道办事处及居委会等相关部门和属地政府与社区组织相互关系的协调以及与相关企业（供电、供水、供气等）的协调，涉及面相当广泛，外部环境条件是做好物业管理工作的保障。如果缺乏这种系统内、外部环境的协调，物业管理工作会碰到许多难以想象的困难。

1.4.5 物业管理的撤场阶段

物业管理撤场是指物业管理项目进行重新招标或协议谈判后，在管物业服务企业需要按前期物业服务合同或物业服务合同约定的条款移交物业管理权，退出项目。如果合同中没有约定相关事宜，需要物业服务企业与相关主体（建设单位、业主委员会、大业主等）就撤离事宜达成书面约定。

按照《民法典》第九百四十六条规定：业主依照法定程序共同决定解聘物业服务人的，可以解除物业服务合同。决定解聘的，应当提前60日书面通知物业服务人，但是合同对通知期限另有约定的除外。《民法典》第九百四十七条第二款规定：物业服务期限届满前，物业服务人不同意续聘的，应当在合同期限届满前90日书面通知业主或者业主委员会，但是合同对通知期限另有约定的除外。

需要指出的是，物业服务企业撤场应当有序进行，不能按照自己单方面意愿随意退出，《民法典》第九百四十九条规定：物业服务合同终止的，原物业服务人应当在约定期限或者合理期限内退出物业服务区域，将物业服务用房、相关设施、物业服务所必需的相关资料等交还给业主委员会、决定自行管理的业主或者其指定的人，配合新物业服务人做好交接工作，并如实告知物业的使用和管理状况。《民法典》第九百五十条规定：物业服务合同终止后，在业主或者业主大会选聘的新物业服务人或者决定自行管理的业主接管之前，原物业服务人应当继续处理物业服务事项。这就意味着，物业服务企业在退出项目时，不仅要做好资料、财务、物资、场地交接和工作交接，而且不能在后续管理服务没有到位的情况下随意退出导致项目处于失管状态。

需要指出的是，尽管目前很少出现，未来必然会出现由于物业老化或受灾害影响不堪使用，物业服务人也需要做出撤场或尾盘管理安排，包括物业环境保护、秩序维护、场地交接、善后、撤离等工作。

本 章 小 结

物业是指已经竣工和正在使用中的各类建筑物、构筑物及附属设备、配套设施、相关场地等组成的房地产实体以及依托于该实体上的权益。完整的物业应该包括建筑物、附属设施设备、相关场地及权益等要素。

根据物业使用功能的不同，可以将物业分为居住物业、商业物业、工业物业和其他用途物业等主要类型。

广义的物业管理是不动产管理活动的总称，包括业主自行管理、委托其他管理人或物业服务企业等方式，对其所有的建筑物及其附属设施设备进行维修、养护、管理及维护相关权益的活动。狭义的物业管理，是指业主通过选聘物业服务企业，由业主和物业服务企业按照物业服务合同约定，对房屋及配套的设施设备和相关场地进行维修、养护、管理，维护相关区域内的环境卫生和秩序的活动。

物业管理的主要性质有服务性、经营性、专业性、社会性、统一性和综合性、规范性等。

专业化物业管理应当遵循以人为本、服务第一，依法守约，所有权与管理权分离，专业管理与民主管理相结合，统一和综合管理，综合效益最大化，有偿服务、经济合理，竞争择优的原则。

物业管理起源于19世纪60年代的英国，发展于19世纪末20世纪初的美国，普及于市场经济繁荣的各国。在我国内地是伴随着住房商品制度的改革和市场经济的发展，在1981年从沿海兴起并逐步发展到全国普及。

物业管理的基本内容按提供的方式可分为常规性的公共服务、针对性的专项服务和委托性的特约服务三大类。

按先后顺序可以将物业管理工作分为物业管理的策划阶段（早期介入阶段）、物业管理的前期准备阶段、物业管理的启动阶段、物业管理的日常运作阶段和物业管理的撤场阶段五个主要阶段。

复习思考题

1. 什么是物业？什么是物业管理？

2. 物业管理有哪些性质？

3. 开展物业管理应遵循哪些原则？

4. 物业管理是如何产生与发展的？

5. 物业管理与传统房地产管理有哪些区别？

6. 物业管理包含哪些内容？

7. 物业管理分为哪些主要阶段？各阶段包含哪些主要工作？

2

物业管理基本理论

本章要点及学习目标

理解与物业管理密切相关的理论。

掌握物权理论与物业管理。

熟悉公共管理理论与物业管理。

掌握委托代理理论与物业管理。

2.1 物权理论与物业管理

2007年10月1日，《物权法》的颁布施行标志着我国物权法律体系的基本确立。2020年5月，《物权法》的主体内容被编入《民法典》物权编。

2.1.1 物权的概念和基本原则

物权，是物权人依法对特定之物享有直接支配和排除他人非法干涉的权利。

物权法规，是确定和调整人与人之间因对物的归属和利用而产生的财产关系的法律规范的总称。《民法典》物权编确立了包含所有权、用益物权、担保物权和占有在内的物权体系。

法律确定的物权原则主要有：

（1）物权法定

物权法定即物权的种类和内容应由法律直接设定，不允许当事人基于其自由意志协商创设和确立。

（2）公示

公示是指物权在变动时，必须将物权变动的事实通过一定的公示方法向社会公开，从而使第三人知道物权变动的情况，以避免第三人遭受损害并保护交易安全。物权编第二章规定：不动产物权的设立、变更、转让和消灭，应当根据法律规定登记。动产物权的设立和转让，应当根据法律规定交付。

（3）公信

公信是指一旦当事人变动物权时，依据法律的规定进行了公示，则即使依公示方法表现出来的物权不存在或存在瑕疵，对于信赖该物权的存在并已从事了物权交易的人，法律也仍然承认其行为具有与真实的物权存在相同的法律效果，以保护交易安全。

2.1.2 所有权

1. 所有权的概念

所有权，是指所有权人对自己的不动产或者动产，依法享有的占有、使用、收益和处分的权利。所有权是以全面的对物的支配权为内容的权利，是所有人在法律规定的范围内，自由支配标的物并享有排他干涉的权利。

2. 所有权的权能

所有权的权能是指所有权人行使所有权的各种可能性，包括积极权能和消极权能。

所有权的积极权能包括占有、使用、收益和处分四项基本权能。

（1）占有

占有权能是指对物的实际控制的一种权能。占有表现为一种持续的状态，而这种状态通常被认为是拥有所有权最为明显的证据。

（2）使用

使用权能是指按照物的性质和功能对物的利用，以实现权利利益的权能。

（3）收益

收益权能是指收取标的物的天然孳息或者法定孳息的权能。收益有事实收益和法定收益之分。事实收益是指所有人收取天然孳息，如母鸡下蛋，果树结出果实等；法定收益是指所有人根据法律规定收取法定孳息，如收取租金、利息等。

（4）处分

处分权能是指依法对物进行处置，从而决定物的命运的权能。处分有事实上的处分和法律上的处分之分。事实上的处分又称为实物形态上的处分，是指对物加以物质上的变形、改造或损毁等行为；法律上的处分是指权利的转移、抛弃等。

所有权的消极权能是指排除他人非法干涉的权能。排除他人非法干涉的权能是指在所有权人行使权利受到妨害时，所有权人可以请求其恢复原状、返还原物、消除危险、排除妨害、赔偿损失等权能。

3. 共有

财产的所有形式可分为单独所有和共有两种。

单独所有，是指所有权的主体是单一的。

共有，是指某项财产由两个或两个以上的权利主体共同享有所有权。共有分为按份共有和共同共有。按份共有又称分别共有，是指两个或两个以上的共有人按照各自的份额分别对共有财产享有权利和承担义务的一种共有关系。共同共有指两个或两个以上的公民或法人，根据某种共同关系而对某项财产不分份额地享有权利并承担义务。共同共有主要有夫妻共有、家庭共有、遗产未分割前的继承人共有等几种常见情形。

因共有的不动产或者动产产生的债权债务，在对外关系上，共有人享有连带债权、承担连带债务，但法律另有规定或者第三人知道共有人不具有连带债权、债务关系的除外；在共有人内部关系上，除共有人另有约定外，按份共有人按照份额享有债权、承担债务，共同共有人共同享有债权、承担债务。偿还债务超过自己应当承担份额的按份共有人有权向其他共有人追偿。

4. 不动产所有权

按照我国法律规定，不动产所有权包括土地所有权和房屋所有权。

（1）土地所有权

依据我国现行法律规定，实行土地公有制，即土地国家所有和土地集体所有。

土地国家所有权，是指国家对属于自己的土地依法享有的占有、使用、收益和处分的权利。城市的土地属于国家所有；法律规定属于国家所有的农村和城市郊区的土地属于国家所有；森林、山岭、草原、荒地、滩涂等自然资源属于国家有所。

土地集体所有权，是指农民集体组织对属于自己的土地依法享有的占有、使用、收益和处分的权利。农村和城市郊区的土地，除法律规定属于国家所有之外，均属于集体所有。此外，农村的宅基地、自留地和自留山等也属于集体所有。

（2）房屋所有权

房屋所有权又叫房屋产权，是房屋所有人独占性地支配其所有的房屋的权利。房屋所有人在法律规定的范围内可以排除他人的干涉，对其所有的房屋依法享有占有、使用、收益、处分等权利。

5. 建筑物区分所有权

（1）建筑物区分所有权的概念和特点

建筑物区分所有权，是指多个区分所有权人共同拥有一栋区分所有建筑物时，区分所有权人（即业主）所享有的对其专用部分的专有权和对共有部分的共有权和管理权的总称。建筑物区分所有权是一种复合型权利，由专有部分所有人对其专有部分的专属所有权、占有部分所有人对共有部分的共有所有权以及对共有部分的共同管理权三部分权利构成。

建筑物区分所有权具有如下特点：

1）建筑物区分所有权的客体具有特殊性。建筑物区分所有权的客体为建筑物，与一般建筑物有所不同，它在结构上必须能够在横向、纵向或者纵横向上区分为若干独立部分，而且建筑物的区分各部分能够单独使用并能为不同的区分所有权人所专用。

2）建筑物区分所有权的内容具有复合性。建筑物区分所有权内容的复合性表现在：建筑物区分所有权是由专有权、共有权、管理权复合而构成的特别所有权。专有权和共有权、管理权是相对独立而又不可分离的。

3）建筑物区分所有权的主体具有多重身份性。一方面，区分所有权人对专有部分享有专有所有权，为专有所有权人；另一方面，区分所有权人对共有部分享有共有所有权，为共有所有权人。当然，在区分所有物的管理团体中，区分所有权人还具有成员权人的身份。

（2）建筑物区分所有权的内容

1）专有权。专有权是专有部分所有权的简称，是指房屋所有人对其建筑物内的住宅、经营性用房等专有部分所享有的单独所有权。专有部分是指具有构造上的独立性，能够明确区分；具有利用上的独立性，可以排他使用并能够登记成为特定业主所有权的客体。在建筑区划内符合条件的房屋、车位、摊位等特定空间均属专有部分。

2）共有权。共有权是共有部分共有权的简称，是指区分所有人依据法律、合同以及区分所有人之间的规约，对建筑物的共用部分、基地使用权、小区的公共场所和公共设施等所共同享有的财产权利。例如，区分所有人对于小区的绿地、道路所享有的共有权。业主对共有财产享有共有权，但是业主不得以放弃权利为由而不履行义务。

3）共同管理权。共同管理权是指区分所有权人基于专有部分的所有权，从而依法享有对业主的共同财产和共同事务进行管理的权利。

（3）物业管理与建筑物区分所有权

1）业主的建筑物区分所有权

建筑物区分所有权是我国《民法典》物权编专章规定的不动产所有权的一种形态。建筑物区分所有权制度在调整建筑物区分所有关系中发挥着十分重要的作用，是物业管理最重要的理论基础。

法律规定业主的建筑物区分所有权包括三个方面的基本内容：

① 对专有部分的所有权，即业主对建筑物内属于自己所有的住宅、经营性用房等专有部门可以直接占有、使用，实现居住或者经营的目的；也可以依法出租、出借，获取收益和增进与他人感情；还可以用来抵押贷款或出售给他人。通常认为，专有部分应该具有独立性，即构造上可以独立出入，机能上具有独立使用价值。在房屋测量的实践中，专有部分体现为"套内建筑面积"。建筑中专有部分的界定标准对于房地产销售过程中哪些部分可以独立出售、哪些部分必须作为共有处理具有重要意义；对于物业管理活动中权利义务的确认也具有重要意义。

② 对建筑区划内的共有部分享有共有权，即每个业主在法律对所有权未作特殊规定的情形下，对专有部分以外的走廊、楼梯、过道、电梯、外墙面、水箱、水电气管线等共有部分，对小区内道路、绿地、公用设施、物业服务用房以及其他公共场所等共有部分享有占有、使用、收益、处分的权利；对建筑区划内规划用于停放汽车的车位、车库有优先购买的权利。现有的房屋所有权登记中，对共有部分一般仅登记分摊面积。对共有部分的详细构成，应该在买卖合同和物业服务合同中明确规定。

共用部分的性质包括两个方面：（a）共用部分的从属性。共用部分在法律上为同时附随于数个专有部分而存在的附属物，区分所有人取得专有部分所有权必须附带地取得共有所有权；（b）共用部分的不可分割性。《民法典》对共有所有权所包含的权利义务没有明确规定，仅明确了对共有部分的权利必须与专有部分共同处分。通常认为，共同所有权指建筑物区分所有权人依照法律或管理规约的规定，对区分所有建筑物的共用部分所享有的占有、使用和收益的权利。

所有权人作为共有所有权人的权利，主要包括：（a）共用部分的使用权，此为共有权人的一项基本权利；（b）收益权，即共有权人可以取得因共有部分所产生的收益的权利，比如，在共有部分上设置广告的收入、共有停车场的收入等，但是应给予经营管理者应得的管理费用。共有部分收益的分配根据《民法典》的规定，按照业主专有部分占建筑物总面积的比例确定（也可以由全体业主约定其他的分配方式），实践中比较理想的方式是存入专项维修资金账户。

区分所有权人作为共有所有权人的义务，主要包括：（a）依共用部分的本来用途使用共有部分；（b）分担共同费用和负担。共同费用和负担一般包括：日常维修和更新土地和房屋的共同部分与共用设备的费用，管理事务的费用（包括管理人的酬金），由区分所有权人共同负担的税金等。其分担原则按区分所有权人所占共有的比例确定，但比例的计算方法各国规定不一。

③ 对共有部分享有共同管理的权利，即有权对共用部位与公共设施设备的使用、收益、维护等事项通过参加和组织业主大会进行管理。

建筑物各区分所有权人的专有部分紧密相连，为了实现专有部分的使用，必须使用共有部分。这种建筑物构造、权利归属和行使上不可分离的关系，使各区分所有权人之间形成了事实上的共同体关系，为了维持这一共同体关系的存在和发展，尤其为管理相互间的共同事务和共用部分的使用收益，不得不组成一个管理团体组织（我国称为"业主大会"），并借助该团体组织的力量共同管理共用部分及其他共同事务。各区分所有权人成为该管理团体组织的一个成员，享有权利并承担义务，称为成员权。

通常认为，成员权的特征有四个方面：（a）成员权是独立于专有所有权和共有所有权之外的权利。专有所有权和共有所有权是"物法性"要素，而成员权是"人法性"要素。共有所有权因财产共有而生，而成员权不仅是单纯的财产关系，其中很大部分是管理关系，它是对全体区分所有权人的共同事务所享有的权利和承担的义务；（b）成员权与专有所有权和共有所有权密不可分，三者共同构成了区分所有权的完整内容，因此它不得单独作为转让的客体；（c）成员权是基于区分所有权人的共同关系而产生的权利；（d）成员权是一种永续性的权利。只要建筑物存在，区分所有权人的团体关系即会存续，原则上不得解散。成员权的内容包括权利和义务两个方面。《物业管理条例》对区分所有权人（业主）的权利和义务规定得较为详细。

业主的建筑物区分所有权三个方面的内容是一个不可分离的整体。在这三个方面的权利中，专有部分的所有权占主导地位，是业主对共有部分享有共有权以及对共有部分享有共同管理权的基础。如果业主转让建筑物内的住宅、经营性用房，其对共有部分享有共有和共同管理的权利则也一并转让。业主享有建筑物区分所有权的同时也必须履行相应的义务。如行使专有部分所有权时，不得危及建筑物的安全，不得损害其他业主的合法权益，如装修房子时不能破坏建筑物的整体结构；在住宅里面不得存放易燃易爆等危险物品；行使共有权时，要遵守法律的规定和管理规约的约定；认缴建筑物共有部分的维修资金等。

2）关于共有的两个问题

① 共有与公有的区别。"公有"是我国计划经济体制下经常使用的一个词语，很多人对"共有"和"公有"的区别仍不太清楚，有时会把区分建筑中的共有部分称为"公有"或"公用"部分。这两个词的区别见表2-1。

② 物权管理区域中共有关系的分类。一个物业服务区域往往包含数栋建筑，以及为整个区域服务的共有设施。此时，区分所有权人的共有部分就要细分为两

类：（a）部分业主共有。部分业主共有是指在一栋建筑中，为该栋建筑所有业主共有的共用部位和共用设施设备，或在一个单元所有业主共有的共用部位和共用设施设备。前者如该栋建筑主体结构、中央空调、大堂等；后者如该单元独立使用的楼梯、电梯、空调等。（b）全体业主共有。全体业主共有是指在物业服务区域中，为整个物业服务区域内所有业主共有的共用部位和共用设施设备，比如，小区的道路、绿化、服务于整体区域的设备及设备用房、物业服务用房。这样的细分是专项维修资金分摊、共有部分收益分摊的基础性工作。

共有与公有的区别　　　　　　　　　　表 2-1

类别	共有	公有
定义	一项财产由两个以上主体共同拥有所有权	一个法律概念，意为全民所有或集体所有，有很强的政治意义
主体	两个以上，共有人数明确，共有人发生变动，共有关系就必须发生变化	公有人数多少的变化并不影响公有状态
内容	所有权	实际上是成员权
主体权利和义务	每一个共有人都享有相应的权利和义务	公有的所有权由国家或者集体行使

《民法典》第二百七十四条和第二百七十五条对建筑区划内的道路、绿地、公共场所、公用设施、物业服务用房和车位、车库的权属作出原则性的规定。《最高人民法院关于审理建筑物区分所有权纠纷案件具体应用法律若干问题的解释》（法释〔2009〕7号）规定，除法律、行政法规规定的共有部分外，建筑区划内的以下部分，也应当认定为共有部分：（a）建筑物的基础、承重结构、外墙、屋顶等基本结构部分，通道、楼梯、大堂等公共通行部分，消防、公共照明等附属设施设备，避难层、设备层或者设备间等结构部分；（b）其他不属于业主专有部分，也不属于市政公用部分或者其他权利人所有的场所及设施等。

建筑区划内的土地，依法由业主共同享有建设用地使用权，但属于业主专有的整栋建筑物的规划占地或者城镇公共道路、绿地占地除外。

上述规定实际上是要分清楚两类权属关系：一是业主与政府之间的产权划分；二是业主与开发建设单位之间的产权划分。这些划分主要也是为了明确实践中收入分配和各类费用承担等的权利与义务。

6. 相邻关系

不动产相邻关系，是指两个或者两个以上相互毗邻的不动产所有人或使用人之间，一方在行使所有权或使用权时，根据法律规定有权要求另一方提供便利或者接受限制，调和不动产所有人或者使用人之间的利益冲突，以平衡不动产所有人或者使用人的利益关系。相邻关系是根据法律的直接规定产生的，是对所有权的限制和扩展，不是一种独立的物权，而是所有权的延伸。相邻关系在法律上属于强制性规范，当事人不得通过约定加以排除。

《民法典》第二百八十八条规定："不动产的相邻权利人应当按照有利生产、

方便生活、团结互助、公平合理的原则，正确处理相邻关系。"

地役权是指地役权人根据合同约定，利用他人的不动产，以提高自己的不动产效益。地役权和相邻关系尽管都涉及他人土地的利用，但二者有所不同：

（1）产生根据不同

相邻关系是根据法律规定直接产生的，无论当事人是否约定，均受相邻关系的约束；而地役权的产生一般是通过签订地役权合同产生的。

（2）对所有权的限制程度不同

相邻关系是不动产所有权内容最低限度的限制，避免相邻的不动产权利人在日常生活和生产中发生一些不必要的纠纷；而地役权对不动产的限制程度通常大于相邻关系。

（3）产生的前提不同

相邻关系以土地、房屋等相互毗邻为条件；地役权则不以土地、房屋等相互毗邻为条件，不限于相互毗邻或者邻近。

（4）享有的权利不同

相邻关系属于法律对所有权内容的限制或者扩张，当事人不能因此而取得独立的权利，这种权利与所有权共存，不可能单独取得或者丧失；地役权则是基于当事人之间约定而产生的，当事人可以单独取得或丧失。

2.2 公共管理理论与物业管理

2.2.1 概述

公共管理（Public Management）是指公共部门与准公共部门共同满足公共需求、处理公共事务、提供公共产品和公共服务，以实现良好治理的管理活动。公共需求、公共产品、公共服务、公共事务、良好治理是公共管理的五个基础概念。

公共产品理论主要研究市场经济条件下社会公共需求与政府公共供给之间的相互关系；社公公共需求的弹性特点；公共产品与公共服务供给的特点、种类、结构及其发展规律；分析政府公共支出结构的发展演变。

随着时代的发展，又产生了新公共管理理论。其来源主要是公共选择理论、新管理主义理论和新制度经济学理论。其中，公共选择理论主张重新界定政府、市场、社会三者之间在提供公共新产品和公共服务中的作用，主张缩小政府在提供公共产品与公共服务中的作用，扩大市场和社会在公共服务中的作用，并明确提出社区管理属于公共管理的范畴。

新公共管理理论的基本原则是：① 政府的作用是服务而不是控制，公共利益是目的，而不是副产品；② 战略地思考，民主地行动；③ 服务于公民，而不是顾客；④ 责任不是一个简单的概念，公务人员不仅要关注市场，他们还应该关注依法行政、政治规范、专业标准与公民利益；⑤ 尊重人的价值，而不是仅仅重视生产力的价值；⑥ 尊重公民与公共服务的价值，重视企业家精神的价值。

2.2.2 公共产品与物业管理

1. 基本概念

西方经济学将社会产品分为私人产品和公共产品两大类型，其中公共产品又分为准公共产品和纯公共产品。根据萨缪尔森（Paul.Samuelson，1954）对于公共产品的定义，公共产品是指消费者对于某产品的消费不会造成其他人对该产品消费的减少。一般来说，公共产品具有非排他性（Non-Excludability）和非竞争性（Non-Rivalry）两种属性。非排他性是指无法排除其他人对产品的消费，或者排除的成本极高。非竞争性是指新增加一个消费者的消费并不会增加产品的成本，即边际成本为零。依据非排他性和非竞争性两种属性，可以将社会产品划分为三类。同时具备两种属性的产品是纯公共产品；两个都不具备的是私人产品；只具备非排他性或非竞争性中的一个属性的是准公共产品。

2. 物业管理的公共产品属性

从公共产品的定义和物业管理的内容来看，物业管理具有私人产品和公共产品的双重属性。物业管理的内容包括三个方面：常规性的公共服务、针对性的专项服务和委托性的特约服务。体现物业管理的私人产品属性的是专项服务和特约服务。而在一定的物业管理范围内，物业服务企业提供的常规性管理和服务是面向全体小区居民的，是公共性的，从这一角度看，物业管理具有公共产品的特性。物业服务企业提供的公共产品不仅体现在物质产品上（如花草、路灯、卫生、道路等），更反映在一些非物质产品和服务上，如规章制度、邻里关系、社区环境、治安状况等。

（1）非排他性

物业服务区域内的房屋主体和公共设施设备的维修养护、娱乐休闲体育设施的利用、安保服务、园林绿化管理、消防安全管理、车辆及停车场管理、公共区域的卫生管理等，这些服务项目即上面所提到的常规性的管理和服务，无法按照私人产品"谁受益，谁付费"的原则限制特定的人群使用，因此具有典型的非排他性。这些设施和服务如果要"排他"，在技术上是很困难的，即使通过加强监管限制不付费者的使用，则监管的成本也会很高，难以成为行之有效的方法。非排他性最典型的问题即"搭便车"问题。"搭便车"即消费者不用付费即可享受到产品所带来的好处。常规性的物业服务是基础服务，服务的对象是全体小区业主和使用人。如清洁、安保工作，物业服务企业不能因个别业主拒绝支付物业服务费而阻止其享受服务，即无法或很难进行"排他"。既然不支付物业服务费也能享受与付费业主同等的服务，那么业主会基于经济、理性原则和自利本性而选择"搭便车"。

（2）非竞争性

物业服务区域内，物业服务企业在提供基础管理及服务的过程中，增加一个居民消费的边际成本为零，即增加一个居民的消费不会使其他居民的受益减少，也不会增加相应的服务和管理成本，即不付费家庭"搭便车"行为并不影响付费者的使用效果，这就是非竞争性。物业服务企业提供的公共性服务，其服务成本相对固定，业主和使用人的增加和减少对服务成本的影响相对较小。如小区的清洁或安保工作，只要该小区有人支付物业服务费，那么物业服务企业就必须按照合同约定对公共区域的清洁卫生进行管理，对小区治安进行维护，为小区居民提供一个干净、整洁、舒适、安全的环境，物业服务企业不会也不能因部分业主未支付物业服务费而减少工作量或降低服务质量。

（3）外部性

外部性是指公共产品的生产和消费会使生产者和消费者以外的社会成员获得利益或遭受损失，而获益者和受损者却无需为此支付成本或受到补偿。物业管理服务也具有很典型的外部性特征。优良的物业管理有利于城市治安的改善、城市环境的优化、城市管理水平的提高，不当的物业管理会破坏社区治安稳定、缩短物业的使用寿命，而这些并没有通过补偿或成本的方式体现出来。如小区的园林绿化管理，既美化了小区内部环境，又提高了整个城市的环境质量，可以让小区居民以外的成员获益，而这些利益却不能向小区居民以外的受益者收取费用。又如，小区垃圾未及时处理，给周边环境和其他小区造成视觉或空气污染，小区居民也不会为此而付出代价。

2.2.3　公共选择与物业管理

1.公共选择理论的产生

公共选择理论是政治经济学的一个分支，它正式发端于1957年詹姆斯·布坎南和沃伦·特纳在美国弗吉尼亚大学创办的"托马斯·杰斐逊"中心。公共选择理论以理性的"经济人"的行为作为个人行为的基本假设，分析的核心问题是要阐明把个人偏好转化为社会决定的机制的选择。这些机制主要可以分为直接民主制（全民投票）和间接民主制（指定代表）两大类。每一类机制中又包含若干不同的程序和规则。

公共选择的实证理论对不同的机制进行广泛探讨，分析并比较各种规则对个人行为和态度的影响，旨在说明这种或那种投票制度在多大程度上有利于或不利于社会资源的最优配置。

2.直接民主制的几个规则

目前，议事规则主要采用的是由全体业主直接投票的方式，这是直接民主制度的方式。直接民主制度的主要投票规则及其问题如下：

（1）一致同意规则

由于所有人都能从公共物品的提供中受益，因此，提供公共物品的投票规则似乎应该是全体一致同意，或者至少没有一个人反对。典型的例子是联合国安理会的决议必须得到5个常任理事国的一致认可（同意或不反对）。

一致同意规则的优点在于能够使所有参与者的利益得到绝对平等的保障，每个个体都有很强的欲望去表达真正的个人意愿；其主要缺陷在于最终方案的产生需要经过一而再、再而三的讨价还价，特别是在一个业主人数众多、偏好各不相同的大型住宅区中，寻找最佳的方案所造成的时间损失会超过所得。因此，目前有关业主大会各项投票规则中，都没有采用一致同意规则。

（2）多数通过规则

多数通过规则指一项集体行动方案，必须由所有参与者中超过半数或超过半数以上的某一比例（比如1/2、2/3或3/4）的认可才能实施。目前业主大会的各项投票规则，采用的基本都是多数通过规则。

在多数通过规则下，一项决策通过与否取决于能否得到达到某一多数比例的参与者的支持，因此，最终集体决策结果体现的只是参与者中属于多数派的利益，属于少数派的利益则被忽略。决策的实施将使多数派成员的福利得到改善，而少数派的福利则可能受到损害。由于集体决策的最终结果对全体成员都有强制性，这意味着多数派成员无形中将自身意愿强加给少数派成员。

多数通过规则中存在的问题很多，由于大量问题需要复杂的数学分析才能解释，此处仅简单介绍问题之一——收买选票行为。

由于单个参与者的选择行为在多数投票规则下具有可忽略性，它无形中助长了参与者不重视选举的行为。这种情况在目前的物业管理中实际存在，业主会认为自己的一票无足轻重，因此根本不参与投票。当许多人存在这种想法时，便会出现一种选举可能为利益集团操纵的危险。只要接受收买的收益大于参与选举的净收益（比如，在领导人选举中用概率计算，用选上理想候选人的期望收益减去参与选举的成本），选民即可能被收买，使利益集团拥有更强的能力显示自身偏好。

但应注意，收买行为成立的基础使实施收买的利益集团能够识别选民是否按收买要求投票，若投票程序的设计使任何人无法识别他人投票结果，则收买行为或收买的效果将被大大削弱。

（3）改进的投票规则

在一致同意规则和多数通过规则的基础上，可以设计出其他一些可供选择的投票规则，这里介绍两种：

1）加权投票规则。加权投票的基本特点是，根据利益差别将参与成员进行"重要性"程度分类，然后凭借这种分类分配票数，最后根据实际得到的赞成票数的多少，而不是实际参与人数的多少确定候选方案。假设在物业服务区域中包含住宅、商业、写字楼等多种物业类型，就可以根据决策事项的不同设定不同的加权规则。比如，装修时间的表决给住宅业主双倍的投票权，出入管理方案的表决给住宅和写字楼业主双倍的投票权，商业经营时间的表决给住宅和商业业主双倍的投票权。

2）否决投票规则。否决投票规则首先让参与投票的每个成员提出自己认为可供选择的方案，汇总后每个成员再从汇总的方案中否决掉自己最不喜欢的方案，此时投票顺序可以任意确定。这样，最后剩下的没有被否决掉的方案就是全体成员都可以接受的集体选择结果。

否决投票规则更有利于成员之间的沟通和各成员真实愿望的表达，但是它要求参与选择行为的个体具有某种共同性。若参与决策人数众多、所要解决的问题比较复杂、各方的利益冲突比较大时，否决投票规则可能得不出选择结果。

（4）用脚投票

在私人商品市场上，消费者可以用购买或不购买商品来表明态度。同样在政治市场上，个人也可以用发出呼声（投票）或退出（脱离该政治市场）来表达自己的愿望。比如，当业主对自己所在物业服务区域的物业管理服务不满时，他/她可以选择迁出这一社区，或者在购房时不选择物业服务差的社区，这都是用脚投票。用脚投票将带来"人以群分"的结果。美国有学者对城市社区的趋同性实证研究后发现，可供选择的社区数量越多，社区内部的趋同性就越明显。

3. 间接民主制（代议制）及其问题

当公共选择的参与者人数众多时，直接民主制的运作将耗费大量时间和人力物力，甚至因高昂的成本根本无法运行，这时就必须以某种方式选举出代理人。物业管理中的"业主委员会"就相当于代理人的角色。代理人通过制度的授权拥有一定的权力，这就是间接民主制（代议制）。

公共选择理论主要讨论了代议制中的三个问题：① 代表们在竞选期间和当选后的行为；② 选民在选举代表中的行为；③ 代议制下结果的特征。按照公共选择理论一贯的假定，代表和选民一样都是理性的经济人，都一心追求自身效用的最大化。代议制的问题基本上都可以用委托代理理论来分析。

代议制中最普遍的弊病就是寻租行为。由于在代议制下，每一个选民对代议制结果的影响是有限的，这也就带来了普通选民对代表关心甚少或者"搭便车"行为，此时某些数量比较少的特定利益集团却有极大的动力去说服代议机构满足他们的特殊需求（这种需求显然是与社会的普遍利益不一致的），因为一旦说服，他们将获得巨大的利益（也就是"租"）。这种利益集团的说服行为就是寻租，寻租大多以贿赂的方式进行。

在物业管理中，这种寻租的特殊群体可能就是积极竞选业主委员会委员的业主，也可能是物业服务企业或者是希望通过业主委员会谋求商业利益的单位。因此，有必要从制度上保证业主委员会委员能够代表业主大会的意志行动，这与政府行为的监督是一样的。

《民法典》规定，业主委员会作出的决定侵害业主合法权益的，受侵害业主可以要求人民法院予以撤销。这为业主提供了一个司法的基本保障，是最后的底线。《物业管理条例》要求政府对业主委员会的行为进行监管，但这只能起到协助作用，政府部门不可能有足够的精力去密切监督每个业主委员会的行为。因此，最重要的是要通过议事规则建立业主委员会活动的各项规章制度，用制度规范行为，防患于未然。

4. 公共选择理论在物业管理中的应用

（1）对于民主规则的理解和接受

公共选择理论是建立在选民接受并参与民主制度的基础上的，而当前物业管理面临的第一个问题恰恰是业主对民主制度的理解和接受问题。在实践中，大量物业服务区域因为各种原因尚未成立业主大会；或者成立业主大会后，业主根本不参与投票，民主制度还不能开始运行，也还谈不上制度的好坏。

物业管理在我国发展时间还不长，业主自治更是基层民主制度中的新生事物。任何一种制度的推行必须是上有制度、下有习惯，目前制度框架已经基本建立，但是业主自治的习惯尚未养成。学习如何行使权利需要一个漫长的过程，也必然是一个曲折的过程。业主自治是一个正确的方向，不能因为存在困难而放弃。业主自治是业主基于财产权而拥有的权利，无从放弃，不可能由政府或者其他人来代替业主行使权利；如果不实行业主自治，物业服务区域难免走向无政府主义的混乱状态，使得物业管理工作无法正常开展，最终损害的是业主自身的利益。

因此，未来一段时期的首要任务是要让广大业主接受民主制度的理念，并积极参与实践。在这个阶段，仍需要政府对业主大会的成立做大量指导工作。没有实践，任何制度都无法发展。

（2）对业主自治各项制度的深化

业主在业主大会上的投票规则相当于直接民主制的规则，业主委员会的规则相当于间接民主制的规则。每一种制度的设计都有其自身的优势和劣势，不同的社区应根据自身特点选择最适合的方式。

现有的法律法规对于业主自治制度只规定了基本原则，这些基本原则在实践中如何落实还需要不断摸索和总结。政府制定的各项示范文本只是一个起步阶段的参考，随着物业管理行业的不断发展，业主自治的规章制度将不断深化、细化，越来越具有操作性。这些经验的积累将是业主的共同财富，也必将推动我国基层民主的发展。

2.3 委托代理理论与物业管理

《民法典》物权编规定业主可以自行管理建筑物及其附属设施，也可以委托物业服务企业或者其他管理人管理。在以社会化专业分工为基础的现代化社会中，委托专业管理人（包括物业服务企业和其他管理人）是实施物业管理的主要模式。

委托专业管理人进行的必要性有两个方面：

（1）来源于物业管理工作的专业性。物业管理工作涉及若干不同专业的知识，物业档次越高，设施设备越完善，没有受过专业训练的普通业主越不可能自行管理，现代社会所有权与管理权的分离本质上就是为了保证专业性工作的质量，通过社会化大生产保证工作质量并降低工作成本。

（2）因为物业管理工作不仅要完成各专业的劳务工作，更重要的是完成对所有专业工作的组织管理以及客户关系的管理才能实现其"对人服务"的核心功能。物业管理不仅是劳动密集型行业，更是管理密集型行业。如果业主自行分包物业管理中各个专业的工作，实际就是要求业主承担起物业服务企业对劳务工作的计划、组织、协调和监督等工作。这些工作对于非专职的业主来说并不容易。由于专业知识和精力所限，很可能业主自行管理的成本远大于委托专业管理人管理的成本。

实际上，无论是委托专业管理人还是由业主自行组织物业管理工作，只要物业管理工作不由业主亲自完成，就形成了事实上的委托关系，也就可能会产生委托代理问题。

在委托关系中会产生委托代理问题，也就是代理人因为各种原因没有为委托人考虑而损害了委托人的利益。委托代理关系是现代社会生产经营活动中的普遍现象，也成为现代社会的普遍问题，制度经济学、信息经济学、组织行为学等多个学科都对委托代理问题进行了一定的探讨，研究了委托代理理论问题产生的原因以及减少委托代理损失的途径。在物业管理行业中，同样要研究其委托代理问题产生的原因、表现以及解决途径，以促进整个行业的健康发展，保障业主和企业双方的利益。

2.3.1 物业管理中的委托代理关系

物业管理的权利来源于业主，在区分所有的物业服务区域中，业主通过业主大会形成统一的意见，由业主大会委托物业服务企业提供物业管理服务。业主大会设立业主委员会负责具体工作的执行。物业服务企业可以通过本公司员工提供服务，也可以将其中一部分委托给其他专业公司，由其他专业公司提供。最终，物业服务由物业公司或专业分包商的员工直接面对业主提供。

在物业管理活动中，主要存在三个层次的委托代理关系：① 业主大会委托业主委员会（成立业主大会选出业主委员会后）负责日常工作；② 业主或业主大会委托物业服务企业提供服务；③ 物业服务企业委派员工或专业分包公司执行具体工作。

物业管理活动直接体现为业主支付物业服务费，享受物业服务企业员工提供的物业服务，但由于其中包含了大量委托代理关系，在实践中就会出现很多委托代理问题。

2.3.2 委托代理问题概述

1. 委托代理问题产生的根源

委托代理理论以理性的经济人为分析起点，认为委托代理问题产生的根源在于两个方面：

（1）由于理性的经济人追求自身利益而非他人利益的最大化，委托人与代理人的利益不可能完全一致，因此代理人追求的是自身利益最大化，而非委托人利益的最大化。

（2）由于信息不对称，导致委托人无法充分了解和监管代理人的行为，因而代理人就有可能为了满足自身利益而损害委托人利益。

只要这两个前提成立，委托代理问题就不可避免。因此，委托代理理论讨论的核心问题是如何减少委托代理损失，而非如何消除委托代理问题。

2. 委托代理问题的典型表现

委托代理关系通常以合同的形式加以确认。委托代理问题的表现可以按照合同签订前后分为两大类。

（1）逆向选择

逆向选择是在合同签订前发生的委托代理问题。

为了研究信息不对称问题，经济学将商品（产品或服务）分为两大类：搜索商品（Search Good）和体验商品（Experience Good）。搜索商品的质量信息可以在消费之前进行判断（比如，普通的服装），消费者只要付出较少的搜索成本（比如，观察、询问等）就可以判断产品质量；而体验商品的质量在消费之前无法充分判断（比如，去餐厅就餐、听音乐会、理发等），消费者不仅要付出搜索成本，还要在支付产品价格之后才有可能判断其质量。通常而言，服务行业所提供的服务，由于其生产和消费必须在生产者和客户的互动中同步完成，都具有体验商品的特征。

搜索商品通常较少有信息不对称的问题，而体验商品的信息不对称问题就比较严重。物业管理服务是体验商品，在体验商品的交易中，生产者（如物业服务企业）掌握着消费者（如业主）不了解的信息，交易时就会导致逆向选择，即劣币驱逐良币。其典型案例是在旧车市场上，由于买主不了解旧车真实质量的好坏，只愿意支付最低价格，从而高质量的旧车难以出售。

（2）道德风险

道德风险是在合同签订后发生的委托代理问题。

由于信息不对称，委托人无法监督代理人的实际工作质量从而给予相应的报酬，代理人就有可能偷工减料，以较少投入来获得自身利益的最大化。

3. 激励机制

减少委托代理损失的核心问题是激励机制的设计，其目的是尽量让代理人与委托人的利益兼容，促使代理人更好地实现委托人的利益。激励机制包括两个方面：一是正向的，干好了怎么办；二是反向的，干得不好怎么办。

从经济学角度出发设计激励机制，主要体现为经济利益在委托人和代理人间分配方式的计算，其典型方式有：

（1）固定租金：比如，商铺业主（委托人）向租户（代理人）收取固定房租，额外收入由租户所有。

（2）目标产量承包：比如，企业董事会与经营者签订承包合同，完成目标产量则给予奖励，否则不支付报酬甚至进行处罚。

（3）分成制：分成制是指委托人与代理人双方都按一定的比例从收益中获得各自的利润。在信息不对称的情况下，分成制是相对较好的一种激励机制。

从社会学角度来看，在经济因素之外，人际关系、文化认同、身份地位、声誉和成就感等因素同样能够激励代理人积极工作。

2.3.3 物业管理中的委托代理问题

在这里我们主要分析业主大会与业主委员会、业主或业主大会与物业服务企业之间的委托代理问题，物业服务企业与员工（或专业分包公司）的委托代理问题属于企业内部管理问题，本节不做讨论。

1. 业主大会与业主委员会的委托代理问题

业主委员会由全体业主选举产生，执行业主大会交办的工作。相当于把全体业主的事情委托给几个业主委员会委员执行。

按照委托代理理论的分析，如果业主委员会委员的个人利益与全体业主的共同利益不完全一致，而全体业主又不能充分监督和了解业主委员会委员的工作情况，就可能发生委托代理问题，也就是业主委员会委员可能将个人意愿强加于全体业主，损害全体业主的共同利益。目前，业主委员会委员的工作并不是专职工作，相当于一种志愿者服务，最多能取得一些必要开支的补贴。但业主委员会委员与普通志愿者不同，他们是被赋予权力的志愿者，而且服务的内容和自身利益相关。担任业主委员会委员要付出时间和精力，而且开展工作并不容易；在"理性人"的假设下，就会出现有能力的业主没有时间或者没有愿望为全体业主服务，反而那些希望谋求某些不正常个人利益的业主有动力参选业主委员会委员。

业主委员会委员的服务也是一种体验商品，选举委员也可能发生逆向选择；如果对业主委员会委员的工作没有完善的监督机制，就可能发生道德风险。业主委员会的规范运作，一方面要靠道德自律，靠物业服务区域的整体文化氛围；另一方面要靠制度建设，特别是根据物业服务区域具体情况而定的针对性制度。法律法规和各种规范性文件只能对管理的基本原则进行规定，设定一些底线，实践中不断探索优化的激励和约束制度更为有效。

2. 业主或业主大会与物业服务企业的委托代理问题

在签订物业服务合同之前，业主大会通过招标投标，能够在一定程度上减少信息不对称，避免逆向选择。

在签订物业服务合同之后，物业服务费用的支付方式是业主激励物业服务企业的主要途径。目前常用的包干制和酬金制各有利弊。在包干制模式下，物业服务企业总收入固定，实际利润取决于成本的大小，因此物业服务企业有可能为了加大利润而减少必要开支（该修不修等）。在酬金制模式下，物业服务企业的酬金收入与成本分离，有利于对物业服务企业的监管，但是由于物业服务企业的酬金按照成本的一定百分比计算，酬金制没有激励物业服务企业降低成本的动力，物业服务企业反而有可能有意加大成本（不该修也修等）。

在物业服务费用的支付上，还应该探索更多的激励机制。比如，当业主对物业服务企业的满意度达到一定水平，或者物业服务企业在节约成本上作出重大贡献时，可以给予奖励。在经营性物业的管理上，可以采取承包或分成等激励效果较好的模式。

但由于物业服务质量评价的特殊性，以上两种方式对信息不对称问题的解决都是有限的。

3. 物业服务质量评价的特殊性及其交易机制

（1）物业服务质量评价的特殊性

物业服务质量评价具有自身的特殊性，主要体现在：

1）物业服务是一种体验商品，因此无法在服务提供之前完全预知服务质量。在体验商品中，还有一种更为特殊的后体验商品（Post Experience Good）。普通的体验商品在消费的同时就可以判断服务质量，比如理发、就餐等；而后体验商品消费者即使在消费时都无法判断其服务质量，往往要在消费结束一段时间后才能判断，比如医疗和教育。物业管理中"共用部位、共用设施的养护和维修"这一项服务就属于后体验商品，养护与维修质量的好坏通常在设施设备使用很长时间后才能体现，这段时间有时远大于物业服务合同的时间。如果物业服务企业发生更替，上家的设施设备管理工作质量还会影响下家的工作质量。物业服务的这一性质为物业服务质量评价带来了极大的困难。

2）物业服务的专业性。物业管理活动中，"对物的管理"（共用部位养护和维修以及共用设施设备的运行、养护和维修，安全防范，清洁，绿化，突发事件的处理，保险的选择和档案管理等）涵盖了多种专业性很强的工作，普通的业主不可能对每一专业领域的工作都有充分的了解，实际上只有业内专家才有能力评价其服务是否真正达到合同约定的水平。

3）业主评价的主观性。"为人服务"是物业管理的核心，但正因为业主不是专家，所以业主对物业服务的评价通常是主观评价，是由表面观感和心理印象决定的。比如，业主通常看不到专业设备的运行和养护工作，只能看到上门服务的工程部员工的着装、谈吐和动作；业主不了解安全防范的各项工作标准，只能看到安保员工的仪容仪表以及对待自己的态度。因此，业主对物业服务的评价可能取决于很多与客观服务质量无关，但是对心理感受影响较大的因素。主观评价常常是因人而异的，很难统一。

以上特殊性决定了无论是在物业服务提供之前还是之后，业主基本上做不到用客观统一的标准来对物业服务的质量进行评价，这就会使物业管理中信息不对称问题更为严重。

（2）体验商品的市场交易机制

对于如何缓解体验商品的信息不对称问题，提高体验商品的交易效率，经济学和公共政策研究领域中主要有两个方面的思路：一是设法让消费者在付费之前尽可能多地了解商品质量；二是引入第三方参与交易。

研究发现，如果体验商品在重复消费时差异性越小、质量越稳定，消费者就能够在一次或少量消费后充分了解其服务质量。因此，如果能够将服务设计为内容相同、服务质量稳定的产品，将有利于促进市场交易。物业管理行业制定服务标准，物业服务企业进行标准化的意义也在于此。物业服务复制的差异性越小，消费者就越容易判断其服务质量，显然，消费者会倾向于选择对服务质量更有信心的产品。

对于专业性较强的体验商品（比如，科学研究、教育、医疗、律师服务、会计、房地产估价等）来说，更有效的交易机制是引入第三方参与市场交易。第三方参与市场交易有以下几种主要形式：

1）资质管理，即市场准入制度，包括从业企业的资质和从业人员的职业资格管理。资质管理实际上保证了服务质量的最低要求（在资质管理不走过场的前提下）。

2）中介。对于消费者不可能频繁购买的产品（比如房地产），就会出现专业的第三方中介（机构或个人）收集产品质量信息，为消费者提供服务。典型的例子就是房地产经纪人、房屋面积测绘机构、房屋质量鉴定机构等。

物业管理中的专项维修资金由银行建立专户管理，也可以看作是一种中介服务。业主大会是维修资金使用的决策机构，物业服务企业是维修资金使用的常规执行机构。但是维修资金本身并不在业主大会或者物业服务企业自己手中，而是在银行设立专户储存，银行只根据既定的规章制度对资金账户进行操作，并公布资金收支情况。这就通过第三方形成了相互制约，避免了业主委员会或物业服务企业监守自盗，从而保障了资金的安全，保护了全体业主的利益。

3）信息服务。信息服务主要指以各种形式反馈产品消费后的质量信息，比如，为消费者收集某类产品使用信息的刊物，以及为从业人员提供信息的专业刊物、网站等。物业管理行业的信用档案实际上也属于此类服务。

4）保险。由保险公司来分散因服务质量不佳而带来的风险，比如，产品质量保险、职业责任保险和某些行业建立的先行赔付的保证金等。

第三方参与市场交易的根本目的是减少信息不对称，在整个行业中创造一个良币驱逐劣币的市场。否则，不是消费者的利益得不到保护，就是从业企业无法健康发展。我国目前主要还是由政府主管部门来扮演第三方角色。随着市场经济的发展和对政府行为的约束，行业协会应该在行业管理中发挥越来越重要的第三方作用。

由此而知，解决物业管理委托代理问题，除了需要借助于解决一般性委托代理问题的方法，还需要特别的激励与约束制度、方法设计。除此之外，加强市场化竞争是解决委托代理关系的根本途径。加强市场化竞争才能锻造出一批诚信优质的物业服务企业和专业企业，淘汰利用垄断地位和专业优势侵害他人利益的市场主体，从而从根本上消除委托代理问题滋生的前提。

本 章 小 结

物权，是物权人依法对特定之物享有直接支配和排除他人非法干涉的权利。

所有权，是指所有权人对自己的不动产或者动产，依法享有的占有、使用、收益和处分的权利。《民法典》物权编确立了包含所有权、用益物权、担保物权和占有在内的物权体系。

法律确定的物权原则主要有物权法定、公示和公信。

共有，是指某项财产由两个或两个以上的权利主体共同享有所有权。共有分为按份共有和共同共有。

不动产所有权包括土地所有权和房屋所有权。

建筑物区分所有权，是指多个区分所有权人共同拥有一栋区分所有建筑物时，区分所有权人（即业主）所享有的对其专用部分的专有权和对共有部分的共有权和管理权的总称。

不动产相邻关系，是指两个或者两个以上相互毗邻的不动产所有人或使用人之间，一方在行使所有权或使用权时，根据法律规定有权要求另一方提供便利或者接受限制。按照《民法典》的规定，不动产的相邻权利人应当按照有利生产、方便生活、团结互助、公平合理的原则，正确处理相邻关系。

公共管理是指公共部门与准公共部门共同满足公共需求、处理公共事务、提供公共产品和公共服务，以实现良好治理的管理活动。

公共产品是指消费者对于某产品的消费不会造成其他人对该产品消费的减少的一种物品、空间、信息、技术或服务等。一般来说，公共产品具有非排他性和非竞争性两种属性。

从公共产品的定义和物业管理的内容来看，物业管理具有私人产品和公共产品的双重属性。物业服务企业提供的常规性管理和服务面向全体服务对象，具有一定的公共性物品特征。

在物业管理活动中，主要存在三个层次的委托代理关系：业主大会委托业主委员会负责日常工作；业主或业主大会委托物业服务企业提供服务；物业服务企业委派员工或专业分包公司执行具体工作。

委托代理理论以理性的经济人为分析起点，认为委托代理问题产生的根源在于两个方面：由于理性的经济人追求自身利益而非他人利益的最大化，委托人与代理人的利益不可能完全一致；由于信息不对称，导致委托人无法充分了解和监管代理人的行为，因而代理人就有可能为了满足自身利益而损害委托人利益。委托代理问题的典型表现分为逆向选择和道德风险两大类。

复习思考题

1. 与物业管理密切相关的理论有哪些?

2. 所有权的权能有哪些?

3. 什么是建筑物区分所有权?

4. 成员权包含哪些内容?

5. 公共管理理论有哪些主要内容?

6. 物业管理中存在哪些委托代理问题? 如何解决?

3

物业管理基本制度与政策

本章要点及学习目标

熟悉物业管理基本制度与政策。

了解房地产与房地产业管理制度。

掌握物业管理基本制度。

3.1 房地产与房地产业管理制度简介

房地产作为物质实体，即指土地、建筑及建筑附属物，作为权益载体包括房地产的所有权、占有权、使用权、收益权和处分权，以及以上权益派生出来的承租权、抵押权、典权等。

房地产业是从事房地产投资、开发、经营、服务和管理的行业，包括房地产开发经营、房地产中介服务、物业管理和其他房地产活动。在国民经济产业分类中，房地产业属于第三产业，是为生产和生活服务的部门。

房地产业可以分为房地产开发经营业和房地产服务业。其中，房地产开发经营业主要是取得待开发房地产特别是土地，然后进行基础设施建设、场地平整等土地开发以及房屋建设，再转让开发完成后的土地、房地产开发项目或者销售、出租建成后的房屋。房地产服务业又可分为房地产中介服务业和物业管理业。

我国现代房地产业是从20世纪70年代末80年代初，在改革开放背景下，随着城镇住房制度改革和城镇国有土地使用制度改革的启动与深入推进迅速发展壮大起来的。房地产和房地产业涉及的社会面广、资金量大、产权关系复杂，特别需要法律法规的规范，以建立正常的房地产市场秩序，规范房地产市场行为，维护房地产权利人的正当权益。

3.1.1 我国房地产法律体系

目前，我国房地产的法律法规体系建设已取得显著成绩，该体系由法律、行政法规、地方性法规、部门规章、地方性政府规章、规范性文件和技术规范构成。

3.1.2 房地产相关法律

房地产相关法律主要有《中华人民共和国城市房地产管理法》（以下简称《城市房地产管理法》）、《中华人民共和国土地管理法》（以下简称《土地管理法》）、《中华人民共和国城乡规划法》（以下简称《城乡规划法》）、《民法典》。

《城市房地产管理法》《土地管理法》《城乡规划法》既有分工，又相辅相成。《城市房地产管理法》是"为了加强对城市房地产的管理，维护房地产市场秩序，保障房地产权利人的合法权益，促进房地产业的健康发展"。《土地管理法》是"为了加强土地管理，维护土地的社会主义公有制，保护、开发土地资源，合理利用土地，切实保护耕地，促进社会经济的可持续发展"。《城乡规划法》是"为了加强城乡规划管理，协调城乡空间布局，改善人居环境，促进城乡经济社会全面协调可持续发展"。此外，《民法典》物权编是"为了维护国家基本经济制度，维护社会主义市场经济秩序，明确物的归属，发挥物的作用，保护权利人的物权"。

3.1.3 房地产行政法规

房地产的行政法规是国务院颁布的，主要有《土地管理法实施条例》《城市房地产开发经营管理条例》《国有土地上房屋征收与补偿条例》《城镇国有土地使用权出让和转让暂行条例》《住房公积金管理条例》《物业管理条例》。

3.1.4 房地产部门规章

房地产的部门规章是由国务院房地产行政主管部门颁布的，主要有《房地产开发企业资质管理规定》《城市商品房预售管理办法》《商品房销售管理办法》《城市房屋租赁管理办法》《城市房地产抵押管理办法》《闲置土地处置办法》《房产测绘管理办法》《住宅专项维修资金管理办法》等。

此外，还有《业主大会和业主委员会指导规则》《物业承接查验办法》《前期物业管理招标投标管理暂行办法》《物业服务收费管理办法》等多项规范性文件，以及国家标准《房地产估价规范》GB/T 50291—2015和主管部门发布的《前期物业服务合同》（示范文本）、《临时管理公约》（示范文本）等多项技术规范和示范文本。

目前，房地产法律法规体系基本建立，为住宅建设和房地产业的健康发展创造了良好的制度环境。

3.2 物业管理基本制度

在物业管理活动中，不仅业主与物业服务企业存在权利义务关系，而且业主之间、物业服务企业与建设单位之间、业主与建设单位之间也存在错综复杂的权利义务关系。针对我国物业管理活动中存在的各种问题，为了规范物业管理活动，维护物业管理当事人的合法权益，《民法典》物权编、合同编、侵权责任编对物业服务相关主体的权益、关系、行为、责任等作了纲领性界定和规范；国务院颁布的《物业管理条例》具体确立了五项物业管理基本制度：业主大会制度、管理规约制度、前期物业管理招标投标制度、物业承接查验制度和住宅专项维修资金制度。

3.2.1 业主大会制度

业主大会是表达业主意愿、实现业主利益均衡的组织形式，由物业服务区域内的全体业主组成，在物业管理活动中，基于业主的建筑物区分所有权，依据法律法规和管理规约、议事规则行使共同管理权。《物业管理条例》第二章对业主和业主大会作了专门规定，为规范业主大会和业主委员会的活动，维护业主的合法权益，根据《物权法》《物业管理条例》等法律法规的规定，2009年12月，住房和城乡建设部专门出台了《业主大会和业主委员会指导规则》。

　　我国内地的业主和业主大会是住房商品化和住房制度改革的产物，传统的房管模式转变为现代意义上的物业管理，原来的租房者转变为房屋买受人，身份从租户变为了业主。《物业管理条例》实施以前，各地在物业管理实践中大多采用业主委员会制度，即由业主选举产生的业主委员会代表全体业主行使有关物业管理的权利。从实践效果来看，业主委员会制度对物业管理的发展起到一定的促进作用。但由于该制度集决策和执行于一体，缺乏有效的监督机制，难以体现全体业主的意愿，有违权责一致的原则；在实践中，有少数业主委员会成员侵害大多数业主的利益，也有的住宅小区发生业主委员会随意解聘物业服务企业或不当利用共有设施经营的情况，遭到大多数业主反对，导致矛盾产生。鉴于存在以上问题，《物业管理条例》确立了业主大会和业主委员会并存的制度，业主大会决策、业主委员会执行，物业服务区域内全体业主组成业主大会，业主大会代表维护物业服务区域内全体业主的合法权益。同时，明确了业主大会的成立方式、职责、会议形式、表决原则以及议事规则等主要事项，规定了业主委员会的产生方式、资格条件、职责、备案要求等。业主委员会作为业主大会的执行机构，可以在业主大会的授权范围内就某些物业管理事项作出决定，但重大物业管理事项的决定只能由业主大会作出。这一制度有利于维护大多数业主的合法权益，保障物业管理活动的顺利进行。

3.2.2　管理规约制度

　　物业管理往往涉及众多业主，业主之间既有个体利益，也有共同利益。在单个业主的个体利益与全体业主之间的整体利益发生冲突时，个体利益应当服从整体利益，单个业主应当遵守物业服务区域内涉及公共秩序和共同利益的有关约定。鉴于业主之间在物业管理过程中发生的关系属于民事关系，不宜采取行政手段进行管理，2003年颁布的《物业管理条例》对各地实施物业管理中已具有一定实践基础的管理规约制度进行了确认。2007年，根据《物权法》修订后的《物业管理条例》将"业主公约"修改为"管理规约"，将"临时业主公约"修改为"临时管理规约"。《物业管理条例》规定管理规约对全体业主具有约束力，建设单位应当在销售物业前制定临时管理规约，对有关物业的使用、维护、管理，业主的共同利益，业主应当履行的义务，违反公约应当承担的责任等依法作出约定。建设单位制定的临时管理规约不得侵害物业买受人的合法权益。业主大会有权起草、讨论和修订管理规约，业主大会制定的管理规约生效时临时管理规约终止。管理规约是多个业主之间形成的共同意志，是业主共同订立并遵守的行为准则。实行管理规约制度，有助于规范业主的行为，有利于提高业主的自律意识，从而预防和减少物业管理纠纷。

3.2.3　前期物业管理招标投标制度

　　物业管理是市场经济的产物，竞争是市场经济的基本特征。为了扭转房地产开发企业自建自管、建管不分而引发物业管理纠纷增多的被动局面，保障业主自主选择物业服务企业的权利，同时也为物业服务企业参与平等竞争创造机会，2003年颁布的《物业管理条例》明确了推行招标投标制度对于促进物业管理健康发展的重要作用，提倡业主通过公平、公开、公正的市场竞争机制选择物业服务企业。鼓励建设单位按照房地产开发与物业管理相分离的原则，通过招标投标的方式选聘符合要求的物业服务企业。《物业管理条例》第二十四条明确规定：住宅物业的建设单位，应当通过招标投标的方式选聘具有相应资质的物业服务企业。作为《物业管理条例》的配套政策，2003年6月，建设部发布了《前期物业管理招标投标管理暂行办法》。《前期物业管理招标投标管理暂行办法》从创立竞争规则和明确监管职责两个角度着手进行前期物业管理招标投标活动的制度建设，对于规范前期物业管理活动，实现资源优化配置，促进物业管理市场竞争具有重要而深远的意义。

3.2.4　物业承接查验制度

物业承接查验是物业管理的基础工作，直接关系到物业管理工作今后能否正常进行，以及日后使用、管理过程中出现质量问题时责任的确定。《物业管理条例》确立了物业承接查验制度。为规范物业承接查验行为，加强前期物业管理活动的指导和监督，维护业主的合法权益，2010年10月14日住房和城乡建设部印发了《物业承接查验办法》，对《物业管理条例》的有关规定进行细化、补充和完善，增强了物业承接查验制度的可操作性，明确了建设单位、物业服务企业和业主在物业承接查验活动中的权利义务。《物业承接查验办法》的出台对减少建设单位的开发遗留问题，降低物业服务企业的管理服务风险，维护业主的共同财产权益，化解物业管理的矛盾纠纷，构建和谐互信的物业管理关系具有重要的现实意义。但是也应当清醒地认识到，一方面，《物业承接查验办法》作为住房和城乡建设部出台的规范性文件，本身并不具有法律适用上的强制力；另一方面，在实践中，建设单位往往会利用其市场优势，将原本由其承担的法定责任转嫁给前期物业服务企业；物业服务企业对承接查验工作的重要性认识不足，使得《物业管理条例》和《物业承接查验办法》制定的承接查验制度无法有效落实。2017年，住房和城乡建设部印发的《关于做好取消物业服务企业资质核定相关工作的通知》（建办房〔2017〕75号），要求进一步落实物业承接查验制度，指导监督建设单位、业主和物业服务企业依法做好物业共用部位、共用设施设备的查验和交接工作，厘清各方主体之间的权利义务关系，减少开发建设遗留问题，确保物业服务项目交接的平稳顺利。该通知对承接查验制度进行了重申和强调，体现了市场监管对通过承接查验制度解决前期开发遗留问题思路的延续。

3.2.5　住宅专项维修资金制度

为了解决在住房产权结构多元化情形下，住房共用部位、共用设施设备发生大修、中修及更新、改造时，如何在多个业主之间及时筹集所需费用的问题，《国务院关于进一步深化城镇住房制度改革加快住房建设的通知》（国发〔1998〕23号）规定："加强住房售后的维修管理，建立住房共用部位、设备和小区公共设施专项维修资金，并健全业主对专项维修资金管理和使用的监督制度"。依据该通知精神，建设部与财政部制定了《住宅共用部位共用设施设备维修基金管理办法》，对维修基金的缴纳、存储、使用、监督等作了具体规定。该办法规定：住宅物业、住宅小区内的非住宅物业或者与单幢住宅楼结构相连的非住宅物业的业主，应当按照国家有关规定缴纳专项维修资金。同时规定：专项维修资金属业主所有，专项用于物业保修期满后物业共用部位、共用设施设备的维修和更新、改造，不得挪作他用。

2007年12月4日，根据《物权法》《物业管理条例》等法律、行政法规，建设部会同财政部发布了《住宅专项维修资金管理办法》，并于2008年2月1日起施行。该办法对加强住宅专项维修资金的管理，保障住宅共用部位、共用设施设备的维修和正常使用，维护住宅专项维修资金所有者的合法权益都起到重要作用。

本 章 小 结

房地产作为物质实体，即指土地、建筑及建筑附属物，作为权益载体包括房地产的所有权、占有权、使用权、收益权和处分权，以及以上权益派生出来的承租权、抵押权、典权等。

物业管理的基本制度包括业主大会制度、管理规约制度、前期物业管理招标投标制度、物业承接查验制度和住宅专项维修资金制度。

复习思考题

1. 简述我国房地产相关法律法规的层级。

2. 我国房地产领域主要有哪些全国适用的法律法规？

3. 《物业管理条例》确立了哪些物业管理基本制度？

4

业主与业主大会

本章要点及学习目标

理解业主的概念。

掌握业主大会与业主委员会的相关知识。

熟悉管理规约的相关知识。

理解业主大会和业主委员会指导规则与业主大会和业主委员会指导监督的新趋势。

4.1 业主

4.1.1 业主的概念

《物业管理条例》第六条规定：房屋的所有权人为业主。由于我国实行房屋所有权与土地使用权归属同一个主体的原则，拥有了房屋的所有权在事实上就拥有了与房屋相配套的设施设备和相关场地的相关权利。因此，将业主定义为"房屋的所有权人"，并没有排除业主对与房屋相配套的设施设备和相关场地的相关权利。在物业管理活动中，业主作为不动产所有权人，不受国籍限制，也不受其自然人、法人或其他组织的属性限制。

我国对房地产实行权证管理方式，一般情况下确定房屋所有权人的主要凭据是房地产行政主管部门颁发的房屋所有权证。属于自然人的房屋，房屋所有权证上标明房屋所有权人的姓名；属于法人或其他组织的房屋，房屋所有权证上标明房屋所有权人的组织名称。

根据《最高人民法院关于审理建筑物区分所有权纠纷案件适用法律若干问题的解释》规定，依法登记取得或者依据《民法典》第二百二十九条至第二百三十一条规定取得建筑物专有部分所有权的人，应当认定为《民法典》第二编第六章所称的业主。基于与建设单位之间的商品房买卖民事法律行为，已经合法占有建筑物专有部分，但尚未依法办理所有权登记的人，可以认定为《民法典》第二编第六章所称的业主。

4.1.2 业主的权利

在物业管理活动中，业主基于对房屋的所有权享有对物业和相关共同事务进行管理的权利。这些权利有些由单个业主享有和行使，有些只能通过业主大会来实现。《物业管理条例》规定业主在物业管理活动中享有的权利包括：

（1）按照物业服务合同的约定，接受物业服务企业提供的服务

物业服务合同是业主与物业服务企业之间约定双方权利与义务的协议。物业服务合同签订后，物业服务企业负有向业主提供合同所约定服务的义务，业主在支付了合同所约定的物业服务费用后，享有接受物业服务企业提供服务的权利。

（2）提议召开业主大会会议，并就物业管理的有关事项提出建议

业主大会会议是业主大会开展工作的基本形式。业主大会由物业服务区域内的全体业主组成。作为业主大会的成员，业主享有提议召开业主大会会议的权利。《物业管理条例》第十三条规定：经20%以上的业主提议，业主委员会应当组织召开业主大会临时会议。业主有对物业管理有关事项提出建议的权利，促使物业管理能及时、有效地以符合广大业主利益的方式进行。

（3）提出制定和修改管理规约、业主大会议事规则的建议

管理规约、业主大会议事规则是规范业主之间权利与义务关系和业主大会内

部运作机制的基础性规约。这些规约在生效以后对物业服务区域内全体业主都有约束力，而且这些规约的规定事关全体业主的共同利益，因此每一位业主都有参与制定和修改这些规约的权利。当业主认为有必要制定管理规约、业主大会议事规则，或者认为现有管理规约、业主大会议事规则有不完善的地方，可以提出自己有关制定和修改管理规约、业主大会议事规则的建议。

（4）参加业主大会会议，行使投票权

业主对物业服务区域内重大事项的决定权是通过参加业主大会会议，在会议上行使表决权的方式来行使的。只要具有业主身份，就具有参加业主大会会议的权利。在业主大会会议上，业主按照省、自治区、直辖市制定的确定业主在首次业主大会会议上投票权的具体办法，或者业主大会议事规则规定的业主投票权确定办法，对列入会议议程的各项物业管理事项进行投票，作出体现全体业主共同意志的决定。

（5）选举业主委员会委员，并享有被选举权

业主委员会是业主大会的执行机构，具体执行业主大会决定的事项，并就物业服务区域内的一般性日常事务作出决定。它由一定数量的业主代表，即业主委员会委员组成。业主委员会委员从业主中选举产生，作为业主的代言人履行具体职责，为全体业主服务。每一位业主都有选举符合自己意愿的业主委员会委员的权利，同时业主作为业主大会的成员也都享有被选举为业主委员会委员的权利。

（6）监督业主委员会的工作

业主委员会是业主大会的执行机构，它的工作直接关系到每一位业主的切身利益。由于业主委员会委员也具有个人利益，可能会怠于行使业主大会赋予他的职责，有些素质不高的业主委员会委员甚至可能会做出损害业主利益的行为。为了防止这种业主委员会委员侵害业主权益的情况发生，督促业主委员会委员更好地履行职责，保护业主的合法权益，应当保证业主对业主委员会委员享有监督权。如业主有权对业主委员会的工作提出批评和建议；有权知晓业主委员会的运作情况；有权了解业主委员会所作出的各项决定的理由；有权查询业主委员会保存的各项档案文件；有权制止并要求业主委员会纠正其不符合法律或者规约的行为等。业主对业主委员会的工作行使监督权有利于业主委员会规范、健康地运作。

（7）监督物业服务企业履行物业服务合同

物业服务企业是基于和业主之间的物业服务合同，为业主提供服务的经营主体，与业主处于物业管理法律关系的相对方。业主有权对物业服务企业履行物业服务合同的情况进行监督。如业主有权对物业服务企业履行合同的情况提出批评与建议；有权查询物业服务企业在履行合同中形成的有关物业管理事项的各项档案材料；有权监督物业服务企业的收费情况；有权要求物业服务企业对违反合同的行为进行改正等。业主对物业服务企业的监督权有利于物业服务企业更好地履行物业管理服务。

（8）对物业共用部位、共用设施设备和相关场地使用情况享有知情权和监督权

物业共用部位、共用设施设备和相关场地与业主所拥有的物业不可分割，业主对拥有的物业进行占有、使用、收益和处分时，不可避免地要牵涉到对物业共用部位、共用设施设备的使用。业主和物业服务企业可以在不损害业主共同利益的情况下，依法使用物业共用部位、共用设施设备和相关场地。但这种使用不能侵害全体业主的合法权益，因此，每一个业主对物业共用部位、共用设施设备和相关场地使用的情况享有知情与监督的权利。需要强调的是，《民法典》第二百七十八条专门强调，改变共有部分的用途或者利用共有部分从事经营活动需要经过业主共同决定，并且将其与物业大修等事项一样列入重要事项，需要2/3以上业主到会，到会业主3/4以上表决通过。

（9）监督住宅专项维修资金的管理和使用

住宅专项维修资金是在物业产权多元化的情况下，为了保证房屋的维修和正常使用，依照国家规定建立的专项用于住宅共用部位、共用设施设备保修期满后的维修和更新、改造的资金。专项维修资金属于业主所有，其是否完好，运行是否正常，不仅关系到相邻物业、整幢楼，甚至整个物业服务区域物业的正常维护和使用，还关系到全体业主的共同利益。因此，专项维修资金的使用和管理必须受到业主严格的监督，以防止专项维修资金被挪用，使其得到合理的使用。业主在专项维修资金的收取、使用、续筹、代管等各个环节都享有监督权。

（10）法律法规规定的其他权利

除以上权利外，业主还享有法律法规规定的其他方面的权利。如在物业受到侵害时，有请求停止侵害、排除妨碍、消除危险、赔偿损失的权利；有对物业维护、使用等方面的规章制度、各项报告、提案进行审议的权利；有为维护业主合法权益进行投诉和控告的权利等。

4.1.3 业主的义务

权利和义务是相对应的，业主在物业管理活动中享有一定权利的同时还应当履行一定的义务。《物业管理条例》规定业主在物业管理活动中应当履行的义务主要有：

（1）遵守管理规约、业主大会议事规则

管理规约是业主依法订立的一种自我管理的公约，管理规约应当对有关物业的使用、维护、管理，业主的共同利益，业主应当履行的义务，违反公约应当承担的责任等事项依法作出约定。每一位业主都应当依照管理规约的约定行使权利、履行义务。业主大会议事规则是业主大会运行应当遵循的规则，它应当就业主大会的议事方式、表决程序、业主投票权确定办法、业主委员会的组成和委员任期等事项作出约定。业主通过缔结管理规约和业主大会议事规则来进行自我管理和自我约束，有利于形成良好的物业管理秩序。管理规约、业主大会议事规则对全体业主具有约束力，每位业主都要自觉遵守管理规约和业主大会议事规则

的规定。

（2）遵守物业服务区域内物业共用部位和共用设施设备的使用、公共秩序和环境卫生维护等方面的规章制度

物业共用部位和共用设施设备的使用、公共秩序和环境卫生的维护等事项，事关物业服务区域内全体业主的共同利益。为了维护这种共同利益，业主大会可以制定或者授权物业服务企业制定一系列的规章制度，要求全体业主共同遵守。每一位业主都有遵守这些规章制度的义务。

（3）执行业主大会的决定和业主大会授权业主委员会作出的决定

业主大会的决定是全体业主共同作出的，代表了全体业主的共同意志，符合业主的共同利益，理应得到全体业主的共同遵守。业主委员会是业主大会的执行机构，具体实施业主大会作出的决定，同时经业主大会的授权也可以自行作出对一定物业管理事项的决定，业主委员会作出的决定业主同样应该执行。

（4）按照国家有关规定缴纳专项维修资金

专项维修资金是保障物业得以正常维修改造的必要条件，业主应承担缴纳专项维修资金的义务。实际生活中，有的物业服务区域内业主不缴纳或者不及时缴纳专项维修资金导致物业的加速老化和毁损，使物业贬值并危及广大业主的生命财产安全，这种情况必须改变。

（5）按时支付物业服务费用

物业服务费用是服务合同约定的重要内容之一。它是确保物业管理正常运行的必要前提，是物业服务企业按合同约定对房屋建筑及其设施设备、绿化、卫生、交通、安全和环境卫生等项目开展日常维护、修缮、整治服务及提供其他与业主生活相关服务所收取的费用。物业管理服务行为是一种市场行为，应当遵循等价有偿的市场原则。业主在享受物业服务企业提供的服务的同时，必须按照合同约定按时支付物业服务费，不得无故拖延和拒不支付，否则物业服务企业有权依法要求其承担违约责任。

（6）法律法规规定的其他义务

除以上义务外，业主还应承担法律法规规定的其他义务。如有配合物业服务企业开展服务活动的义务；有装饰装修房屋时向物业服务企业告知的义务；有按照物业本来的用途和目的使用物业的义务；有维护物业的使用安全和美观的义务；有遵守物业服务区域内公共秩序、维护物业服务区域内环境整洁的义务等。

4.2　业主大会

4.2.1　业主大会的组成和性质

业主大会是业主参与物业管理活动的组织形式，由物业服务区域内全体业主

组成。业主大会代表和维护物业服务区域内全体业主在物业管理活动中的合法权益，有权依据法律法规的规定和管理规约的约定，决定物业服务区域内一切物业管理事项。物业服务区域内的任何业主都必须遵守业主大会制定的管理规约和业主大会议事规则，遵守业主大会制定的各项规章制度，并执行业主大会作出的决定。

业主大会、业主委员会作出的决定违反法律法规的，物业所在地的区、县房地产行政主管部门和街道办事处、乡镇人民政府应当责令限期改正或者撤销其决定，并通告全体业主。

业主不得擅自以业主大会或者业主委员会的名义从事活动。业主以业主大会或者业主委员会的名义从事违反法律法规的活动，构成犯罪的，依法追究刑事责任；尚不构成犯罪的，依法给予治安管理处罚。

4.2.2 业主大会的筹备与成立

1. 成立业主大会的限制和选择

一个物业服务区域只能成立一个业主大会。对于由众多业主构成的物业服务区域，只有成立业主大会才能民主解决物业管理的公共事项；对于业主数量很少的物业服务区域，业主共同商讨物业管理问题很方便，业主大会成立与否并不影响业主关于物业管理的民主决策，因此这样的物业服务区域可以不成立业主大会。《物业管理条例》规定："同一个物业管理区域内的业主，应当在物业所在地的区、县人民政府房地产行政主管部门或者街道办事处、乡镇人民政府的指导下成立业主大会，并选举产生业主委员会。但是，只有一个业主的，或者业主人数较少且经全体业主一致同意，决定不成立业主大会的，由业主共同履行业主大会、业主委员会职责。"《物业管理条例》规定业主大会制度是为了保障众多业主的公众权益不受损害，只要不影响业主民主决策，是否成立业主大会由物业服务区域的全体业主决定。

2. 业主大会的筹备

《民法典》物权编第二百七十七条规定，业主可以设立业主大会，选举业主委员会。业主大会、业主委员会成立的具体条件和程序，依照法律法规的规定。地方人民政府有关部门、居民委员会应当对设立业主大会和选举业主委员会给予指导和协助。2020年12月，住房和城乡建设部等十部委《关于加强和改进住宅物业管理工作的通知》进一步明确提出：街道负责指导成立业主大会筹备组、业主委员会换届改选小组，加强对业主委员会的人选推荐和审核把关，街道要及时积极推动业主设立业主大会，选举业主委员会。

（1）成立业主大会的启动

根据《业主大会和业主委员会指导规则》（建房〔2009〕274号）的规定，物业管理区域内，已交付的专有部分面积超过建筑物总面积50%时，建设单位应当按照物业所在地的区、县房地产行政主管部门或者街道办事处、乡镇人民政府的要求，及时报送下列筹备首次业主大会会议所需的文件资料：物业服务区域证明；房屋及建筑物面积清册；业主名册；建筑规划总平面图；交付使用共用设施设备的证明；物业服务用房配置证明；其他有关的文件资料。

符合成立业主大会条件的，区、县房地产行政主管部门或者街道办事处、乡镇人民政府应当在收到业主提出筹备业主大会书面申请后60日内，负责组织、指导成立首次业主大会会议筹备组。

（2）成立业主大会筹备组

首次业主大会会议筹备组由业主代表、建设单位代表、街道办事处、乡镇人民政府代表和居民委员会代表组成。筹备组成员人数应为单数，其中业主代表人数不低于筹备组总人数的一半，筹备组组长由街道办事处、乡镇人民政府代表担任。筹备组中业主代表的产生，由街道办事处、乡镇人民政府或者居民委员会组织业主推荐。筹备组应当将成员名单以书面形式在物业服务区域内公告。业主对筹备组成员有异议的，由街道办事处、乡镇人民政府协调解决。建设单位和物业服务企业应当配合协助筹备组开展工作。

（3）业主大会筹备组的工作职责

业主大会筹备组的工作职责包括：

1）确认并公示业主身份、业主人数以及所拥有的专有部分面积；

2）确定首次业主大会会议召开的时间、地点、形式和内容；

3）草拟管理规约、业主大会议事规则；

4）依法确定首次业主大会会议表决规则；

5）制定业主委员会委员候选人产生办法，确定业主委员会委员候选人名单；

6）制定业主委员会选举办法；

7）完成召开首次业主大会会议的其他准备工作。

上述内容应当在首次业主大会会议召开15日前以书面形式在物业服务区域内公告。业主对公告内容有异议的，筹备组应当记录并作出答复。

（4）管理规约

管理规约应当对下列主要事项作出规定：

1）物业的使用、维护、管理；

2）专项维修资金的筹集、管理和使用；

3）物业共用部分的经营与收益分配；

4）业主共同利益的维护；

5）业主共同管理权的行使；

6）业主应尽的义务；

7）违反管理规约应当承担的责任。

（5）业主大会议事规则

业主大会议事规则应当对下列主要事项作出规定：

1）业主大会名称及相应的物业服务区域；

2）业主委员会的职责；

3）业主委员会议事规则；

4）业主大会会议召开的形式、时间和议事方式；

5）业主投票权数的确定方法；

6）业主代表的产生方式；

7）业主大会会议的表决程序；

8）业主委员会委员的资格、人数和任期等，业主委员会换届程序、补选办法等；

9）业主大会、业主委员会工作经费的筹集、使用和管理，业主大会、业主委员会印章的使用和管理。

业主拒付物业服务费，不缴存专项维修资金以及实施其他损害业主共同权益行为的，业主大会可以在管理规约和业主大会议事规则中对其共同管理权的行使予以限制。

（6）业主委员会候选人的产生

业主委员会委员候选人由业主推荐或者自荐。筹备组应当核查参选人的资格，根据物业规模、物权份额、委员的代表性和广泛性等因素，确定业主委员会委员候选人名单。

3. 业主大会的成立

筹备组应当自组成之日起90日内完成筹备工作，组织召开首次业主大会会议。业主大会自首次业主大会会议表决通过管理规约、业主大会议事规则，并选举产生业主委员会之日起成立。

业主委员会应当自选举产生之日起30日内，持下列文件向物业所在地的区、县房地产行政主管部门和街道办事处、乡镇人民政府办理备案手续：

（1）业主大会成立和业主委员会选举的情况；

（2）管理规约；

（3）业主大会议事规则；

（4）业主大会决定的其他重大事项。

业主委员会办理备案手续后，可持备案证明向公安机关申请刻制业主大会印章和业主委员会印章。业主委员会任期内，备案内容发生变更的，业主委员会应当自变更之日起30日内将变更内容书面报告备案部门。

4.2.3 业主大会的职责

《业主大会和业主委员会指导规则》规定了业主大会的职责：

（1）制定和修改业主大会议事规则；

（2）制定和修改管理规约；

（3）选举业主委员会或者更换业主委员会委员；

（4）制定物业服务内容、标准以及物业服务收费方案；

（5）选聘和解聘物业服务企业；

（6）筹集和使用专项维修资金；

（7）改建、重建建筑物及其附属设施；

（8）改变共有部分的用途；

（9）利用共有部分进行经营以及所得收益的分配与使用；

（10）法律法规或者管理规约确定应由业主共同决定的事项。

4.2.4 业主大会会议

1. 定期会议和临时会议

业主大会会议分为定期会议与临时会议。业主大会定期会议应当按照业主大会议事规则的规定召开，定期会议与临时会议都由业主委员会组织召开。当出现下列情况时，业主委员会应当及时组织召开业主大会临时会议：

（1）20%以上业主提议召开业主大会临时会议的；

（2）发生重大事故或者紧急事件需要及时处理的；

（3）业主大会议事规则或者管理规约规定的其他情况。

召开业主大会会议，应当于会议召开15日以前通知全体业主，住宅小区召开业主大会会议，还应当同时告知与物业服务区域相关的居民委员会。业主委员会应当做好业主大会会议记录。

召开业主大会会议，物业所在地的区、县房地产行政主管部门和街道办事处、乡镇人民政府应当给予指导和协助。

召开业主委员会会议，应当告知相关的居民委员会，并听取居民委员会的建议。在物业服务区域内，业主大会、业主委员会应当积极配合相关居民委员会依法履行自治管理职责，支持居民委员会开展工作，并接受其指导和监督。

业主委员会未按业主大会议事规则的规定组织召开业主大会定期会议，或者发生应当召开业主大会临时会议的情况，业主委员会不履行组织召开会议职责的，物业所在地的区、县房地产行政主管部门或者街道办事处、乡镇人民政府可以责令业主委员会限期召开；逾期仍不召开的，可以由物业所在地的居民委员会在街道办事处、乡镇人民政府的指导和监督下组织召开。

2. 业主大会会议形式

业主大会会议可以采用集体讨论的形式，也可以采用书面征求意见的形式；但应当有物业服务区域内专有部分占建筑物总面积2/3以上的业主且占总人数2/3以上的业主参加。采用书面征求意见形式的，应当将征求意见书送交每一位业主；无法送达的，应当在物业服务区域内公告。凡需投票表决的，表决意见应由业主本人签名。

3. 业主投票权的确定

业主大会确定业主投票权数，可以按照下列方法认定专有部分面积、建筑物总面积、业主人数和总人数：

（1）专有部分面积按照不动产登记簿记载的面积计算；尚未进行登记的，暂按测绘机构的实测面积计算；尚未进行实测的，暂按房屋买卖合同记载的面积计算；

（2）建筑物总面积，按照前项的统计总和计算；

（3）业主人数，按照专有部分的数量计算，一个专有部分按一人计算；但建设单位尚未出售和虽已出售但尚未交付的部分，以及同一买受人拥有一个以上专有部分的，按一人计算；

（4）总人数，按照前项的统计总和计算。

业主大会应当在业主大会议事规则中约定车位、摊位等特定空间是否计入用于确定业主投票权数的专有部分面积。

一个专有部分有两个以上所有权人的，应当推选一人行使表决权，但共有人所代表的业主人数为一人。业主为无民事行为能力人或者限制民事行为能力人的，由其法定监护人行使投票权。

4. 业主代理人和业主代表人

（1）业主代理人

业主因故不能参加业主大会会议的，可以书面委托代理人参加。代理人应当在业主委托书的授权范围内行使代理权，如投票、发表意见、参加表决等。业主委托代理人的授权内容不得超越业主自身权限，如投票权数。业主只能委托代理人代理事项，不能委托代理人代理业主身份，代理人无权以候选人身份参加业主委员会成员的竞选。

（2）业主代表人

物业服务区域内业主人数较多的，可以幢、单元、楼层等为单位，推选一名业主代表参加业主大会会议。推选业主代表参加业主大会会议的，业主代表应当于参加业主大会会议3日前，就业主大会会议拟讨论的事项，书面征求其所代表的业主意见。凡需投票表决的事项，业主代表应当要求业主将赞同、反对及弃权的决定及享有的投票权数书面签字，然后由业主代表在业主大会上代表业主如实投票。业主代表因故不能参加业主大会会议的，其所代表的业主应当另外推选一名业主代表参加大会。

5. 业主大会决定事项的表决

按照《民法典》物权编相关规定，业主共同决定事项，应当由专有部分面积占比2/3以上的业主且人数占比2/3以上的业主参与表决。筹集建筑物及其附属设施的维修资金、改建与重建建筑物及其附属设施、改变共有部分的用途或者利用共有部分从事经营活动三类事项，应当经参与表决专有部分面积3/4以上的业主且参与表决人数3/4以上的业主同意。决定其他事项，应当经参与表决专有部分面积过半数的业主且参与表决人数过半数的业主同意。

业主大会会议应当由业主委员会做书面记录并存档。业主大会的决定应当以书面形式在物业服务区域内及时公告。

4.3 业主委员会

4.3.1 业主委员会委员的任职条件

《物业管理条例》将业主委员会明确定位为业主大会的执行机构。业主委员会由业主大会会议选举产生，由5～11人单数组成。业主委员会委员应当是物业服务区域内的业主，并符合下列条件：

（1）具有完全民事行为能力；

（2）遵守国家有关法律法规；

（3）遵守业主大会议事规则、管理规约，模范履行业主义务；

（4）热心公益事业，责任心强，公正廉洁；

（5）具有一定的组织能力；

（6）具备必要的工作时间。

业主委员会委员实行任期制，每届任期不超过5年，可连选连任，业主委员会委员具有同等表决权。业主委员会应当自选举之日起7日内召开首次会议，推选业主委员会主任和副主任。

4.3.2 业主委员会的职责

《物业管理条例》和《业主大会和业主委员会指导规则》规定，业主委员会履行以下职责：

（1）执行业主大会的决定和决议；

（2）召集业主大会会议，报告物业管理实施情况；

（3）与业主大会选聘的物业服务企业签订物业服务合同；

（4）及时了解业主、物业使用人的意见和建议，监督和协助物业服务企业履行物业服务合同；

（5）监督管理规约的实施；

（6）督促业主支付物业服务费及其他相关费用；

（7）组织和监督专项维修资金的筹集和使用；

（8）调解业主之间因物业使用、维护和管理产生的纠纷；

（9）业主大会赋予的其他职责。

此外，业主委员会还应当向业主公布下列情况和资料：

（1）管理规约、业主大会议事规则；

（2）业主大会和业主委员会的决定；

（3）物业服务合同；

（4）专项维修资金的筹集、使用情况；

（5）物业共有部分的使用和收益情况；

（6）占用业主共有的道路或者其他场地用于停放汽车车位的处分情况；

（7）业主大会和业主委员会工作经费的收支情况；

（8）其他应当向业主公开的情况和资料。

4.3.3　业主委员会会议

业主委员会应当按照业主大会议事规则的规定及业主大会的决定召开会议。经1/3以上业主委员会委员的提议，应当在7日内召开业主委员会会议。业主委员会会议由主任召集和主持，主任因故不能履行职责，可以委托副主任召集。业主委员会会议应有过半数的委员出席，作出的决定必须经全体委员半数以上同意。业主委员会委员不能委托代理人参加会议。

业主委员会应当于会议召开7日前，在物业服务区域内公告业主委员会会议的内容和议程，听取业主的意见和建议。业主委员会会议应当制作书面记录并存档，业主委员会会议作出的决定，应当有参会委员的签字确认，并自作出决定之日起3日内在物业服务区域内公告。

按照业主大会议事规则的规定或者1/3以上委员提议，应当召开业主委员会会议的，业主委员会主任、副主任无正当理由不召集业主委员会会议的，物业所在地的区、县房地产行政主管部门或者街道办事处、乡镇人民政府可以指定业主委员会其他委员召集业主委员会会议。

业主委员会应当建立印章管理规定，并指定专人保管印章。使用业主大会印章，应当根据业主大会议事规则的规定或者业主大会会议的决定；使用业主委员会印章，应当根据业主委员会会议的决定。

业主委员会应当建立工作档案，工作档案包括以下主要内容：

（1）业主大会、业主委员会的会议记录；

（2）业主大会、业主委员会的决定；

（3）业主大会议事规则、管理规约和物业服务合同；

（4）业主委员会选举及备案资料；

（5）专项维修资金筹集及使用账目；

（6）业主及业主代表的名册；

（7）业主的意见和建议。

4.3.4　业主委员会委员的资格终止

有下列情况之一的，业主委员会委员资格自行终止：

（1）因物业转让、灭失等原因不再是业主的；

（2）丧失民事行为能力的；

（3）依法被限制人身自由的；

（4）法律法规以及管理规约规定的其他情形。

此外，业主委员会委员有下列情况之一的，由业主委员会1/3以上委员或者持有20%以上投票权数的业主提议，业主大会或者业主委员会根据业主大会的授权，可以决定是否终止其委员资格：

（1）以书面方式提出辞职请求的；

（2）不履行委员职责的；

（3）利用委员资格谋取私利的；

（4）拒不履行业主义务的；

（5）侵害他人合法权益的；

（6）因其他原因不宜担任业主委员会委员的。

业主委员会委员资格终止的，应当自终止之日起3日内将其保管的档案资料、印章及其他属于全体业主所有的财物移交业主委员会。

业主委员会委员资格终止，拒不移交所保管的档案资料、印章及其他属于全体业主所有的财物的，其他业主委员会委员可以请求物业所在地的公安机关协助移交。

4.3.5 业主委员会的改选与变更

业主委员会任期内，委员出现空缺时，应当及时补足。业主委员会委员候补办法由业主大会决定或者在业主大会议事规则中规定。业主委员会委员人数不足总数的1/2时，应当召开业主大会临时会议，重新选举业主委员会。

业主委员会任期届满前3个月，应当组织召开业主大会会议，进行换届选举，并报告物业所在地的区、县房地产行政主管部门和街道办事处、乡镇人民政府。

业主委员会在规定时间内不组织换届选举的，物业所在地的区、县房地产行政主管部门或者街道办事处、乡镇人民政府应当责令其限期组织换届选举；逾期仍不组织的，可以由物业所在地的居民委员会在街道办事处、乡镇人民政府的指导和监督下，组织换届选举工作。

因客观原因未能选举产生业主委员会或者业主委员会委员人数不足总数的1/2的，新一届业主委员会产生之前，可以由物业所在地的居民委员会在街道办事处、乡镇人民政府的指导和监督下，代行业主委员会的职责。

业主委员会应当自任期届满之日起10日内，将其保管的档案资料、印章及其他属于业主大会所有的财物移交新一届业主委员会。业主委员会任期届满后，拒不移交所保管的档案资料、印章及其他属于全体业主所有的财物的，新一届业主委员会可以请求物业所在地的公安机关协助移交。

4.3.6 业主委员会的工作经费

业主大会、业主委员会的工作经费由全体业主承担。工作经费可以由业主分摊，也可以从物业共有部分经营所得收益中列支。工作经费的收支情况，应当定期在物业服务区域内公告，接受业主监督。工作经费筹集、管理和使用的具体办法由业主大会决定。

4.3.7 物业管理联席会议

物业服务区域内可以召开物业管理联席会议。物业管理联席会议由街道办事处、乡镇人民政府负责召集，由区、县房地产行政主管部门、公安派出所、居民委员会、业主委员会和物业服务企业等各方的代表参加，共同协调解决物业管理中遇到的问题。

4.4 管理规约

4.4.1 管理规约的概念

管理规约是由全体业主共同制定的，规定业主在物业服务区域内有关物业使用、维护、管理等涉及业主共同利益事项的，对全体业主具有普遍约束力的自律性规范，它一般以书面形式订立。管理规约作为业主对物业服务区域内一些重大事务的共同性约定和允诺，作为业主自我管理的一种重要形式和手段，要求全体业主共同遵守。管理规约是物业管理法律法规和政策的一种有益的补充，是有效调整业主之间权利与义务关系的基础性文件，也是物业管理顺利进行的重要保证。要形成和谐有序的物业管理秩序，必须充分认识到管理规约起到的重要作用。

共同财产和共同利益是业主之间建立联系的基础，管理规约就是物业服务区域内全体业主建立的共同契约。业主共同财产的管理和共同利益的平衡，需要通过民主协商的机制来实现，管理规约集中体现了经民主协商所确立的全体业主均需遵守的规则。维护业主的财产权利是物业管理的主要内容，物业管理的落脚点就是要保护业主的财产权利，不仅要保护单个业主的权利，而且要保护全体业主关于房屋财产的共同权益。因此管理规约必须协调各个业主利益与业主整体利益存在的各种矛盾，并按照少数服从多数的原则解决存在的分歧。

业主一旦共同决定委托物业服务企业实施物业管理，就要将共同财产的管理职能授权物业服务企业实施，并将这项授权明确写入管理规约中，要求业主遵守公约，服从物业服务企业维护公共秩序的物业管理行为。

4.4.2 管理规约的主要内容

管理规约的内容主要包括四个方面：

（1）有关物业的使用、维护、管理的约定。如业主使用其自有物和物业服务区域内共用部分、共用设施设备以及相关场地的约定；业主对物业服务区域内公共建筑和共用设施使用的有关规程；业主对自有物业进行装饰装修时应当遵守的规则等。

（2）业主的共同利益。如对物业共用部位、共用设施设备使用和保护，利用物业共用部位获得收益的分配；对公共秩序、环境卫生的维护等。

（3）业主应当履行的义务。如遵守物业服务区域内物业共用部位和共用设施设备的使用、公共秩序和环境卫生的维护等方面的规章制度；按照国家有关规定缴纳专项维修资金；按时支付物业服务费用；不得擅自改变建筑物及其设施设备的结构、外貌、设计用途，不得违反规定存放易燃、易爆、剧毒、放射性等物品；不得违反规定饲养家禽、宠物；不得随意停放车辆和鸣放喇叭等。

（4）违反公约应当承担的责任。业主不履行管理规约义务要承担民事责任，其以支付违约金和赔偿损失为主要的承担责任方式。在违约责任中还要明确解决争议的办法，如通过业主委员会或者物业服务企业调解和处理等，业主不服调解和处理的，可通过诉讼渠道解决。

4.4.3 管理规约的法律效力

管理规约对物业服务区域内的全体业主具有约束力。由于管理规约须经物业服务区域内业主签字承诺，因此管理规约的效力范围涉及全体业主。理解管理规约的法律效力应当注意以下两点：

（1）管理规约对物业使用人也发生法律效力。由于管理规约的一项核心内容是规范对物业的使用秩序，而物业使用人基于其实际物业的使用，不可避免地会影响物业的状态，而且业主委员会或者物业服务企业对物业进行管理势必要直接与物业使用人打交道，因此客观上需要将其纳入物业管理活动中来。

（2）管理规约对物业的继受人（即业主）自动产生效力。在物业的转让和继承中，物业的所有权要发生变动移转给受让人。但管理规约无须对新入住的继受人作出任何形式上的承诺，就自动对其产生效力。在这一点上可以理解为继受人在取得物业时，对已经生效的管理规约存在默示，自愿接受管理规约的约束。

4.4.4 临时管理规约

1. 临时管理规约的概念

《物业管理条例》要求，建设单位在销售物业之前，应当制定临时管理规约，对有关物业的使用、维护、管理、业主的共同利益、业主应当履行的义务以及违反公约应当承担的责任等事项依法作出约定。

订立管理规约是业主之间的共同行为，通常情况下，管理规约由业主大会筹备组草拟，经首次业主大会会议审议通过，公约的修改权也属于业主大会。然而在很多情况下，物业建成后业主的入住是一个逐渐的过程，业主大会并不能立即成立。但基于物业的正常使用和已经入住业主共同利益的考虑，却有制定业主共同遵守准则的需要，如若不然，则物业的使用、维护、管理可能处于混乱无序的状态，无法及时有效地建立和谐的生活秩序。因此，管理规约在物业买受人购买物业时就须存在，这种在业主大会制定管理规约之前存在的管理规约称为临时管理规约。

2. 临时管理规约的制定

（1）临时管理规约制定的主体

临时管理规约一般由建设单位在出售物业之前预先制定，为什么规定由建设单位制定管理规约呢？这是因为建设单位在物业销售之前是物业的唯一业主，即第一业主，而且建设单位这种"业主"的身份一直延续到物业全部销售完毕，这是建设单位能够制定管理规约的基本依据。但是，建设单位制定的管理规约毕竟不同于全体业主通过规定程序制定的管理规约，它并不一定能完全体现全体业主的意志，所以这个"管理规约"只是临时存在的，具有过渡性质，因此称为"临时管理规约"。在业主成立业主大会后，业主通过业主大会会议表达自己的意志，决定制定新的管理规约或者修改临时管理规约，当然也可以继续保持临时管理规约，但此时的临时管理规约经过业主大会的审议通过后，已经转化为正式管理规约。

（2）临时管理规约制定的时间

《物业管理条例》规定建设单位制定临时管理规约的时间为物业销售之前。这是因为一旦有业主入住，就会涉及业主之间有关物业使用、维护、管理等方面权利义务的行使，因此业主需要提前知晓管理规约的内容，以便能从入住一开始就遵守公约的规范。另外，在实践中建设单位一般将临时管理规约作为物业买卖合同的附件，或者在物业买卖合同中有明确要求物业买受人遵守临时管理规约的条款，通过这种方式让物业买受人作出遵守临时管理规约的承诺，这在客观上要求临时管理规约应当在物业销售前制定。还需说明的是，本款所指物业销售也包括物业预售和现售两种形式。根据《商品房销售管理办法》第三条的规定，商品房销售包括商品房现售和商品房预售。商品房现售是指房地产开发企业将竣工验收合格的商品房出售给买受人，并由买受人支付房价款的行为。商品房预售是指房地产开发企业将正在建设中的商品房预先出售给买受人，并由买受人支付定金或者房价款的行为。无论是物业的现售还是预售，建设单位都应预先制定临时管理规约。

3. 相关主体的法律义务

（1）建设单位不得侵害物业买受人的利益

临时管理规约由建设单位制定，但由于物业买受人在购房时在与建设单位的实力对比中处于劣势，对于临时管理规约的制定缺乏主动参与的机会。建设单位基于对自己有利的动机，可能会利用制定临时管理规约的机会，在规约中加入不公正的条款，从而损害物业买受人的利益。如规定长期保留对某些会所、学校、停车场、网球场等共用部位的所有权或使用权，而对物业服务费用不承担义务；规定物业服务企业可以利用物业的某些共有部位谋求自身利益等。为了消除这些临时管理规约中可能存在的不公正内容，保障物业买受人的利益，《物业管理条例》对临时管理规约的内容进行了原则上的限制，规定建设单位制定的临时管理规约不得侵害物业买受人的合法权益。

（2）建设单位对临时管理规约的说明义务

《物业管理条例》明确规定，建设单位制定的临时管理规约应当在物业销售之前向物业买受人明示，对临时管理规约的主要内容向物业买受人陈述，并就容易导致购房人混淆的地方进行解释说明，以使物业买受人准确理解未来自己的权利与义务。这里的明示应该理解为是以书面形式向物业买受人明确无误地告示，如直接将临时管理规约文本交与物业买受人，或者以通告的方式在显眼的地方予以公示。

（3）物业买受人对临时管理规约承诺的义务

为了进一步强化和保护物业买受人的权益，物业买受人应当对遵守临时管理规约进行承诺。承诺是相对于要约而言的，指受要约人做出的接受要约人发出的要约的意思表示。为了避免建设单位和物业买受人对是否已经明示和说明的事实发生争议、减少纠纷，承诺应当采用书面的方式。实践中，通常的做法是建设单位将临时管理规约作为物业买卖合同的附件，或者在物业买卖合同中明确规定要求物业买受人遵守临时管理规约的条款，让物业买受人在物业买卖合同上签字确认。物业买受人签字确认后也就意味着临时管理规约得到物业买受人的接受和认可，从而为物业买受人遵守临时管理规约提供了合理的依据。

4. 临时管理规约的内容

为推动建立业主自我管理与自我约束的机制，维护全体业主的共同利益，各地相继制定了《临时管理规约示范文本》，明确了临时管理规约应当具备的主要内容。

（1）物业的自然情况与权属情况

1）物业的自然情况

说明物业的名称和坐落地址，物业的名称应当以当地政府主管部门审定的名称为准。

明确物业类型，物业类型应当以城市规划部门审定的建筑用途划分，如住宅小区、工业小区、商住楼、商厦、写字楼、综合楼等。

以城市规划部门审定的数字为准，明确物业的建筑面积和用地面积。

以城市规划部门审定的总平面图为准，明确物业服务区域的四至，说明东、南、西、北的接壤区域或地理坐标。

2）物业权属情况

建设单位应在临时管理规约中对业主享有的物业共用部位、共用设施设备所有权，区分单幢建筑内容和物业服务区域内容分别列明。

由单幢建筑物的全体业主共有的共用部位，包括该幢建筑物的承重结构、主体结构，公共门厅、公共走廊、公共楼梯间、户外墙面、屋面等；由单幢建筑物的全体业主共有的共用设施设备，包括该幢建筑物内的给水排水管道、落水管、水箱、水泵、电梯、冷暖设施、照明设施、消防设施、避雷设施等。

由物业服务区域内全体业主共有的共用部位和共用设施设备，包括围墙、绿地、池井、照明设施、共用设施设备使用的房屋、物业服务用房等。

物业服务区域内的有些建筑物或建筑部位开发建设单位并不出售，而是留作出租或自用，这部分物业所有权可以属于开发建设单位所有。为将这部分物业与业主享有的共用部位、共用设施设备所有权明确界定区分，避免日后产生权属争议，应要求建设单位对自己享有的物业产权也在临时管理规约中明示，例如留作自行经营或出租的地下车库、小区会所等。建设单位在行使保留部位和设施设备所有权时，不得影响和危害物业买受人正常使用物业。

（2）业主使用物业应当遵守的规则

1）遵守相邻权规定

物业财产的所有权属于不动产所有权范畴，与动产所有权比较，不动产所有权的行使与相邻不动产所有人和使用人的权益关系密切。例如业主在家里存放大量易燃易爆物品，就会给邻里的安全造成危害；业主将物品存放在公用通道，就会给邻里的通行造成妨碍等。因此，法律要求不动产所有权人尊重相邻权，不得因自身行使所有权而对他人的合法权益造成妨碍或损害。《民法典》对相邻权有明确规定："不动产的相邻各方，应当按照有利生产、方便生活、团结互助、公平合理的精神，正确处理截水、排水、通行、通风、采光等方面的相邻关系。给相邻方造成妨碍或者损失的，应当停止侵害，排除妨碍，赔偿损失。"

临时管理规约应对以下事项作出约定：① 业主对物业的专有部分享有占有、使用、收益和处分的权利，但不得妨碍其他业主正常使用物业；② 业主应遵守法律法规的规定，按照有利于物业使用、安全、整洁以及公平合理、不损害公共利益和他人利益的原则，在供电、供水、供热、供气、排水、通行、通风、采光、装饰装修、环境卫生、环境保护等方面妥善处理与相邻业主的关系；③ 业主应按设计用途使用物业。因特殊情况需要改变物业设计用途的，业主应在征得相邻业主书面同意后，报有关行政主管部门批准，并告知物业服务企业。

2）遵守房屋装饰装修规定

总结房屋装饰装修中普遍存在的问题和管理经验，临时管理规约可在以下几个方面规范房屋装饰装修活动：① 业主需要装饰装修房屋的，应事先告知物业服务企业，并与其签订《装饰装修管理服务协议》。业主应按《装饰装修管理服务协议》的约定从事装饰装修行为，遵守装饰装修的注意事项，不得从事装饰装修的禁止行为。② 为保证物业服务区域的环境秩序和维护业主装修材料的安全，业主装修房屋时，应当在物业服务企业指定的地点放置装饰装修材料及装修垃圾，业主不得擅自占用物业共用部位和公共场所。同时，由于业主装修房屋会产生不良噪声，因此为不影响其他业主的正常生活或经营，物业服务企业应当规定业主装饰装修房屋的施工时间，并要求业主在其他时间不得施工。如果发生业主装饰装修房屋影响物业共用部位、共用设施设备正常使用的情况，或者发生业主装修房屋侵害相邻业主合法权益的情况，装修业主应当及时恢复原状并向受害业主承担相应的赔偿责任。③ 要求业主应当按照设计预留的位置安装空调，没有预留设计位置的，应当按照物业服务企业指定的位置安装，并按照物业服务企业的安装要求做好噪声及冷凝水的处理。

3）共用部位共用设施设备的使用规定

主要应包括以下内容：① 业主应按有关规定合理使用水、电、气、暖等共用设施设备，不得擅自拆改；② 业主及物业使用人使用电梯，应遵守本物业服务区域的电梯使用管理规定；③ 在物业服务区域内行驶和停放车辆，应遵守本物业服务区域的车辆行驶和停车规则。

4）使用物业的禁止性规定

针对物业管理中业主经常出现的违规行为，临时管理规约应对业主使用物业的禁止性行为作出规定，主要应包括以下内容：① 损坏房屋承重结构、主体结构，破坏房屋外貌，擅自改变房屋设计用途；② 占用或损坏物业共用部位、共用设施设备及相关场地，擅自移动物业共用设施设备；③ 违章搭建、私设摊点；④ 在非指定位置倾倒或抛弃垃圾、杂物；⑤ 违反有关规定堆放易燃、易爆、剧毒、放射性物品，排放有毒有害物质，发出超标噪声；⑥ 擅自在物业共用部位和相关场所悬挂、张贴、涂改、刻画；⑦ 利用物业从事危害公共利益和侵害他人合法权益的活动；⑧ 违反物业服务区域内饲养动物的有关约定。

（3）维修养护物业应当遵守的规则

1）物业维修养护中业主应当相互配合与协助

业主对物业自用部位和自用设施设备的维修养护行为，不得妨碍其他业主的合法权益。业主或物业服务企业因维修养护物业确需进入相关业主自用部位时，应当事先告知相关业主，相关业主应当给予必要的配合。如果相关业主阻挠业主或物业服务企业维修养护物业，相关业主对因此造成的物业损坏或其他损失应当承担修复责任及赔偿责任。

对于发生危及公共利益或其他业主合法权益的紧急情况，业主或物业服务企业必须及时进入相关业主房屋进行维修养护，但又无法通知相关业主的，物业服务企业可先向邻居说明情况，并协同物业服务企业之外的第三方，例如居委会、业主委员会、派出所、邻居，进入相关业主室内进行维修养护，但事后应当及时向相关业主告知情况并做好善后工作。

2）涉及公共利益与公共安全的物业维修养护

业主的维修养护事项如果确需临时占用、挖掘道路、场地的，应当征得建设单位和物业服务企业的同意，以便建设单位和物业服务企业采取必要措施，维护物业服务区域公共场所、道路的安全与正常使用，最大限度地减少给其他业主带来的不便。业主还应当抓紧维修养护事项，在约定的期限内恢复公共场所与道路的原状。

物业使用中如果出现安全隐患，例如可能出现的房屋与设施设备倒塌、脱落、爆炸等危及公共安全或其他业主合法权益的情况，无论是业主还是物业服务企业，责任人都应当及时报告并采取有效措施消除隐患。

3）保修责任与专项维修资金的缴存、使用和管理

临时管理规约生效期间，物业大多处于保修期内，因此建设单位应当按照国家规定的保修期限和保修范围承担物业的保修责任。如果建设单位在保修期限和保修范围内拒绝修复或拖延修复，业主可以自行修复或委托他人修复，修复费用及修复期间造成的其他损失建设单位应当承担。

专项维修资金是物业共用部位大中修和设施设备更新改造的资金来源，关系到全体业主的共同利益。临时管理规约中必须明确约定，物业服务区域内的全体业主都应当按照政府规定数额与比例缴存、储备专项维修资金，并按照政府规定管理和使用物业专项维修资金。

（4）涉及业主共同利益的事项

1）全体业主授予物业服务企业行使的管理权利

以示范文本为例，业主可以在以下两个方面对物业服务企业授权：① 配合建设单位制定物业共用部位、共用设施设备的使用、维护和管理、共用秩序和环境维护等方面的规章制度；② 以批评、规劝、公示等必要措施制止业主、物业使用人违反临时管理规约和物业管理规章制度的行为。

2）业主承诺按时足额支付物业服务费用

物业服务费用是物业服务活动正常开展的物质基础，涉及全体业主的共同利益。业主只有按照前期物业服务合同的约定，按时足额支付物业服务费用，才能保证物业管理与服务的正常进行。这是临时管理规约中业主必须承诺遵守的一项内容。

3）利用物业共用部位、共用设施设备经营的约定

因开展经营事项权益遭受损害的业主应该得到合理的经济补偿，开展经营的投资主体应该得到合理回报，物业共用部位、共用设施设备的所有权人是全体业主，因此经营收益归属全体业主，应当主要用于补充专项维修资金。

（5）违约责任

主要应包括以下内容：

1）业主违反关于物业使用、维护和管理的约定，妨碍物业正常使用或造成物业损害及其他损失的，其他业主和物业服务企业可依据临时管理规约向人民法院提起诉讼。

2）业主违反关于业主共同利益的约定，导致全体业主的共同利益受损的，其他业主和物业服务企业可依据临时管理规约向人民法院提起诉讼。

3）建设单位未能履行临时管理规约约定义务的，业主和物业服务企业可向有关行政主管部门投诉，也可根据临时管理规约向人民法院提起诉讼。

4.5 业主大会和业主委员会指导规则

2009年12月1日，住房和城乡建设部发布了《业主大会和业主委员会指导规

则》(以下简称《导则》),并于2010年1月1日施行。《业主大会规程》(建住房〔2003〕131号)同时废止。

从内容看,其针对业主大会和业主委员会成立与运作中存在的问题从部门立法的角度提出了切实可行的解决方案,一定程度上可以解决业主大会、业主委员会成立与运作中的僵局,更好地诠释业主、业主大会、业主委员会的定位,规范业主大会和业主委员会的活动,维护业主的合法权益,将物业服务的主角更大程度上向业主倾斜。《导则》的重点内容主要体现在以下几个方面。

4.5.1 对业主大会成立有时间节点规定

一个小区长期不启动成立业主委员会程序,或启动业主委员会成立程序但又半途而废的情况可以说是不胜枚举。一个重要的原因就是目前立法没有就业主大会的成立期限作出规定,只要业主大会成立过程中出现纠纷,通常的结局就是成立过程中断,业主大会成立一拖再拖。

针对业主大会成立难、小区无法选出业主委员会这一情况,《导则》专门作了三条针对性的规定:

(1)符合成立业主大会条件的,区、县房地产行政主管部门或者街道办事处、乡镇人民政府应当在收到业主提出筹备业主大会书面申请后60日内,负责组织、指导成立首次业主大会会议筹备组。

(2)筹备组应当自组成之日起90日内完成筹备工作,组织召开首次业主大会会议。

(3)小区未能选举出业主委员会的,可由居民委员会在街道办事处、乡镇人民政府的指导与监督下,代行业主委员会的职责。

4.5.2 对业主委员会成员资格有新规,业主委员会正常运转有保障

不管是2003年的《业主大会规程》还是《导则》,对业主委员会成员条件都有一定的限制,比如说都规定了业主委员会人员"应热心公益事业、责任心强"。相对于《业主大会规程》,《导则》的进步主要体现在以下三个方面:

(1)业主委员会成员退出机制的完善

《导则》第四十三条规定了四种业主委员会委员主体资格自动终止的情况。

结合《导则》其他有关业主委员会成员补选的条款,如业主委员会成员不足的,应召开业主大会补选。这些规定保证了业主委员会人员的完整性,进而保证其正常工作。

(2)对约定终止作出明确规定

业主委员会委员有不履行委员职责、利用委员资格谋取私利等情况的,由业主委员会1/3以上委员或者持有20%以上投票权数的业主提议,业主大会或业主委员会根据业主大会的授权,可以决定是否终止其委员资格。

有一名上海的律师曾多次代表业主委员会进行民事诉讼,遇到最多的问题就

是业主委员会成员对业主委员会工作参与极其不足，决定小区诉讼、使用维修资金等重要事项业主委员会成员不参加讨论是非常正常的。所以，建立业主委员会成员资格终止制度以保证其良好运转势在必行。

（3）通过限制业主自治权来限制业主成为业主委员会成员

《导则》第二十条规定：业主拒付物业服务费，不缴存专项维修资金以及实施其他损害业主共同权益行为的，业主大会可以在管理规约和业主大会议事规则中对其共同管理权的行使予以限制。

参加业主委员会成员选举，成为业主委员会成员是业主共同管理权行使的重要体现，对于有上述情况的业主，业主大会议事规则是可以限制业主成为业主委员会成员的。

4.5.3 对业主委员会工作流程有要求，业主大会、业主委员会不再"瘫痪"

从整个内容看，其最大的"亮点"是对业主委员会运作流程作出了一些新的规定，来解决当前业主委员会不能正常工作和业主委员会个别成员控制业主委员会的问题。

《导则》第五十一条规定：业主委员会未按业主大会议事规则召开业主大会定期会议或者临时会议的，物业所在地的区、县房地产行政主管部门或者街道办事处、乡镇人民政府可以责令业主委员会限期召开；逾期仍不召开的，可以由物业所在地的居民委员会在街道办事处、乡镇人民政府的指导和监督下组织召开。

这一"强制开会"制度可能会在法理上有一定的争议，但的确可以解决小区一些亟待解决的问题，比如说业主委员会不按时召开业主大会决定小区急需维修事项，通过居委会组织召开业主大会决定维修资金的使用可以有效解决这一问题。

《导则》第四十条规定：业主委员会应当建立工作档案，工作档案应包括：业主大会、业主委员会的会议记录；业主大会、业主委员会的决定；业主的意见和建议等。这些对业主委员会工作建档制度的强制性要求可以从很大程度上规范业主大会、业主委员会的运作。

《导则》第四十二条规定：工作经费筹集、管理和使用的具体办法由业主大会决定。工作经费的收支情况，应当定期在物业服务区域内公告，接受业主监督。

业主委员会工作经费一般包括通信费。业主大会及业主委员会会务费。交通费。办公用品费。餐费。业主委员会成员津贴等。实际上，业主委员会经费使用不规范情况时有发生，业主委员会的这些所谓的会议支出是否合理应交给全体业主来评判。

《导则》对业主委员会的会议公开、透明作出明确规定。综合第三十七条、第三十八条、第三十九条的规定，其对业主委员会会议制度的要求体现在以下四个方面：

（1）法定1/3业主委员会成员提议，7日内必须召开业主委员会会议。

（2）作出决定应全体委员半数以上同意，且业主委员会委员不能委托代理人参加会议。

（3）业主委员会开会7日前，公开开会的内容并听取业主意见。

（4）业主委员会作出决定起3日内在小区内公布。

从业主委员会的运作实践看，由于对其开会没有程序上的要求，其一般的程序就是几个业主委员会成员的"碰头会"，绝大多数情况下是开会的结果公开，开会的过程及内容一般不公开，导致小区业主对业主委员会工作不满的情况经常发生。如果业主委员会按照《导则》的规定召开业主委员会会议，给业主积极参与的机会，实际上是向业主委员会工作的透明、公开又迈进了一大步。

4.5.4 规范业主大会、业主委员会工作，政府主管部门不能消极"执法"

按照国务院《物业管理条例》规定，房地产行政主管部门对小区业主大会、业主委员会的工作进行指导与监督，但如何进行指导与监督并没有给出明确的规定。从实践上看，行政主管部门的指导与监督主要体现在"事后监督"和"被动监督"，即业主委员会、业主大会出了问题政府再出面，行政主管部门的工作是消极被动的，而按照《导则》规定，政府主管部门对业主大会、业主委员会的工作应积极参与。

上文提到《导则》第五十一条规定的限制召开业主大会制度和居委会组织召开业主大会制度是明显的体现。《导则》第五十八条规定的居委会代行业主委员会工作职责制度也是行政机关对业主委员会工作指导、加强监督的具体体现。

从《导则》的内容看，行政主管部门加强对小区业主委员会、业主大会的管理还有以下几条规定。

《导则》第十条规定：筹备组由业主代表、建设单位代表、街道办事处、乡镇人民政府代表和居民委员会代表组成。筹备组成员人数应为单数，其中业主代表人数不低于筹备组总人数的一半，筹备组组长由街道办事处、乡镇人民政府代表担任。

从一些地方的规定看，筹备组多为业主组成，比如上海市就明确规定筹备组必须是业主或开发商（一般是指尚有未出售房子的），但单纯由业主组成的筹备组往往由于成员分歧太大而无法正常工作，导致业主大会长期不能成立，这一规定可能极大提高业主大会筹备组的工作效率和筹备组工作的可信度。

《导则》第五十五条规定了违法使用印章责任制度。违反业主大会议事规则或者未经业主大会、业主委员会同意使用印章的，街道办事处、乡镇人民政府责令限期改正，通告全体业主，造成经济损失的，追究责任人的法律责任。

《导则》第五十六条规定了公安部门的协助移交制度。业主委员会委员资格终止，拒不移交所保管的档案资料、印章及其他属于全体业主所有的财物的，其他业主委员会委员可以请求物业所在地的公安机关协助移交。业主委员会任期届满后，拒不移交所保管的档案资料、印章及其他属于全体业主所有的财物的，新一届业主委员会可以请求物业所在地的公安机关协助移交。

《导则》第五十七条规定了"强制"换届制度。业主委员会在规定时间内不组织换届选举的，物业所在地的区、县房地产行政主管部门或者街道办事处、乡镇人民政府应当责令其限期组织换届选举；逾期仍不组织的，可以由物业所在地的居民委员会在街道办事处、乡镇人民政府的指导和监督下，组织换届选举工作。

在具体执行中，也有人认为有两个问题需要注意：

（1）《导则》如何落实的问题。从法律上讲住房和城乡建设部的规定属于部门规章，虽然可操作性强，但效力较低，真正实施取决于地方行政主管部门执行的力度。所以应加大对其宣传力度，有条件的对行政主管部门的执行情况进行考评。在条件成熟时，可将其上升为有强制执行力的国务院行政法规。

（2）《导则》对业主大会、业主委员会成立与运作中存在的问题的确作出了一些新的规定，比如强制召开业主大会制度、居委会代行业主委员会职责制度等，虽然可能解决一些实际问题，但也可能引发一些理论上、法理上的争议，需要在执行中日臻完善。

4.6 业主大会和业主委员会指导监督的新趋势

2017年6月12日，中共中央、国务院发布《关于加强和完善城乡社区治理的意见》，其中"着力补齐城乡社区治理短板"部分明确提出要改进社区物业服务管理，具体而言包括"加强社区党组织、社区居民委员会对业主委员会和物业服务企业的指导和监督，建立健全社区党组织、社区居民委员会、业主委员会和物业服务企业议事协调机制。探索在社区居民委员会下设环境和物业管理委员会，督促业主委员会和物业服务企业履行职责。探索完善业主委员会的职能，依法保护业主的合法权益。探索符合条件的社区居民委员会成员通过法定程序兼任业主委员会成员。探索在无物业管理的老旧小区依托社区居民委员会实行自治管理。有条件的地方应规范农村社区物业管理，研究制定物业服务费管理办法；探索在农村社区选聘物业服务企业，提供社区物业服务。探索建立社区微型消防站或志愿消防队。"该意见提出"积极推动将物业纳入社区治理体系""充分发挥街道办事处或乡镇人民政府在加强社区党组织建设、指导业主大会和业主委员会、监督物业管理活动等方面的重要作用，建立健全物业管理联席会议制度，维护社区和谐稳定"正是对中共中央、国务院加强和完善城乡社区治理最新精神的贯彻落实。

2020年12月25日，住房和城乡建设部等十部委联合发布《关于加强和改进住宅物业管理工作的通知》，专门从优化业主委员会人员配置、充分发挥业主委员会作用、规范业主委员会运行、加强对业主委员会监督等几个方面，进一步强调健全业主委员会治理结构，充分发挥业主委员会的作用。

总之，新的政策体现出党和政府对基层社会治理加强和完善的高度重视，也使得相关法规的落实有了更充分的抓手和更具操作性的指引。

本 章 小 结

业主是指房地产所有权人。按照最高人民法院有关司法解释，三种情况可以认定具备业主身份：一是房屋所有权人，包括所有权证书持有人或者房屋共有权证书持有人；二是依据生效法律文书、继承或者受遗赠，以及通过合法建造房屋等事实行为取得专有部分所有权的人；三是已经合法占有建筑物专有部分（实际入住的房屋买受人），尚未依法办理所有权登记的人。

《物业管理条例》规定，业主在物业管理活动中享有的权利包括：按照物业服务合同的约定，接受物业服务企业提供的服务；提议召开业主大会会议，并就物业管理的有关事项提出建议；提出制定和修改管理规约、业主大会议事规则的建议；参加业主大会会议，行使投票权；选举业主委员会委员，并享有被选举权；监督业主委员会的工作；监督物业服务企业履行物业服务合同；对物业共用部位、共用设施设备和相关场地使用情况享有知情权和监督权；监督住宅专项维修资金的管理和使用；法律法规规定的其他权利。

业主在物业管理活动中应当履行的义务主要有：遵守管理规约、业主大会议事规则；遵守物业服务区域内物业共用部位和共用设施设备的使用、公共秩序和环境卫生维护等方面的规章制度；执行业主大会的决定和业主大会授权业主委员会作出的决定；按照国家有关规定缴纳专项维修资金；按时支付物业服务费用；法律法规规定的其他义务。

业主大会是由物业服务区域内全体业主组成，代表和维护物业服务区域内全体业主在物业管理活动中的合法权益的业主自治组织。

首次业主大会会议筹备组由业主代表、建设单位代表、街道办事处、乡镇人民政府代表和居民委员会代表组成。

业主大会的职责包括：制定和修改业主大会议事规则；制定和修改管理规约；选举业主委员会或者更换业主委员会委员；制定物业服务内容、标准以及物业服务收费方案；选聘和解聘物业服务企业；筹集和使用专项维修资金；改建、重建建筑物及其附属设施；改变共有部分的用途；利用共有部分进行经营以及所得收益的分配与使用；法律法规或者管理规约确定应由业主共同决定的事项。

按照《民法典》物权编相关规定，业主共同决定事项，应当由专有部分面积占比2/3以上的业主且人数占比2/3以上的业主参与表决。筹集建筑物及其附属设施的维修资金、改建与重建建筑物及其附属设施、改变共有部分的用途或者利用共有部分从事经营活动三类事项，应当经参与表决专有部分面积3/4以上的业主且参与表决人数3/4以上的业主同意。决定其他事项，应当经参与表决专有部分面积过半数的业主且参与表决人数过半数的业主同意。

业主委员会为业主大会的执行机构。业主委员会的职责包括：执行业主大会的决定和决议；召集业主大会会议，报告物业管理实施情况；与业主大会选聘的物业服务企业签订物业服务合同；及时了解业主、物业使用人的意见和建议，监督和协助物业服务企业履行物业服务合同；监督管理规约的实施；督促业主支付物业服务费及其他相关费用；组织和监督专项维修资金的筹集和使用；调解业主之间因物业使用、维护和管理产生的纠纷；业主大会赋予的其他职责。

管理规约是由全体业主共同制定的，规定业主在物业服务区域内有关物业使用、维护、管理等涉及业主共同利益事项的，对全体业主具有普遍约束力的自律性规范。

复习思考题

1. 何为业主？业主有哪些权利与义务？

2. 什么是业主大会与业主委员会？各有哪些职责？

3. 业主大会与业主委员会有什么区别？

4. 首次业主大会筹备涉及哪些内容？

5. 试述业主大会作出有效决定的条件。

6. 试述管理规约的含义与内容。

7. 临时管理规约与管理规约有什么区别？

8. 试述业主大会和业主委员会指导规则包括的主要内容。

5

物业管理的早期
介入与前期管理

本章要点及学习目标

理解物业管理早期介入。

熟悉物业承接查验。

熟悉入住服务管理的内容。

掌握装饰装修管理的内容。

熟悉前期物业管理要点。

5.1 物业管理早期介入

物业在可行性研究、规划设计和建设阶段往往缺少未来业主和物业使用人的意见，而物业服务企业可以从未来业主、物业使用人和物业管理的角度提出相关合理化意见和建议，不但能够使建设单位优化设计、完善使用功能、提高经济效益，也能使物业最大限度地满足业主需求和今后物业管理的需要。因此，物业管理的早期介入越来越重要。

5.1.1 物业管理早期介入的含义

所谓物业管理的早期介入，是指物业服务企业或者物业管理专业人员在接管物业之前为建设单位提供的咨询活动。在物业的可行性研究、规划设计、建设、销售、竣工验收等过程中，从物业管理的角度提出合理的意见和建议，使物业建成后更能满足业主、使用人的需求，方便物业管理。

5.1.2 物业管理早期介入的作用

物业管理的早期介入会给建设单位、未来的业主和物业使用人、物业服务企业带来三赢的态势。

1. 完善物业市场的定位

物业服务企业具有丰富的物业管理服务经验，对当地的自然环境和市场经济环境较为熟悉，更能够了解业主和物业使用人的需求，提出合理建议，完善产品定位、市场定位和物业的形象定位，增加建设单位盈利空间。

2. 完善物业的规划设计和使用功能

在可行性研究和规划设计阶段，物业设计的精确性往往不高，不可能全面考虑后期物业使用过程中业主、物业使用人以及物业服务企业可能出现的物业使用功能、安全功能和管理功能等一系列问题，因此可能同客户的实际需求相差甚远；而经验丰富的物业管理人员则比较清楚地知晓设计不合理之处及其将来可能造成的后果。因此，物业管理人员就设计方案提出完善设计细节的意见，能够避免设计缺陷给业主使用和物业管理带来的麻烦。具体而言，可以在物业布局、配套，建筑造型，房型设计，电力负荷设计，垃圾站点布设，建材选用，供电供水、污水处理、电话、有线电视等的管线铺设，空调排烟孔位预留等方面根据经验提出建设性意见。既能充分考虑住户生活的安全、舒适与便利，又能在一定程度上节约成本。

3. 提高建筑质量

物业服务企业要对物业的公共部位和公共设施进行维修养护，而且在物业保修期间要负责维修工程的沟通工作，因此物业的建筑质量对物业管理工作的开展至关重要。物业服务企业更加关注与业主和物业使用人日常生活息息相关的细微质量问题，并且督促建设单位、设计单位和施工单位不断改进。物业服务企业在早期介入阶段参与监督施工质量，及时跟进发现给水排水、供配电、通信、暖通、避雷、电梯、技防、消防等各个设备系统在安装调试过程中存在的问题，促使建设单位引起高度重视并限期整改解决，确保施工部门有效解决质量隐患，则未来物业管理过程中因为房屋质量引起的纠纷能够大幅降低，使物业管理工作能够更加有效地开展。

4. 为前期物业管理做充分的准备

通过物业早期介入，物业服务企业对该物业的设计、施工情况和管线的铺设、设备的安装调试相当熟悉，能够整理出详实准确的物业资料，在此基础上为建设单位制定出科学合理的前期物业管理阶段的物业管理方案和管理制度，也使得前期物业管理阶段的物业服务企业更加便利地开展工作。而且，物业服务企业资料详实、准备充分，更能够设计出切合实际的投标书，提高接管该项目的可能性。

5.1.3　物业管理早期介入的主要内容和工作要点

物业管理早期介入可以在可行性研究阶段（立项阶段）、规划设计阶段、建设阶段、销售阶段及竣工验收阶段进行。

1. 可行性研究阶段（立项阶段）

在此阶段，主要在项目的市场定位、潜在业主的构成以及消费水平、周边物业管理概况以及日后的物业管理服务内容、标准及成本、利润测算等方面提供参考建议，减少决策盲目性和主观随意性。

（1）工作内容

1）通过市场调研，仔细分析项目自身条件和周边竞争楼盘的优缺点，明确项目的市场定位、潜在业主的构成以及消费水平。

2）通过调查周边物业管理概况，结合项目特点、产品定位和市场细分，确定该项目合理的物业管理模式、物业管理的基本服务内容和质量标准。

3）估算物业服务的成本、利润，初步确定物业服务收费标准。

（2）工作要点

在可行性研究阶段（立项阶段），早期介入人员要进行充分的调研研究，并且要与建设单位等的相关人员进行沟通洽谈，提出合理的建议。因此，该阶段必须注意以下工作要点：

1）早期介入人员要具有杰出的策划能力、丰富的规划设计和建设施工经验以及较强的沟通能力。

2）结合项目实际，重点放在该项目未来物业管理方案的策划上。

2. 规划设计阶段

物业服务企业（人员）对于物业管理细节问题的发现与处理有特殊的敏感性和应变力；提出的改进意见或建议更易贴近业主们的实际需求；更能直接把以往物业开发"先天不足"所造成的后果反映出来，防患于未然。

（1）工作内容

1）就物业总体结构布局、功能利用、社区活动场所、道路系统、绿化开发、房型等提出建议。

2）从设施设备的设置、选用、性能特点、使用效果、养护、维修乃至更换的成本费用角度提出建议。

3）从物业环境和居住人口数量、发展趋势和消费需求等出发，就各类商业网点和生活、教育、娱乐设施、社区活动场所合理规划布设等提出建议。

4）就物业服务用房、车辆道路、保洁需求等提出建议。

（2）工作要点

1）早期介入人员要具有丰富的规划设计经验，提出专业的符合相关法律法规和技术规范的建议，不增加设计和施工的难度。

2）与可行性研究阶段思路一致，结合项目实际，重点放在该项目物业房型、配套设施设备的合理布局，相关设施设备的选用以及维修养护，方便未来业主、和物业管理的建议上面。

3. 建设阶段

（1）工作内容

1）派人员跟踪现场施工，就施工中发现的问题与建设单位、施工单位协商，及时提出建议。

2）监督基础隐蔽工程、机电设备安装调试、管道线路的敷设及走向等日后难以从建筑外观上察觉的施工质量，收集资料，熟悉情况，提出整改意见，确保质量，督促落实。

3）对内外装修标准、选材和工艺等提出建议。

（2）工作要点

1）工程技术人员进驻现场，观察、记录工程施工过程，记录要详实，发现问题及时与建设单位和施工单位沟通。

2）物业服务企业和相关人员要注意沟通方式，既要保证工程质量和业主的利益，也要提出合理的建议。

4. 销售阶段

协助建设单位提出物业管理方案和相关的物业制度，对项目所需的人力、物力、接盘运作、盈亏风险作出科学测算，以此为建设单位选聘合适的前期物业服务企业提供依据。协助开发商拟订销售合同，并且对销售人员进行物业管理基本知识的培训。

（1）工作内容

1）提出物业管理方案和相关的物业制度。

2）对项目所需的人力、物力、接盘运作、盈亏风险作出科学测算，以此为建设单位选聘合适的前期物业服务企业提供依据。

3）协助开发商拟订销售合同，并且对销售人员进行物业管理基本知识培训。

4）必要时，派驻物业服务人员到销售现场提供咨询服务。

5）将早期介入的所有资料归档。

（2）工作要点

1）物业工作方案要符合本项目的实际。

2）物业服务企业和相关人员要注意沟通方式，充分听取建设单位和未来业主的意见。

3）不虚假宣传，不做不切实际的承诺。

5. 竣工验收阶段

竣工验收是指建设工程项目竣工后开发建设单位会同设计、施工、设备供应单位及工程质量监督部门，对该项目是否符合规划设计要求以及建筑施工和设备安装质量进行全面检验，取得竣工合格资料、数据和凭证。及时掌握工程质量、功能配套等方面的遗留问题，提出合理的建议。

（1）工作内容

物业服务企业要参与单项工程竣工验收、分期竣工验收以及综合竣工验收，取得竣工验收相关资料，及时掌握工程质量、功能配套等方面的遗留问题，提出合理的建议。

（2）工作要点

物业服务企业一定注意现场参与竣工验收，全面掌握工程验收情况，就工程质量、功能配套等方面的遗留问题，多听取验收人员和相关单位的意见，记录好验收结论。

5.2　物业承接查验

5.2.1　物业承接查验的定义

根据《物业承接查验办法》（以下简称《办法》）第二条的规定，物业承接查验是指承接新建物业前，物业服务企业和建设单位按照国家有关规定和前期物业服务合同的约定，共同对物业共用部位、共用设施设备进行检查和验收的活动。同时，按照《办法》第四十五条的规定，前期物业服务合同终止后，业主委员会与业主大会选聘的物业服务企业承接查验活动，可以参照本办法执行。

5.2.2　物业承接查验的意义

现阶段，我国实行物业承接查验制度具有以下几个方面的现实意义：

（1）物业服务企业在承接物业项目时对共用部位、共用设施设备以及档案资料认真清点验收，各方共同确认交接内容和交接结果，有利于明确各方的责权利，对维护建设单位、业主和物业服务企业的正当权益，避免矛盾纠纷都具有重要的保障作用。

（2）实行物业承接查验制度，可以督促建设单位根据规划设计标准和售房约定重视物业共用部位、共用设施设备的建设，对提高建设质量、保障业主财产权益具有重要意义。

（3）实行物业承接查验制度，可以弥补前期物业管理期间业主大会缺位的弊端，加强物业建设与物业管理的衔接，保障开展物业管理的必备条件。而在新老物业服务企业交接时进行承接查验，有利于界定物业共用部位和共用设施设备的管理责任。

5.2.3 物业承接查验与工程竣工验收的区别

物业承接查验是物业服务企业在承接物业时，对物业共用部位、共用设施设备的配置标准、外观质量和使用功能的再检验，而竣工验收指建设工程项目竣工后，开发建设单位会同设计、施工、设备供应单位及工程质量监督部门，对该项目是否符合规划设计要求以及建筑施工和设备安装质量进行全面检验，取得竣工合格资料、数据和凭证。具体而言，物业承接查验与竣工验收有以下三个不同：

（1）性质不同。工程竣工验收是法定的专业质量检验，而物业承接查验属民事行为，是合同双方当事人按照国家有关规定和合同约定实施的民事活动。

（2）参与主体不同。工程竣工验收是物业建设单位将建设的物业项目工程交由政府主管部门或行业管理单位进行质量验收。物业承接查验是前期物业服务合同双方当事人在业主参与并接受行业主管部门监督下进行的。

（3）目的不同。工程竣工验收的目的是确认物业项目工程质量是否合格，能否交付使用，取得进入物业产品市场的资格。物业承接查验的目的主要在于分清各方责任，维护各方利益，减少矛盾和纠纷，以利于业主使用和物业管理顺利进行。

5.2.4 物业承接查验的依据和原则

1. 物业承接查验的依据

物业承接查验的依据分为法律依据和合同依据，其中物业承接查验的法律依据主要是《民法典》和《物业管理条例》等法律法规。承接查验的内容与标准主要依据住房和城乡建设部制定的《物业承接查验办法》（以下简称《办法》），以及各省、自治区、直辖市人民政府住房城乡建设主管部门依据《办法》制定的实施细则。

物业承接查验的合同依据，根据物业的不同情况有所区别，主要原则是不应超出物业服务合同规定的范围与内容。对新建物业的承接查验，其交接双方是物业服务企业与开发商，承接查验以前期物业服务合同为依据；前期物业服务合同终止后，业主委员会与业主大会选聘的物业服务企业承接查验活动，以物业服务合同为依据。此外，根据《办法》第十二条规定，实施物业承接查验还应当依据物业买卖合同、临时管理规约、前期物业服务合同、物业规划设计方案、建设单位移交的图纸资料、建设工程质量法规、政策、标准和规范等相关文件。

2．物业承接查验的原则

物业承接查验应当遵循诚实信用、客观公正、权责分明以及保护业主共有财产的原则。

5.2.5　物业承接查验的法律主体

物业承接查验涉及的法律主体主要包括建设单位、物业服务企业、业主大会和业主委员会。

（1）新建物业共用部位、共用设施设备承接查验的法律主体：

交验方：物业的建设单位

接管方：物业服务企业

（2）新建物业购买人专有部分物业承接查验的法律主体：

交验方：物业的建设单位

接管方：物业专有部分的买受人

（3）物业管理机构更迭时物业共用部位、共用设施设备承接查验的法律主体：

交验方：原物业管理机构　　接管方：业主或业主委员会

交验方：业主或业主委员会　　接管方：新选聘的物业服务企业

（4）业主大会与新选聘的物业服务企业之间进行的物业承接查验的法律主体：

交验方：业主或业主委员会

接管方：新选聘的物业服务企业

《办法》规定了上述主体的权利与义务。《办法》还规定，物业承接查验活动，业主享有知情权和监督权。物业所在地房地产行政主管部门应当及时处理业主对建设单位和物业服务企业承接查验行为的投诉。建设单位、物业服务企业未按本办法履行承接查验义务的，由物业所在地房地产行政主管部门责令限期改正；逾期仍不改正的，作为不良经营行为记入企业信用档案，并予以通报。

5.2.6　物业承接查验的范围

物业服务企业应当对下列物业共用部位、共用设施设备进行现场检查和验收：

（1）共用部位：一般包括建筑物的基础、承重墙体、柱、梁、楼板、屋顶以及外墙、门厅、楼梯间、走廊、楼道、扶手、护栏、电梯井道、架空层及设备间等。

（2）共用设备：一般包括电梯、水泵、水箱、避雷设备、消防设备、楼道灯、电视天线、发电机、变配电设备、给水排水管线、电线、供暖及空调设备等。

（3）共用设施：一般包括道路、绿地、人造景观、围墙、大门、信报箱、宣传栏、路灯、排水沟、渠、池、污水井、化粪池、垃圾容器、污水处理设施、机动车（非机动车）停车设施、休闲娱乐设施、消防设施、安防监控设施、人防设施、垃圾转运设施以及物业服务用房等。

建设单位应当依法移交有关单位的供水、供电、供气、供热、通信和有线电视等共用设施设备，不作为物业服务企业现场检查和验收的内容。

5.2.7 物业承接查验的条件

实施承接查验的物业，应当具备以下条件：

（1）建设工程竣工验收合格，取得规划、消防、环保等主管部门出具的认可或者准许使用文件，并经建设行政主管部门备案。

（2）供水、排水、供电、供气、供热、通信、公共照明、有线电视等市政公用设施设备按规划设计要求建成，供水、供电、供气、供热已安装独立计量表具。

（3）教育、邮政、医疗卫生、文化体育、环卫、社区服务等公共服务设施已按规划设计要求建成。

（4）道路、绿地和物业服务用房等公共配套设施按规划设计要求建成，并满足使用功能要求。

（5）电梯、二次供水、高压供电、消防设施、压力容器、电子监控系统等共用设施设备取得使用合格证书。

（6）物业使用、维护和管理的相关技术资料完整齐全。

（7）法律法规规定的其他条件。

5.2.8 物业承接查验的程序

物业承接查验按照下列程序进行：

（1）确定物业承接查验方案。

（2）移交有关图纸资料。

（3）查验共用部位、共用设施设备。现场查验应当综合运用核对、观察、使用、检测和试验等方法，重点查验物业共用部位、共用设施设备的配置标准、外观质量和使用功能。现场查验应当形成书面记录。查验记录应当包括查验时间、项目名称、查验范围、查验方法、存在问题、修复情况以及查验结论等内容，查验记录应当由建设单位和物业服务企业参加查验的人员签字确认。

（4）解决查验发现的问题。现场查验中，物业服务企业应当将物业共用部位、共用设施设备的数量和质量不符合约定或者规定的情形书面通知建设单位，建设单位应当及时解决并组织物业服务企业复验。

（5）确认现场查验结果，签订物业承接查验协议。建设单位应当委派专业人员参与现场查验，与物业服务企业共同确认现场查验的结果，签订物业承接查验协议。物业承接查验协议应当对物业承接查验基本情况、存在问题、解决方法及其时限、双方权利义务、违约责任等事项作出明确约定。

（6）办理物业交接手续。建设单位应当在物业承接查验协议签订后10日内办理物业交接手续，向物业服务企业移交物业服务用房以及其他物业共用部位、共用设施设备。交接工作应当形成书面记录。交接记录应当包括移交资料明细、物业共用部位、共用设施设备明细、交接时间、交接方式等内容。交接记录应当由建设单位和物业服务企业共同签章确认。分期开发建设的物业项目可以根据开发进度，对符合交付使用条件的物业分期承接查验。建设单位与物业服务企业应当在承接最后一期物业时办理物业项目整体交接手续。

（7）物业服务企业应当自物业交接后30日内，持下列文件向物业所在地的区、县（市）房地产行政主管部门办理备案手续：前期物业服务合同、临时管理规约、物业承接查验协议、建设单位移交资料清单、查验记录、交接记录、其他承接查验有关的文件。物业服务企业应当将承接查验有关的文件、资料和记录建立档案并妥善保管。

（8）物业承接查验档案属于全体业主所有。前期物业服务合同终止，业主大会选聘新的物业服务企业的，原物业服务企业应当在前期物业服务合同终止之日起10日内，向业主委员会移交物业承接查验档案。

5.2.9 物业承接查验的法律责任

自物业交接之日起，物业服务企业应当全面履行前期物业服务合同约定的、法律法规规定的以及行业规范确定的维修、养护和管理义务，承担因管理服务不当致使物业共用部位、共用设施设备毁损或者灭失的责任。物业服务企业可以接受建设单位委托，提供物业共用部位、共用设施设备的保修服务，服务内容和费用由双方约定。

物业交接后，隐蔽工程质量问题影响房屋结构安全和正常使用的，应由建设单位负责修复；给业主造成经济损失的，建设单位应当依法承担赔偿责任。建设单位应当按照国家规定的保修期限和保修范围，承担物业共用部位、共用设施设备的保修责任。建设单位未能按照物业承接查验协议的约定，及时解决物业共用部位、共用设施设备存在的问题，导致业主人身、财产安全受到损害的，应当依法承担相应的法律责任。

物业服务企业擅自承接未经查验的物业，因物业共用部位、共用设施设备缺陷给业主造成损害的，物业服务企业应当承担相应的赔偿责任。物业服务企业未按《办法》履行承接查验义务的，由物业所在地房地产行政主管部门责令限期改正；逾期仍不改正的，作为不良经营行为记入企业信用档案，并予以通报。

5.2.10 物业承接查验争议的解决

物业承接查验中发生的争议，可以申请物业所在地房地产行政主管部门调解，也可以委托有关行业协会调解。物业承接查验相关法律主体在承接查验中发生的争议也可以通过仲裁或者诉讼等其他方式解决。

5.3 入住服务管理

5.3.1 入住服务概述

1. 入住服务的概念

入住服务是指建设单位将已具备使用条件的物业交付给业主并办理相关手续，同时物业管理单位为业主办理物业管理事务手续的过程。业主需要办理物业验收以及物业管理有关事务。

2. 入住服务的模式

入住服务主要分为两种模式。第一种模式是以建设单位为主体，由物业管理单位配合的作业模式。即由建设单位具体负责向业主移交物业并办理相关手续，建设单位核验业主相关购房资料，确认业主身份，业主验收物业并领取钥匙。在此基础上，业主再领取有关物业管理资料，并支付相关费用等。

第二种模式是建设单位将入住工作委托给物业管理单位，由物业管理单位代为办理，包括核验业主相关购房资料、确认业主身份、业主验收物业并领取钥匙等入住手续。

3. 入住服务的实质

无论采用何种入住操作模式，物业入住运作的准备、内容、程序等都是一致的，入住的实质均是建设单位向业主交付物业的行为，建设单位应承担相关法律责任和义务，物业服务企业只是具体办理相关手续。

5.3.2 入住服务准备

物业服务企业为业主提供服务的开端就是入住服务，因此必须做好充分的准备，以此建立良好的关系。

1. 发放《入住通知书》

建设单位或物业管理单位应通过有效途径或合理方法给业主发放书面的《入住通知书》。如果按照业主提供的通信方式无法联系上业主，也可以通过登报、广播和电视公共传媒等方式向业主发放物业入住通知，约定时间验收物业和办理相关手续，并且详尽告知办理相关手续时应携带的有关材料。

《入住通知书》主要包括：物业具体位置；物业竣工验收合格以及物业服务企业承接查验合格的情况介绍；准予入住的说明；入住具体时间和办理入住手续的地点；委托他人办理入住手续的规定；业主入住时需要准备的相关文件和资料；其他需要说明的事项。

2. 制定入住服务方案

建设单位和物业管理单位应在入住前一个月制定入住服务方案，计划中应包括：入住时间、地点；负责入住服务的人员及职责分工；入住过程中使用的文件和相关表格；入住手续办理和程序；应急预案；注意事项及其他情况。

3．人员到位

根据项目的实际情况，招聘相应数量的服务人员，并且对其进行相关的培训。

4．物资准备

物资准备既包括资料，如《住宅质量保证书》《住宅使用说明书》《入住通知书》《物业验收须知》《业主入住房屋验收表》《业主（住户）手册》等，以及相应的公众制度文件、内部运营管理文件等；也包括办公用具，如复印机、电脑和文具等；制作标识牌、导视牌、流程图，如交通导向标志、入住流程、有关文件明示等的准备。

5．入住仪式准备

为了提高小区整体形象，物业管理单位根据物业管理的特点及实际情况，组织举行入住仪式。因此，要做好清洁，布置好环境，保持道路通畅。如果仍然还有施工，要进行必要的隔离，防止安全事故发生。准备好办理入住手续场地的彩旗、标语等，并且做好邀请建设单位代表、业主代表以及其他有关人员的工作。

5.3.3　入住服务的现场服务

1．核对业主身份

业主凭《入住通知书》、购房发票及身份证确认身份，继而办理入住。

2．房屋现场查验

建设单位或物业管理单位陪同业主一起验收物业，对于验收不合格的部分，物业管理单位应协助业主敦促建设单位进行工程不合格整改、质量返修等工作。如果验收合格，登记水、电、气表起始数，根据房屋验收情况、购房合同，双方在《业主入住房屋验收表》上签字确认。

3．办理物业管理相关手续并且向业主发放钥匙

现场查验后，办理物业管理相关手续，包括支付相关服务费用、委托水电费收取，领取《住宅质量保证书》《住宅使用说明书》《入住通知书》《物业验收须知》《业主入住房屋验收表》《业主（住户）手册》等，领取门禁卡、房门钥匙等。若发现重大质量问题，可暂不发放钥匙。

5.3.4　入住服务后管理

业主办理入住后，物业服务企业应及时将业主的相关资料归档，妥善保管，不得泄露给无关人员；并且将相关信息及时通知秩序维护人员和相应客户服务人员，便于后续的服务。

5.3.5　入住服务注意事项

1．入住前的注意事项

入住服务是一项烦琐细致的工作，物业服务企业和建设单位要做好人力、物

力等充足准备。

（1）服务人员要充足

现场引导、办理手续、交接查验、技术指导、政策解释、综合协调等，各方人员应全部到位、协同工作。如现场出现人员缺位，其他人员或机动人员应及时补位。

（2）资料准备要充足

虽然物业管理公司可通过一定的管理方法有意识地疏导业主，避免业主过于集中，但业主的随意性是不可控的，因此有必要预留一定余量的资料。

（3）分批办理入住手续

为避免入住工作的混乱，降低入住工作强度，在向业主发出《入住通知书》时，应明确告知其入住办理时间，现场亦应有明确标识和提示，以便对业主入住进行有效疏导和分流，确保入住工作的顺利进行。

（4）要有应急预案

入住时由于现场人员混杂、场面较大，随时可能发生如治安、消防、医疗、纠纷等突发事件，建设单位及物业管理单位应预先设立各种处理方案，防患于未然。

2. 入住现场服务中的注意事项

（1）加强引导

工作现场应张贴入住公告及业主入住流程图，在显眼位置张贴或摆放标牌标识、作业流程、公告提示等。现场设置迎宾、引导、办事、财务、咨询等各类人员，保障现场秩序，解决各类问题。因故未能按时办理入住手续的，可按照《入住通知书》中规定的办法另行办理。

（2）提供一条龙服务

提前联系有关单位在入住现场为业主提供一条龙服务，方便业主办理有关入住手续。如开通电话、有线电视等。

（3）注意工程维修中的协调工作

对于房屋验收中的问题，做好解释、登记以及与建设单位、施工单位等的沟通和协调工作，注意做好业主的安抚工作，保证入住的顺利进行。

5.4 装饰装修管理

5.4.1 概念

物业装饰装修，是指物业竣工验收合格后，业主或者物业使用人（以下简称装修人）对住宅室内进行装饰装修的建筑活动。

物业装饰装修管理是物业服务企业通过对物业装饰装修过程的管理、服务和控制，规范业主、物业使用人的装饰装修行为，协助政府行政主管部门对装饰装修过程中的违规行为进行处理和纠正，保证装饰装修工程质量和安全，维护公共安全和公众利益。其法律依据是建设部令第110号《住宅室内装饰装修管理办法》以及国家和地方的其他规定。

5.4.2 装饰装修管理流程

装饰装修管理流程既是物业管理内部操作作业指导书，也是方便业主了解装饰装修管理流程的公示性标识。因此，要求物业装饰装修管理流程的书面形式须文字简明、内容清晰、图表明确、一目了然。

装饰装修管理流程图如图5-1所示。

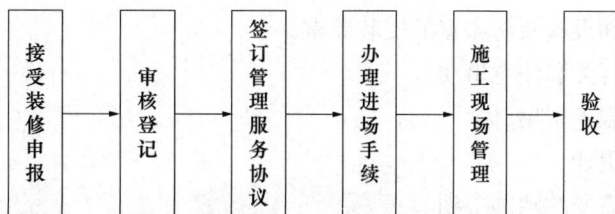

图5-1 装饰装修管理流程图

接受装修申报 → 审核登记 → 签订管理服务协议 → 办理进场手续 → 施工现场管理 → 验收

1. 接受装修申报

物业服务企业指导装修人准备并提交装修申请资料，并且逐项正确填写装饰装修申报登记表。装修人提交相应资料，包括房屋所有权证、申请人身份证件、装饰装修设计方案、装修施工单位资质证明以及其他法规规定的相关内容。房屋原有建筑结构、水、电、燃气等需要更改的，要求装修人提交相关部门的审批意见。装修人非业主的，还应当取得业主的书面同意。

2. 审核登记

物业服务企业应该在规定工作日内完成审核登记工作，超出其管理权限的，应上报相关主管部门。物业管理单位在进行装饰装修登记时，应以书面形式将装饰装修工程的禁止行为和注意事项告知装修人和装修施工企业。

物业管理单位应详细核查装饰装修申请登记表中的装修内容，有下列行为之一的将不予登记：

（1）未经原设计单位或者具有相应资质等级的设计单位提出设计方案，擅自变动建筑主体和承重结构的；

（2）将没有防水要求的房间或者阳台改为卫生间、厨房间的；

（3）扩大承重墙上原有的门窗尺寸，拆除连接阳台的砖、混凝土墙体的；

（4）损坏房屋原有节能设施，降低节能效果的；

（5）未经城市规划行政主管部门批准搭建建筑物、构筑物的；

（6）未经城市规划行政主管部门批准改变住宅外立面，在非承重外墙上开门、窗的；

（7）未经供暖管理单位批准拆改供暖管道和设施的；

（8）未经燃气管理单位批准拆改燃气管道和设施的；

（9）室内装饰装修超过设计标准或者规范，增加楼面荷载的；

（10）其他法律法规禁止的事项。

3. 签订《装饰装修管理服务协议》

装修人或者装饰装修企业应当与物业管理单位签订《装饰装修管理服务协议》，具体包括下列内容：

（1）装饰装修工程的实施内容；

（2）装饰装修工程的实施期限；

（3）允许施工的时间；

（4）废弃物的清运与处置；

（5）外立面设施及防盗窗的安装要求；

（6）禁止行为和注意事项；

（7）管理服务费用；

（8）违约责任；

（9）其他需要约定的事项。

4. 办理进场手续

进场手续主要包括：

（1）施工现场应备齐灭火器等消防器材；

（2）装修人按有关规定向物业管理单位（或指定方）支付装饰装修押金和管理服务费；

（3）装饰装修施工单位应到物业管理单位办理开工证、出入证等。

5. 施工现场管理

物业装饰装修施工期间，装修人和装饰装修施工单位应严格按照《装修申报登记表》和《装饰装修管理服务协议》组织施工。物业服务企业应当按照相关法律法规和《装饰装修管理服务协议》进行现场检查，对违反法律法规和《装饰装修管理服务协议》的，应当要求装修人和装饰装修企业立即停止，限期改正，并将检查记录存档。已造成事实后果或者拒不改正的，应当及时报告有关部门依法处理并追究违约责任。

现场管理主要包括：

（1）装修施工人员在规定时间段持证进出物业；

（2）装修施工时间是否严格按照协议规定；

（3）装修范围不得超出指定区域，如室内装饰装修只限于房屋本体单元内的自用部位，封闭阳台不得超过阳台顶部外边缘垂直投影面，不得占用公共空间，不得损害公共部位和设施；

（4）施工现场的安全防护和消防措施有无擅自动用明火和进行焊接作业等；

（5）重点检查是否有擅自改动原有建筑结构、水、电、燃气等的行为；

（6）有无破坏楼地面等；

（7）楼地面铺设材料是否超过10mm，新砌隔墙是否采用轻质材料等；

（8）是否符合物业装修公共及室外统一要求（如空调室外机的安装和排水的统一要求、阳台栏杆的统一要求等）；

（9）物业装修材料的选择是否是经审核过的；

（10）是否按照协议要求定点堆放并且清理建筑垃圾。

6. 验收

物业服务企业、装修人、装修施工企业应当按照《装饰装修管理服务协议》进行现场验收，将装修申报表与实际结果进行比较查验，验收合格后签署书面意见，并且结算费用、退还押金。对因违反法律法规和《装饰装修管理服务协议》而验收不合格的，提出书面整改意见，要求装修人和装修施工企业限期整改，直至验收合格。若意见无法统一，则报请有关行政部门处理，并将检查记录存档。

5.4.3　物业装饰装修中各方主体的责任

在物业装饰装修中，装修人、装修施工企业、物业服务企业、有关主管部门都有其相应的责任。

1. 装修人和装修企业的责任

（1）因装饰装修活动造成相邻住宅的管道堵塞、渗漏水、停水停电、物品毁坏等，装修人应当负责修复和赔偿，属于装饰装修企业责任的，装修人可以向装饰装修企业追偿。装修人擅自拆改供暖、燃气管道和设施而造成损失的，由装修人负责赔偿。

（2）装修人在装饰装修活动中侵占了公共空间，对公共部位和设施造成损害的，由城市房地产行政主管部门责令改正，造成损失的，应依法承担赔偿责任。

（3）装修人未申报登记就进行住宅室内装饰装修活动的，由城市房地产行政主管部门责令改正，并处罚款。

（4）装修人违反规定，将住宅室内装饰装修工程委托给不具有相应资质等级企业的，由城市房地产行政主管部门责令改正，并处罚款。

（5）装饰装修企业自行采购或者向装修人推荐使用不符合国家标准的装饰装修材料，造成空气污染超标的，由城市房地产行政主管部门责令改正，造成损失的，依法承担赔偿责任。

（6）装修活动有下列行为之一的，由城市房地产行政主管部门责令改正，并处罚款：

1）将没有防水要求的房间或者阳台改为卫生间、厨房间的，或者拆除连接阳台砖、混凝土墙体的，对装修人和装饰装修企业分别处以罚款；

2）损坏房屋原有节能设施或者降低节能效果的，对装饰装修企业处以罚款；

3）擅自拆改供暖、燃气管道和设施的，对装修人处以罚款；

4）未经原设计单位或者具有相应资质等级的设计单位提出设计方案，擅自超过设计标准或者规范增加楼面荷载的，对装修人和装饰装修企业分别处以罚款。

（7）未经城市规划行政主管部门批准，在住宅室内装饰装修活动中搭建建筑物、构筑物的，或者擅自改变住宅外立面、在非承重外墙上开门、窗的，由城市规划行政主管部门按照《城市规划法》及相关法规的规定处罚。

（8）装修人或者装饰装修企业违反《建设工程质量管理条例》的，由建设行政主管部门按照有关规定处罚。

（9）装饰装修企业违反国家有关安全生产规定和安全生产技术规程，不按照规定采取必要的安全防护和消防措施，擅自动用明火作业和进行焊接作业的，或者对建筑安全事故隐患不采取措施予以消除的，由建设行政主管部门责令改正，并处罚款；情节严重的，责令停业整顿，并处更高额度的罚款；造成重大安全事故的，降低企业资质等级或者吊销资质证书。

2. 物业服务企业责任

物业服务企业依据相关法律法规和装饰装修协议实施管理，发现装修人或者装饰装修企业有违反相关法规规定的行为应当立即制止，已造成事实后果或者拒不改正的，应当及时报告有关部门依法处理。不及时向有关部门报告的，由房地产行政主管部门给予警告并进行相应的处罚。

3. 有关行政主管部门的责任

有关行政主管部门应当及时处理装修人的申请，以及装修人或者装饰装修企业的违法行为。有关行政主管部门的工作人员接到物业管理单位对装修人或者装饰装修企业违法行为的报告后，未及时处理、玩忽职守的，应依法给予行政处分。

5.5 前期物业管理

5.5.1 前期物业管理的定义

前期物业管理是指在业主、业主大会选聘物业服务企业之前，建设单位选聘物业服务企业的物业管理。所谓前期，就是与常规相对。常规物业管理是业主大会（业主委员会）选聘物业服务企业进行的物业管理。前期物业管理是对项目进行管理的开端。前期物业管理依据建设单位和物业服务企业书面签订的前期物业服务合同进行。前期物业服务合同如果没有到达期限，但是业主委员会与物业服务企业签订的物业服务合同生效的，前期物业服务合同终止。

5.5.2 前期物业管理的特点

1. 服务的基础性

前期物业管理是物业服务企业正式接管该项目，为业主以及物业使用人提供物业服务的开端，也为日后业主选聘物业服务企业开展常规物业服务打下了良好的基础。

2.时间节点上的过渡性

前期物业管理是在物业管理的早期介入和常规物业管理之间的一个阶段，因此具有时间上的过渡性。

3.设施设备的不稳定性

新建物业的设施设备在运行时间点上有其规律性，往往在开始阶段处于磨合期，故障率较高，表现出不稳定性。

4.经营上的较大风险性

前期物业管理阶段，物业服务企业在人、财、物等方面的投入较大，而物业的使用率却不一定很高，服务费以及其他收入都不一定理想，因此会带来经营上的风险。尽管前期物业服务合同是有约定期限的，但是期限未满，业主委员会与物业服务企业签订的物业服务合同生效的，前期物业服务合同也会终止。因此，在此阶段会有经营上的较大风险。

5.5.3　前期物业管理的内容

前期物业管理的内容与常规物业管理的内容没有根本的不同，其不同之处在于前期工作的准备以及制度制定、业主入住、工程质量保修、沟通上面。通常应侧重做好以下工作：

（1）做好人员配备。根据项目实际，明确项目的组织架构，将该项目所需服务人员配备整齐。

（2）做好物质准备。接管物业用房和相关的设施设备等，并且根据项目实际陆续配备维护、工程维修、清洁、绿化等所需物资。

（3）做好与相关部门的协调沟通。物业服务是为业主和物业使用人的生活提供服务，涉及的部门广泛，物业服务企业要与相关部门建立联系，便于工作的开展。这当中包括房地产行业主管部门、街道、居委会、供电、供水、燃气等单位，因此在此期间一定要做好协调沟通工作。

（4）做好规章制度制定。具体包括内部运作规章制度、公共管理制度、工作流程相关制度等。

（5）做好物业管理单项服务分包。物业服务企业可以根据实际情况，选择是否将一些专项服务业务委托给专业性服务企业，但不得将该区域内的全部物业管理一并委托给他人。如果选择外包，那么要通过市场调查研究，选择合适的企业来合作。

（6）做好入住服务。建设单位将已经具备使用条件的物业移交给业主，一般情况下由物业服务企业为业主办理交接。

（7）做好工程质量保修。工程质量保修期间，相应的工程保修责任方为建设单位。公共部位、公共设施设备在工程质量保修期间，由物业服务企业与建设单位交涉。专有部位的报修，大多也由业主向物业服务企业反映，再由物业服务企业与建设单位沟通维修事宜。

本 章 小 结

物业管理的早期介入是指物业服务企业或专业人员在接管物业之前，就参与物业的策划、规划设计和施工、安装、验收、销售等过程，从业主、使用人及物业管理的角度提出意见和建议，以使物业建成后能满足业主、使用人的需求，便于物业管理服务。

物业承接查验主要是指承接新建物业前，物业服务企业和建设单位按照国家有关规定和前期物业服务合同的约定，共同对物业共用部位、共用设施设备进行检查和验收的活动。

物业承接查验应当遵循诚实信用、客观公正、权责分明以及保护业主共有财产的原则。

物业承接查验的范围包括物业共用部位、共用设施和设备。

物业承接查验的程序是：确定物业承接查验方案；移交有关图纸资料；查验共用部位、共用设施设备；解决查验发现的问题；确认现场查验结果与签订物业承接查验协议；办理物业交接手续。

入住是指建设单位将已具备使用条件的物业交付给业主并办理相关手续，同时物业管理单位为业主办理物业管理事务手续的过程。

物业装饰装修管理是指物业服务企业依据相关法规和合同对业户装饰装修房屋的行为与过程进行监督、检查、控制与服务的活动，旨在规范业户装饰装修活动，维护物业安全和公众利益。

前期物业管理是指在业主、业主大会选聘物业服务企业之前，由建设单位选聘物业服务企业进行的物业管理。

复习思考题

1. 什么是物业管理早期介入？

2. 物业管理早期介入主要涉及哪些工作内容？

3. 什么是物业承接查验？其有哪些程序？

4. 物业承接查验发现的问题如何处理？

5. 试述入住服务的内容。

6. 试述物业装饰装修管理的内容。

7. 前期物业管理有哪些主要内容？其与物业管理早期介入有何不同？

6

房屋及设施
设备管理

本章要点及学习目标

掌握物业设施设备管理的内容。

熟悉物业设施设备的构成。

熟悉房屋共用部位、共用设施设备与场地管理的内容。

熟悉共用设施设备管理的内容。

了解物业公共能源管理的内容。

6.1 物业设施设备管理概述

6.1.1 物业设施设备

物业设施设备是指房屋及附属于房屋建筑的各类设施设备的总称，它是构成房屋建筑实体不可分割的有机组成部分，是发挥物业功能和实现物业价值的物质基础与必要条件。物业设施设备主要分为：房屋与设施、强电系统、电梯升降系统、空调系统、给水排水系统、消防系统及弱电系统等。

6.1.2 物业设施设备管理

物业设施设备管理是指物业服务企业根据物业服务合同的约定和有关规定，运用先进的技术手段和科学的管理方法对房屋及各种设施设备的使用、维护、保养、维修实施管理，保证房屋、设施设备的正常使用，提高房屋、设施设备的完好率，延长房屋、设施设备的使用寿命，以最大限度地满足业主和使用人对房屋、设施设备使用的需要，并创造良好的经济效益和社会效益。

物业设施设备管理在整个物业管理中处于非常重要的地位，它是物业运作的物质和技术基础。做好设施设备管理需要深入理解以下几个要点：

（1）用好、管好、维护检修好、改造好现有设施设备，提高设施设备的利用率及完好率是物业设施设备管理的根本目标。具体为：保持设施设备完好，满足使用功能；确保物业及使用人的安全；促进物业保值增值。

（2）衡量物业设施设备管理质量的三个指标：

1）房屋完好率：是指完好房屋与基本完好房屋面积之和占房屋总建筑面积的百分率。即：

$$房屋完好率（\%）=（完好房屋建筑面积＋基本完好房屋建筑面积）$$
$$÷房屋总建筑面积×100\% \tag{6-1}$$

2）危房率：是指危险房屋的建筑面积占房屋总建筑面积的百分率。即：

$$危房率（\%）=（危险房屋的建筑面积÷房屋总建筑面积）×100\% \tag{6-2}$$

3）设施设备完好率：是指完好设施设备数量占全部设施设备总数量的百分率。即：

$$设施设备完好率（\%）=（完好设施设备数量÷设施设备总数量）×100\% \tag{6-3}$$

（3）物业设施设备是否完好的基本标准为：结构与零部件完整齐全；设施设备运转正常，满足使用功能；设施设备技术资料及管理记录齐全；设施设备整洁，无跑、冒、滴、漏现象；防水、防冻、保温、防腐、安全、标识等措施完整有效。

6.1.3 物业设施设备基础管理

1. 物业设施设备档案、信息管理

物业设施设备档案主要包括设备原始档案、设备技术资料和政府职能部门颁发的有关政策、法规、条例、规程、标准等强制性文件，以及设备运行、维修养护、修理改造的使用管理档案。其目的在于：实现规范管理、便于事后追溯，还可以作为管理的证据。

（1）物业设施设备档案的建立

1）新建物业项目设施设备基础管理档案的建立

① 设施设备原始技术档案的建立。对设施设备的原始技术资料进行收集。主要包括物业项目设施设备和系统承接查验双方交接时由交验方提交的竣工图纸、竣工资料和技术资料，生产厂家的安装、维护、使用说明书与合同书等。承接方应安排专人按有关规范和制度的规定对资料进行分类整理建档，永久保存；按借阅制度供查阅使用。

② 设施设备基础管理档案的建立。设施设备的基础管理档案是随设施设备同寿命保存的。它主要包括：《设备登记卡》《设备清单》《设备台账》《设备卡》等。其中，《设备登记卡》是在物业承接查验时，依据设备铭牌上和装箱单的内容进行填写，是设备原始资料的真实反映；而《设备清单》是根据《设备登记卡》的信息制作的，它主要用于和方便设备管理，如在管理人员随时查询和编制维修保养计划和机配件采购计划时使用；《设备台账》是对重要的一、二类设备进行动态管理，如电梯、高压配电设备、空调的制冷主机、锅炉、消防设备等，对它们的故障、事故、大中修、改造、专业检测报告等重要信息进行记录；《设备卡》挂在（粘贴在）设备的醒目位置，一台设备一个卡。

表中的编号是物业管理的管理编号，也叫运行编号，其信息按相关规范与标准要求编制；表中的号码是设备的出场编号，在设备的铭牌或机身上查找，如汽车的发动机编号等。

③ 设备管理的相关法律、法规、规范与标准等强制性文件。

2）设施设备使用管理档案

① 设施设备使用维护档案。设施设备使用维护档案的保存年限一般为3～5年，可定期处理。主要包括：设备运行日志、故障处理记录、巡检记录、事故处理报告、维修保养计划、维修保养报告、设备完好率检查评定、设备系统状态参数测定记录、设备与系统的专业安全检验报告等。

② 设施设备修理、改造档案。主要包括：设施设备、系统的专项修理、大修、中修、改造计划、实施合同、实施报告、验收报告等。

③ 设施设备报废档案。主要包括：设施设备的报废申请、评估、报废记录等。

（2）物业设施设备档案的管理

原始档案资料应统一编号、分类归档、规范管理，原件不得带出资料室，由资料员保管和复制供应，其他要求与档案管理的规定一样。

设施设备档案资料按每台单机整理，存放在设施设备资料档案内，档案编号与设施设备编号一致，按编号顺序排列，定期进行登记和资料归档，达到物业管理的档案管理标准。

2. 标准化管理

标准化管理是为设施设备管理职能的实施提供共同的行为准则和标准，同时也为设施设备的技术经济活动提供基本的依据和手段。主要包括：在管理中导入ISO9001、14001、18001质量、环境、健康安全国际标准管理体系，建立和完善各类物业管理标准（如上海市办公楼物业服务标准等），制定房屋、设备完好率标准等，完善物业设施设备管理制度、操作规程与作业流程。

3. 计划管理

规范的设施设备管理必须遵循PDCA循环法则，即计划、实施、检查、总结提高。因此，计划是保证各项工作达到标准的基础，只有科学合理的计划才能保证管理目标的实现。

（1）物业设施设备管理的计划内容包括：专业技术人员作业安排计划，即技术工人岗位作业安排表；各类专业设备运行方案，如投入设备台数、开机时间、运行状态参数、巡检周期等；设备维修保养计划，包括：维修保养设备名称、项目、内容、标准、时间、资源、实施人等；设施设备大中修、更新改造、报废计划；设备及物资采购、资金应用计划。计划按时间又分为：年度计划、季节性计划、月度计划等。

（2）计划管理，主要包括：物业设施设备各类计划的编制与审批，物业设施设备管理计划批准下达与实施，计划调整；计划纳入项目经理年度目标责任考核范围，以保证计划的严肃性。

4. 专项对外专业委托分包管理

随着经济发展、科技进步、人们对生存环境要求的提高，物业项目配套的共用设施设备越来越全，科技含量越来越高，对管理者的要求亦随之提高；再者，社会专业化分工越来越细，物业管理用工成本逐年提高。为了实现高水平、最经济合理的管理目标，物业项目设施设备的专业化维修保养和大中修改造，亦可以采用专项对外专业委托分包管理的方法，即专项外委分包管理。主要包括：专项外委分包分析、承包商选择、专项外委分包管理（包括专项外委分包合同的签订和专项外委分包实施管理）。

5. 施工管理

物业项目在管理中不可避免地会有工程施工，而任何施工都会给业主和物业使用人带来影响与干扰，并对物业服务质量造成负面影响。因此，物业管理者要重视项目内的施工管理。

（1）施工许可管理

施工许可管理主要是：任何单位需到物业项目内进行施工，必须按规定办理有关审批手续，并到物业管理处办理施工手续，提交相关证件和资料。物业管理处应及时、全面地审核申请人和施工人员的证件和资料，必要时需征得相关业主或物业使用人同意，符合要求时才能办理开工手续。双方必须签订施工管理协议，规范施工管理。签发施工入场证，包括：施工设备、材料、人员等。张贴施工公示，告知业主和物业使用人。

（2）施工过程管理

施工过程管理主要是：严格按相关规定进行施工，认真履行管理协议，实现管理目标。采取有效措施，确保安全。施工区域必须封闭隔离，文明施工，尽力避免干扰。施工现场明示施工单位、内容、时间、要求、责任人、安全人、投诉方式、管理者等，以便联系或投诉。定期或随时进行施工监管，发现问题及时处理。工程结束立即清理现场，恢复原状。施工管理过程要全面记录，归档保持。

6. 安全管理

物业设施设备的安全管理主要是建立健全安全管理制度，完善各类设施设备的安全操作规程和突发事件应急处理预案，强化管理及操作人员的专业培训，提高全员的安全生产意识及应变能力，有效控制和减少设施设备故障，避免设施设备事故的发生，确保物业与使用人和物业服务人员的安全。这里重点介绍设施设备故障与事故管理。

（1）设施设备故障及故障处理

设施设备或系统在使用过程中，因某种原因丧失了使用功能或降低了效能时的状态，称为设施设备故障。为了减少和消灭故障，必须了解、研究故障发生的宏观规律，分析故障形成的微观规律，采取有效的措施和方法，控制故障的发生，这就是设施设备的故障管理。

设施设备故障管理可以提高生产效率和经济效益；减少和消除事故，确保安全，有利于节能、环保；改善设备技术状况，延长设备使用寿命。

设施设备故障全过程管理如图6-1所示。

1）故障信息的收集：收集方式主要是让操作、维修工人填写故障信息表，做到全面、准确、可靠。收集内容包括故障的时间、现象、部位、原因、性质等。

2）故障信息的储存与故障统计：可用人工统计储存，最好是采用计算机储存故障信息，开发管理软件，便于统计分析。

3）故障分析：首先要对故障进行分类，按故障发生状态可分为突发性和渐发性故障；按原因可分为设备固有的薄弱性、操作维护不良性和磨损老化性故障；按故障结果可分为功能性和参数性故障；按危险程度可分为安全性和危险性故障；按功能丧失程度可分为部分丧失性和完全丧失性故障。

故障模式即故障特征，主要有：振动、变形、腐蚀、疲劳、破裂、渗漏、堵塞、发热、烧毁、各种绝缘、油质材质的劣化、噪声、脱落、短路等。

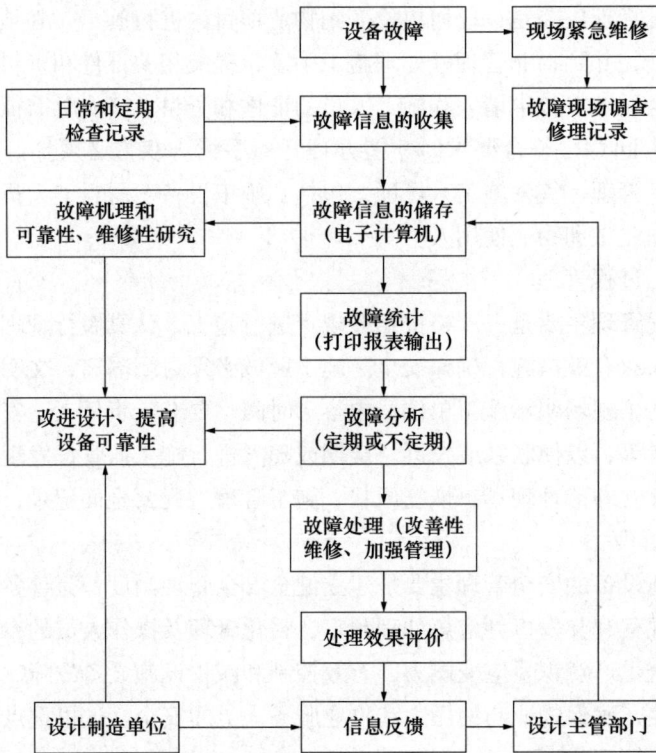

图6-1 设施设备故障全过程管理

故障机理是指诱发零件、部件、设备发生故障的物理、化学和机械学的过程。

故障应力是指由于工作条件、环境条件等方面的能量积累超过了设备零部件所能承受的界限，这些工作、环境条件称为故障应力。它是故障发生的外力，在外部应力作用下，对故障的抑制和诱发起重要作用的是内应力。

故障应力、故障机理、故障模式是密切相关的。

故障分析的方法：根据计算机收集、汇总、统计结果，分析故障频率、故障强度率，可采用直方图、因果图等方法，全面分析故障机理、原因，找出故障规律，提出对策。故障因果图如图6-2所示。

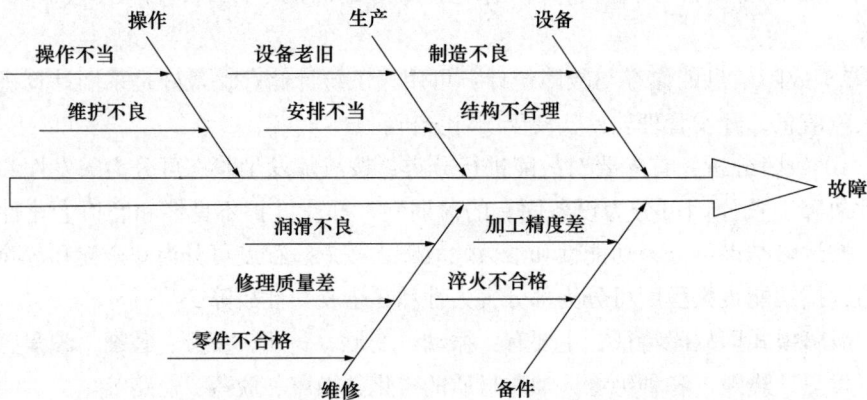

图6-2 故障因果图

4）故障处理：其是在故障分析的基础上，根据故障原因和性质提出对策，暂时地或较长时间地排除故障。故障处理方法主要有：重复性故障——采用项目修理、改装、改造的方法；多发性故障——采用大修、更新或报废的方法；由于先天不足造成的故障——采用技术改造或更换元器件的方法；因操作不良造成的故障——应通过员工技术培训来解决。

（2）设施设备事故管理

1）设施设备事故及其类别：设施设备故障所造成的停机时间或修理费用达到规定限额者为设施设备事故。其分类如下：修理费用一般设备在500~5000元，重要设备在1000~10000元，造成停电、停水、停气、停冷（暖）10~30min的，为一般事故；修理费用一般设备在5000元以上，重要设备在10000元以上，造成停电、停水、停气、停冷（暖）30min以上的，为重大事故；修理费用在10万元以上，或造成停电、停水、停气、停冷（暖）两天以上的，为特大事故。

2）设施设备事故的性质：责任事故，是指由于人为原因造成的事故；质量事故，是指因设备的设计制造、维修质量不良和安装、调试不当引起的事故；自然事故，是指因各种自然灾害造成的事故。

3）设施设备事故的调查分析及处理：设施设备事故发生后，应立即切断电源、水源、气（汽）源，保护现场，逐级上报，及时进行调查、分析和处理。事故的分析要客观、全面、实事求是。事故的处理要遵循"三不放过"原则，即：事故原因分析不清不放过；事故责任者和群众未受到教育不放过；没有防范措施不放过。设施设备事故损失的计算：

$$事故损失费＝停产损失费＋修理费 \tag{6-4}$$

4）设施设备事故报告及原始资料：发生设施设备事故的单位或部门应在三日内认真填写事故报告单，上报设施设备管理部门，并按有关规定逐级上报。事故处理和修复后应填写记录，计算维修费，原始资料归档保存，并统计上报。

6.2　房屋共用部位、共用设施设备与场地管理

6.2.1　房屋及设施设备、场地的种类与组成

1.房屋的种类与基本组成部分

（1）房屋种类的划分

1）按房屋结构的类型和材料可分为：砖木结构、混合结构、钢筋混凝土结构和其他结构。

2）按房屋承重受力方式可分为：墙承重结构、构架式承重结构、筒体结构或筒体框架结构及大空间结构等。

3）按房屋的层次和高度可分为：低层建筑、多层建筑和高层建筑（包括小高层、高层和超高层）。

4）按房屋的用途可分为：居住、商用、工业、办公、公共和其他建筑。

（2）房屋的基本组成部分

1）主体结构，包括基础、承重构件（梁、柱、承重墙等）、非承重墙、屋面、楼地面等。

2）装饰装修，包括门窗、内外粉层、顶棚、细木装饰、内外饰材装修等。

3）设施设备，包括水卫、电气、暖通、空调、特殊设备（电梯）、安防、消防、避雷、通信、有线电视、网络等。

2. 房屋共用部位的组成

一般包括建筑物的基础、柱、梁、楼板、屋顶以及外墙、门厅、楼梯间、走廊、楼道、扶手、护栏、电梯井道、架空层及设备间等。

3. 房屋共用设施设备与场地

一般包括道路、绿地、人造景观、围墙、大门、信报箱、宣传栏、路灯、排水沟、渠、池、污水井、化粪池、垃圾容器、污水处理设施、机动车（非机动车）停车设施、休闲娱乐设施、消防设施、安防监控设施、人防设施、垃圾转运设施、健身设施及物业服务用房等。

6.2.2 房屋共用部位、共用设施设备与场地管理的内容、方法与要求

1. 房屋共用部位、共用设施设备与场地使用、维护的内容、方法与要求

（1）房屋共用部位、共用设施设备与场地的使用管理主要是通过物业使用说明书、管理规约及物业管理者广泛的宣传、沟通，使业主和物业使用人及物业管理、操作人员在充分了解房屋及设施设备使用方法的基础上，正确使用房屋和共用设施设备。

（2）房屋共用部位、共用设施设备与场地巡检、维护的内容、方法与要求，见表6-1。

房屋共用部位、共用设施设备与场地巡检、维护的内容、方法与要求　表6-1

序号	项目	周期	内容及要求	方法
1. 结构				
1.1	地基基础	半年	有足够承载能力，无超过允许范围的不均匀沉降（肉眼观察无明显裂缝）	人工观察、记录，发现沉降和异常现象，及时报告有关部门查勘鉴定、修缮
1.2	承重构件：梁、柱、墙、板、屋架	半年	肉眼观察承重构件，平直牢固，无倾斜变形、裂缝、松动、腐朽、蛀蚀	
1.3	非承重墙	半年	砖墙平直完好，无风化破损	
1.4	屋面	半年	不渗漏，防水层、隔热层、保温层完好，积尘甚少，排水畅通，雨季加强检查	人工观察、记录，清洁、维护，必要时维修
1.5	楼地面	半年	混凝土块料面层平整、无碎裂	
1.6	地下室顶板	半年	不渗漏，雨季加强检查	

续表

序号	项目	周期	内容及要求	方法
2. 装修				
2.1	室内外饰材地面	每月	地面平整，无破损，定期清洗、结晶、打蜡	人工观察、记录，清洁、维护，必要时维修
2.2	室外墙面装饰	3个月	完整牢固，无大量积尘、空鼓、剥落、破损和裂缝	
2.3	室内墙面装饰	3个月	完整牢固，无明显积尘、破损、空鼓和裂缝	
2.4	门窗（含防火门、窗）	3个月	完整无损，无积尘、开关灵活、严密，玻璃、五金齐全，油漆完好	
2.5	天花	3个月	完整牢固，无破损、变形、下垂脱落	
2.6	细木装修	3个月	完整牢固，油漆完好	
3. 场地与景观				
3.1	广场地面	每月	地面平整，无破损，排水顺畅，设施、标识完善	人工观察、记录，清洁、维护，必要时维修
3.2	道路	每月	路面平整，无破损，排水顺畅，设施、标识完善	
3.3	停车场	每月	路面平整，无破损，排水顺畅，设施、标识完善	
3.4	景观	每月	完整、美观、清洁，设施、标识完善	
3.5	绿化	每周	长势良好，无病虫害，清洁，标识完善	
4. 共用设施设备				
4.1	大门、围栏（墙）	每月	完整，无锈蚀、破损，标识完善	人工观察、记录，清洁、维护，必要时维修
4.2	健身器材	每周	完整，无锈蚀、破损、安全隐患，标识完善	
4.3	公示、宣传栏	每周	完整，无锈蚀、破损，标识完善，内容达标	
4.4	信报箱	每周	完整，无锈蚀、破损，标识完善	
4.5	垃圾箱（站）	每周	清洁、完整、无破损，标识完善	

2. 房屋主体结构的安全鉴定、房屋完好率评定

（1）房屋主体结构的安全鉴定

房屋主体结构的安全鉴定，是在物业管理过程中发现房屋主体结构安全隐患时，书面报告所在地房地产安全管理机构，由其安排房屋主体结构安全鉴定部门，对房屋进行主体结构安全鉴定。

（2）房屋完好率评定

房屋完好率评定，是由物业管理处在每年的第四季度对房屋共用部位进行完好率评定。

1）房屋完损等级的分类

根据各类房屋的结构、装修、设施设备等组成部分的完好、损坏程度，可将房屋的完损等级划分为：完好房、基本完好房、一般损坏房、严重损坏房、危险房五个等级。（注：危险房是指承重的主要结构严重损坏，影响正常使用，不能确保住用安全的房屋，其评定依据相关标准。）

2）房屋完好率的评定计量

计算房屋完好率，一律以建筑面积"m²"为计量单位，评定时以"幢"为评定单位。房屋完好率计算公式：

$$完好率 = \frac{完好房屋建筑面积 + 基本完好房屋建筑面积}{所管房屋总建筑面积} \times 100\% \qquad （6-5）$$

3）房屋完损等级评定标准

① 凡符合下列条件之一者可评为完好房：结构、装修、设施设备部分各项完损程度符合完好标准；在装修、设施设备部分中有一、二项完损程度符合基本完好的标准，其余符合完好标准。

② 凡符合下列条件之一者可评为基本完好房：结构、装修、设施设备部分各项完损程度符合基本完好标准；在装修、设施设备部分中有一、二项完损程度符合一般损坏的标准，其余符合基本完好以上的标准；结构部分除基础、承重构件、屋面外，可有一项和装修或设施设备部分中的一项符合一般损坏标准，其余符合基本完好以上标准。

③ 凡符合下列条件之一者可评为一般损坏房：结构、装修、设施设备部分各项完损程度符合一般损坏的标准；在装修、设施设备部分中有一、二项完损程度符合严重损坏标准，其余符合一般损坏以上的标准；结构部分除基础、承重构件、屋面外，可有一项和装修或设施设备部分中的一项符合严重损坏的标准，其余符合一般损坏以上的标准。

④ 凡符合下列条件之一者可评为严重损坏房：结构、装修、设施设备部分各项完损程度符合严重损坏标准；在结构、装修、设施设备部分中有少数项目完损程度符合一般损坏标准，其余符合严重损坏的标准。

⑤ 危房，是在物业管理单位申报所在地房屋主体结构安全鉴定部门进行安全鉴定后，认定为危房者，列为危房，按规定进行专业管理。

3. 房屋修理、修缮的内容、方法与要求

（1）房屋主体结构的修缮

房屋主体结构的所有修缮，由物业管理处根据房屋完好率评定时发现的问题和安全隐患，上报房屋安全主管部门进行房屋安全鉴定后，确需进行修缮的，应及时报告业主或业主委员会，征得法规规定的业主同意后，动用住宅专项维修资金，聘请具有专业资质的单位进行修缮。修缮后经房屋安全主管部门鉴定，达到房屋主体结构安全标准，消除危险房。

（2）房屋共用部位及场地的维修

房屋共用部位及场地的一般性维修，包括装饰装修、共用设施设备与场地维修，由物业管理处随时安排，及时修理完善。达到大中修标准的修理，同样要书面报告业主或业主委员会，征得法规规定的业主同意后，申请动用住宅专项维修资金，聘请具有专业资质的单位进行修理。修理后，保证房屋、共用部位、共用设施与场地达到完好或基本完好标准。

6.2.3 房屋共用部位、共用设施设备与场地管理的注意事项

（1）要通过物业管理的日常巡视，及时发现房屋使用中的问题，随时安排维修保养，确保使用功能及安全。

（2）遇到灾害天气，要加强管理，灾害过后，要进行全面检查，发现问题及时安排解决。

（3）发现安全隐患，要采取有效防范措施，保护业主与物业使用人及员工的安全。

（4）特别专业的问题，要及时报告，求得主管部门的支持。

6.3 共用设施设备管理

6.3.1 共用设施设备的分类与组成

物业共用设施设备的专业分类与组成详见表6-2。

物业共用设施设备的专业分类与组成表　　　表6-2

序号	专业系统	种类	组成
1	强电系统	高压与低压，单回路与多回路，有、无自备电源，长期或短期供用电	高低压供配电（高低压配电柜、电力变压器、电容柜、控制柜）、动力（电动机、控制柜）、照明、避雷等设施设备
2	电梯与升降系统	客梯、货梯及客货梯，直流梯、交流梯或液压梯，超高速、高速、中速、慢速电梯，单控或集选控制电梯，垂直梯或自动扶梯，升降机	曳引系统、导向系统、电力拖动系统、电气控制系统、轿厢、门系统、重量平衡系统、安全保护系统，以及机房、井道、基坑等
3	空调系统	工艺空调及舒适性空调，中央空调（集中式、半集中式）或分散式空调，全空气式、全水式或空气—水式空调等；蒸汽压缩式制冷或吸收式制冷	制冷机组（冷水机组、冷温水机组、热泵机组）、锅炉（燃煤、燃气、电锅炉）、换热器（板式、容积式）、空调机组（新风机组、风机盘管、通风机）、循环泵、冷却塔、水处理
4	给水排水系统	生活、生产及消防给水，市政管网直供或二次加压供水，分层供水，分质供水，循环供水（热水、冷却水、工艺供水）等	水箱、水池、水泵、组合式供水设备（气压罐组合、变频泵组合、无负压供水）、热水器、中水设施设备、游泳池水处理设备、排水设备
5	消防系统	消火栓加疏散通道消防系统（室外），消火栓加灭火器消防系统（低多层），高层建筑消防系统，包括：火灾自动报警与联动控制系统、水灭火系统（消火栓、喷淋）、送风排烟系统、疏散指示、消防广播、电梯迫降、防火隔离、气体灭火、灭火器等	消防水池、水箱、水泵（消火栓泵、喷淋泵、稳压泵）、消火栓、喷淋头、报警组阀、消防接合器、消防风机（正压送风、排烟）、防火阀、排烟阀、火灾报警器（烟感、温感）、火灾自动报警与联动控制器、分区隔离、疏散通道、消防广播、安全标识、气体灭火系统、灭火器、消防专用工具、防护器具等
6	弱电系统	只设安防监控系统（多层住宅），安防、消防监控系统（普通高层住宅），智能建筑，包括：安防、消防、楼宇自控、办公自动化、通信网络、有线电视、车场自动化、综合布线等，智慧化建筑，增设物联网、云计算等	工作站（中央控制器、显示器、计算机、打印机、备用电源），网络控制器，现场控制器（DDC），末端设备（控制器、传感器、报警器、摄像机、远红外投影、巡更器、对讲门禁，执行机构）

6.3.2 共用设施设备管理的内容、方法与要求

1. 共用设施设备的使用与运行管理

（1）设施设备使用与运行管理概述

物业设施设备的运行管理实际上包括物业设施设备技术运行管理和物业设施设备经济运行管理两部分。应取得两个方面的成果：设施设备的运行在技术性能上始终处于最佳状态，确保安全运行，满足用户需求。针对设施设备的特点，制定科学、严密且切实可行的操作规程和运行方案。设施设备的运行经济管理，包括：能源消耗的经济核算、操作人员的配置和维修费用的管理。

（2）合理配置使用设施设备

合理配置设施设备：根据生产工艺和用户需求及设施设备性能，科学配置设施设备台数，编制科学合理的运行方案和开关机时间，保证设施设备运行高效率。合理配置人员：根据设施设备数量、技术操作复杂程度、生产安排和用户需求及环境变化，合理配置和调整操作及维修人员。为设施设备提供良好的工作条件，如机房、操作间、值班室、照明、通风、空调、通道等。建立健全管理制度，如责任制、规程、程序、维修保养手册、作业指导书、应急预案等。

（3）做好设施设备投入使用前的准备工作

其主要包括管理制度、技术资料的编制；管理、操作、维修人员的培训，合格上岗；能源、安全装置齐全；备件、附件、工具齐全；全面检查设施设备安装精度、性能完全达到标准；清理现场环境。

（4）设施设备使用守则

定人、定岗、定机，凭证上岗操作；建立交接班制度，制定各项规程；建立设施设备的"三好"（管好、用好、维护好设施设备）、"四会"（会使用、会维护保养、会检查、会排除故障）、"五项纪律"（凭证使用设施设备，遵守安全规程；保持设施设备清洁，并按规定维护、润滑；遵守各项规章制度；管好工具、零件、附件，不得丢失；发现异常，及时排除或报告）。

（5）设施设备的巡检

设施设备的巡检就是对设施设备进行有针对性的检查。设施设备巡检时可以停机检查，也可以随机检查。设施设备的巡检包括日常巡检及计划巡检。

1）设施设备的日常巡检由操作人员随机检查、调整、维护。日常巡检内容主要包括：运行状况及参数；安全保护装置；易磨损的零部件；易污染堵塞、需经常清洗更换的部件；在运行中经常要求调整的部位；在运行中经常出现不正常现象的部位。设施设备的调整与维护包括：设备的调整是随机操作人员根据设备运行负荷及状态的变化，及时调整运行参数，保证设施设备始终处于最佳运行状态，发现故障或隐患，立即排除后报告，避免事故发生。设施设备的日常维护是由随机操作人员随时进行的，如清扫、润滑及保持机房环境等，维护良好的文明生产环境。

2）设备的计划巡检，一般以专业维修人员为主，操作人员协助进行。计划巡检内容主要有：记录设施设备的磨损情况，发现其他异常情况；更换零部件；确定修理的部位、部件及修理时间；安排检修计划。

3）设施设备使用、运行巡检要做好记录，按规定归档保存。

2. 共用设施设备的状态管理

（1）设施设备的润滑管理

将具有润滑性能的物质施入机器中做相对运动的零件的接触面上，以减少接触表面的摩擦、降低磨损的技术方式，称为设施设备润滑。

1）润滑管理的意义

机械设备在使用过程中，磨损是失效最主要的原因之一。保持其良好的润滑状态是其正常运转的基本条件。设施设备润滑是设施设备管理和维护工作中极其重要的组成部分和关键环节。合理的润滑设施设备，可以使设施设备经常处于良好的润滑状态。相反，设施设备润滑不良，会导致设施设备出现故障，甚至破坏设施设备的精度和性能。做好设施设备润滑的关键是抓好设施设备润滑的管理工作。

设施设备润滑管理是对在用的设施设备，按技术规范的要求，正确选用润滑材料，并按规定的润滑时间、部位、数量进行润滑。做好设施设备润滑管理就能保证：维持设施设备正常运转，防止事故发生，降低维修费用；降低摩擦阻力，改善摩擦条件，提高传动效率，节约能源；减少机件磨损，延长设施设备使用寿命；减少腐蚀，减轻振动，降低温度，防止拉伤和咬合，提高设施设备的可靠性。

2）润滑管理的目的和任务

① 润滑管理的目的：控制设施设备摩擦、减少和消除设施设备磨损的一系列技术方法和组织方法，称为设施设备润滑管理。其目的是：给设施设备以正确润滑，减少和消除设施设备磨损，延长设施设备使用寿命；保证设施设备正常运转，防止发生设施设备事故或降低设施设备性能；减少摩擦阻力，降低动能消耗；提高设施设备的生产效率和产品加工精度；合理润滑，节约用油，避免浪费。

② 润滑管理的任务：建立设施设备润滑管理制度和工作细则，拟定润滑人员的职责；搜集润滑技术、管理资料，建立润滑技术档案，编制润滑卡片，指导操作工和润滑工做好润滑工作；定单台设施设备润滑材料及其消耗定额，及时编制润滑材料计划；检查润滑材料的采购质量，做好润滑材料进库、保管、发放的管理工作；编制设施设备定期换油计划，并做好废油的回收、利用工作；检查设施设备润滑情况，及时解决存在的问题，更换缺损的润滑元件、装置、加油工具和用具，改进润滑方法；采用积极措施，防止和治理设施设备漏油；做好员工的技术培训，提高润滑技术水平。

贯彻润滑的"五定"原则，总结推广和学习应用先进的润滑技术和经验，以实现设施设备润滑的科学管理。设施设备润滑的"五定"原则是：定点、定质、定量、定期、定人。具体要规定哪台设备、哪个部位、用什么油、加油（换油）周期多长、用什么加油装置、由谁负责等。润滑的"三过滤"亦称三级过滤，即入库过滤、发放过滤、加油过滤。

（2）设施设备的状态管理

1）设施设备状态监测及诊断技术的定义

设施设备状态监测，是指利用人的感官、简单工具和仪器，对设施设备工作中的温度、压力、电流、转速、振幅、声音、工作性能的变化进行观察和测定。

设施设备故障诊断技术，是指在设施设备运行中或基本不拆卸的情况下，掌握设施设备运行状况，判定故障产生的原因、部位，预测、预报设施设备未来状态的一门技术。它是预防维修的基础。

2）推广设施设备诊断技术的意义

为确保各种设施设备的安全运行，提高其可靠性和安全运转率，就必须加强设施设备运行管理，进行在线工况监测，及时发现异常情况，加强对故障的早期诊断和预防。如用先进的诊断仪器帮助维修工在早期发现设施设备异常，迅速查明故障原因，预测故障影响，从而实现有计划、有针对性的按状态维修，缩短维修时间，提高检修质量，减少备件储备，提高设施设备维修管理水平。这样可以减少维修费用和提高设施设备利用率，还可以尽快改变单凭个人经验去寻找故障的落后状况。

3）设施设备诊断技术的重要作用

使用设施设备诊断技术可以监测设施设备状态，发现异常状况，防止突发故障和事故发生；建立维修标准，开展预知维修和改善性维修；较科学地确定设施设备维修间隔期限和内容；预测零件寿命，做好备件储备和管理；根据故障诊断信息，评价设施设备先天质量，为改进设施设备的设计、制造、安装工作和提高换代产品的质量提供依据。

4）设施设备诊断工作的开展

设施设备诊断工作与设施设备综合管理的关系：要根据设施设备综合管理理论把设施设备全寿命周期作为诊断技术应用的范围。必须发挥全系统的作用，把企业全部有关技术力量组织起来，把收集的数据储存起来，对故障和异常作出诊断，做好设施设备全寿命周期各个环节的管理工作。

设施设备诊断工作开展步骤：① 全面摸清企业设施设备的状况，包括：性能、结构、工作能力、工作条件、使用状态、重要程度等；② 确定全部需要监测和诊断的设施设备，如关键设施设备，故障停机影响、损失大的设施设备，要先试点，总结经验后逐渐推广；③ 确定需监测设施设备的监测点、测定参数和基准值及监测周期（连续、间断，间隔时间，如一月、一周、一日等）；④ 根据监测及诊断的内容，确定监测的方法及结构，选择合适的方法和仪器；⑤ 建立组织架构和人工、电脑系统，制定记录报表、管理程序及责任制等；⑥ 培训人员，使管理与操作人员都了解设备性能、结构、监测技术、故障分析及信号处理技术，检测仪器的使用、维护保养等；⑦ 不断总结经验，巩固成果，找出规律，摸清机理。进行可靠性研究，逐渐提高设施设备诊断技术水平。

5）设施设备诊断技术的发展

随着经济技术的高速发展，设施设备的现代化水平大幅度提高，向大型化、连续化、高速化、自动化、电子化迅速发展，使设施设备的效率和价值大幅提高。因此，对设施设备诊断技术的要求也越来越高，已经成为当前设施设备工程技术研究的重要课题。

3. 共用设施设备的维修保养管理

（1）物业设施设备维修养护概述

设施设备在使用过程中会发生污染、松动、泄漏、堵塞、磨损、振动、发热、压力异常等各种故障，影响设施设备正常使用，严重时会造成设施设备事故。

通过清扫、紧固、润滑、调整、防腐、防冻及外观表面检查，对设施设备进行日常护理，以维持设施设备的性能和技术状况，称为设施设备维修养护。要求达到清洁、整齐、润滑良好、安全。对长期运行的设施设备要巡视检查，定期切换，轮流使用，进行强制保养。

设施设备维修养护的内容包括：日常维护、定期维护、定期检查、精度检查、润滑和冷却系统的维护检查等。设施设备维护要做到：制度化、工艺化、规范化。设施设备的三级保养制度包括：日常维护保养，一般分为日保养和周保养，由操作工完成；一级保养，以操作工为主，维修工协助；二级保养，以维修工为主，操作工协助。设施设备的维护保养一定要按设施设备维修保养手册实施，严格执行安全操作规程。特种设备的维修保养必须严格执行国家有关法律法规的规定，确保其安全、正常运行和使用。设施设备管理和使用部门要制定设施设备保养的考核制度，并严格检查考核。

（2）物业设施设备的计划检修性维修保养

对在用设施设备，根据运行规律及计划巡检的结果可以确定其检修间隔期。以检修间隔期为基础，编制检修计划，对设施设备进行预防性修理，这就是计划检修性维修保养。按计划实行预防性维修保养，可以在设施设备发生故障之前就对它进行修理，使设施设备一直处于完好能用状态。根据月度维修保养计划，下达设施设备维修保养任务（记录）单（表6-3），按标准对设施设备进行维修保养。通过科学有效的维修保养，可以保持设施设备良好的技术状态，使设施设备安全、高效运行，提高设施设备的运行效率，最大限度地满足用户需求；还可以有效延长设施设备大中修周期，甚至可以避免设施设备大修，从而最大限度地降低设施设备寿命周期费用，为业主创造价值，为社会创造效益，真正体现物业管理的社会价值。

设施设备维修保养任务（记录）单　　　　　　表6-3

下达人：　　下达时间：　　　　　受理人：　　NO：

维修保养内容：	工程地点：
	时间进度要求：
维修保养记录：	
	维修保养人员：　　　　　　　　日期：
验收意见：	
	验收负责人：　　　　　　　　　日期：

4. 共用设施设备的大中修管理

谈到物业设施设备的大中修管理，首先要了解设施设备大中修的基本概念，现分述如下：

（1）设施设备修理

设施设备在运行使用过程中，零部件会逐渐发生磨损、变形、断裂、腐蚀等现象，设施设备的修理就是对技术状态变化时发生故障的设施设备通过更换或修复磨损失效的零件，对整体或局部进行拆装、调整的技术活动。其目的是恢复设施设备的功能和精度，保持设施设备完好。简单地说，设施设备修理是设施设备技术状态劣化到某一临界状态时，为恢复其功能而进行的技术活动。

（2）设施设备修理的方针

设施设备的修理，必须贯彻"预防为主"的方针，根据企业的性质、设施设备特点及设施设备在使用中所起的作用，选择适当的维修方式、修理周期或时机，采用新工艺、新技术、新材料和科学方法，以提高维修质量，减少停机时间，降低维修费用，达到适时有效、低成本。

（3）设施设备维修方式

设施设备维修方式具有维修策略的含义。现代设施设备管理强调对各类设施设备采用不同的维修方式，也就是强调设施设备维修应遵循设施设备物质运动的客观规律，在保证使用的前提下，合理利用维修资源，达到寿命周期费用最经济的目的。

1）事后维修：事后维修就是对一些设施设备，不将其列入预防性维修计划，发生故障后或性能、精度降低到不能满足使用要求时再进行修理，即"坏了再修"。这种维修方式可以发挥主要零部件的最大寿命，使维修经济性好。作为一种维修策略，不同于传统的坏了再修。它不适用于对使用影响较大的设施设备，而适用于下列设施设备：一是对故障停机不会影响正常使用的设施设备；二是利用率低或有备用的设施设备；三是修理技术不复杂又能提供备件的设施设备。如空调系统和给水排水系统中所用的"一运两备（或多备）"的水泵等设施设备。

2）预防维修：预防维修是为防止设备性能、精度劣化或为了降低设施设备故障率，按事先规定的修理计划和技术要求进行的修理活动。对重点和主要设施设备进行预防维修，是贯彻设备维修"预防为主"方针的重要工作，主要采取两种方式：一是定期维修，是在规定时间的基础上执行预防维修活动，具有周期性特点；二是状态监测维修，是以设施设备技术状态为基础，按实际需要进行修理的预防维修方式。

3）改善维修：改善维修是为消除设施设备先天性缺陷或频发故障，对设施设备局部结构或零件设计加以改进，结合修理进行改装以提高其可靠性和维修性措施的维修方式。

（4）修理类别

其主要有大修、中修、项修、小修等。

1）大修：大修是设施设备基准零件磨损严重，主要精度、性能大部分丧失，必须进行全面修理，才能恢复其效能时使用的一种修理方式。设施设备大修的内容包括：对设施设备进行全部解体、清洗，修理基准件，更换或修复磨损件；全部研刮或磨削导轨面；修理、调整设施设备的电气系统；重新按标准组装，检测；修复设施设备的附件以及翻新设施设备外观；重新按标准加入工质、润滑油；进行整体测定、试车。

2）中修：中修是介于设施设备大修与小修之间的修理。其内容包括：对设施设备进行局部解体，更换或修复磨损件；修理、调整设施设备的电气系统；重新按标准组装，检测；修复设施设备的附件以及翻新设施设备外观；重新按标准加入工质、润滑油；进行整体测定、试车。

3）项修：项目修理是对设施设备精度、性能的劣化缺陷进行针对性的局部修理。

4）小修：设施设备的小修是工作量最小的一种计划修理。

（5）修理周期和修理周期结构

修理周期是指两次相邻大修之间的间隔时间。修理间隔期是指两次相邻计划修理之间的工作时间。修理周期结构是指在一个修理周期内应采取的各种修理方式的次数和排列顺序。如计划经济时期采用的修理周期结构为：9—6—2—1修理周期结构，（K：大修，C：中修，M：小修，B：保养）K—B—M—B—M—B—C—B—M—B—M—B—C—B—M—B—M—B—K。

（6）备品配件的管理

运转类的零部件将要磨损、老化，从而降低了设施设备的技术性能，设施需用新的零部件更换已磨损、老化的零部件，在检修之前就把新的零部件准备好，这就是备品配件管理的基本原则。备品配件管理工作的目的是，既要科学地组织备件储备，及时满足设施设备维修的需要，又要将储备的数量压缩到最低限度，降低备件的储备费用，加快资金周转。

5. 共用设施设备更新改造管理

（1）设施设备的磨损及其补偿

设施设备的有形磨损也称物质磨损，是指设施设备在使用（闲置）过程中发生的实质磨损或损失。设施设备的无形磨损也称经济磨损，是指设施设备在使用（闲置）过程中因技术进步而造成的价值降低、技术落后、高耗能污染等丧失使用价值的情况。设施设备磨损的补偿方式包括：有形磨损的补偿，主要是修理与改造；无形磨损的补偿，应更新。

（2）物业设施设备的更新

物业设施设备更新的意义包括：设施设备更新是物业维持使用功能的必要条件；设施设备更新是实现物业设施设备高效、安全、节能的重要途径；设施设备更新是物业保值增值的物质基础。

设施设备更新的原则是：设施设备更新应围绕物业的使用价值；应采用新技术、新工艺、新材料，符合节能、环保的要求；要进行经济论证，确保经济效益。

（3）物业设施设备技术改造

更新改造是指应用现代科学技术成就和先进经验，改变现有设施设备的结构，装上或更换新部件、新装置，以补偿设施设备的无形和有形磨损。更新改造的特点是针对性强、经济型好、现实性大。工业发达国家发展经济的主要途径是大力采用先进技术，提高机器的技术水平，改善原材料的质量，提高劳动者的素质，从而提高各生产要素的使用率，以取得良好的经济效益。在使用设施设备时特别要注意的是，只要通过技术改造能达到同样的目的的，一般就不采用设施设备更新的方式。

6. 共用设施设备完好率评定

（1）设施设备完好分类

1）完好设施设备：设施设备现状和运行情况完全符合设施设备完好标准（得分超过95分）的为完好设施设备。

2）基本完好设施设备：设施设备现状和运行情况有一项达不到完好标准或有2～3项有比较小的隐患（得分在86～95分），但不影响使用的为基本完好设施设备。

3）不完好设施设备：设施设备现状和运行情况有两项及以上达不到完好标准或只有一项达不到标准（得分在85分及以下），并影响正常使用的为不完好设施设备。

（2）设施设备完好率评定方法

物业管理处每半年对所辖区域的设施设备进行自查，并对完好率进行统计，将统计结果填入《设施设备完好率评定表》，并按下列公式计算出设施设备完好率：

设施设备完好率＝（完好设施设备台数＋基本完好设施设备台数）

÷管理处设施设备总台数×100%　　　　　（6-6）

公司工程部每半年（6月份、12月份）对所有管理处的设施设备完好率进行抽查，将完好率作为对管理处设施设备管理目标责任的考核依据。

6.3.3　各类共用设施设备管理的内容、方法、要求及注意事项

1. 强电系统设施设备管理的内容、方法及要求

强电系统设施设备管理分为高低压变配电设施设备管理、动力、照明设施设备管理和避雷设施设备管理三个部分。

（1）高低压变配电设施设备管理

高低压变配电设施设备管理主要是运行管理、维修保养和定期检测，确保安全供用电，满足用户需求。

1）高低压变配电室要建立24h值班制度，配备合格的专业工程技术人员和相应数量的操作工和维修工；

2）制定严格的运行制度及安全操作规程，并认真执行；根据季节和用户用电负荷变化，编制科学合理的运行方案，实现经济运行；

3）配备各种必要的工具、仪器仪表和安全防护用品、常用零配件和易损易耗品，并建立零配件供应渠道，形成供应商名册；

4）建立供配电系统技术档案；

5）建立临时用电管理制度，对任何新增加的用电都应当进行用电负荷计算，进行合理的负荷分配，尽可能保障三相平衡，任何情况下都不允许超负荷供用电；

6）定时进行设施设备巡检，记录设施设备运行状态参数，必要时及时调整，随时排除设施设备故障，确保设施设备安全、合理运行；

7）与上级供电单位保持联系，及时沟通信息；

8）定期对用电计量仪表进行检查与校验，确保用电计量单位的准确性；随时进行用电统计分析，做好用电调度和用电计划工作；

9）建立火警、水灾、台风、地震等灾害时的供电预防措施；

10）按规定对供配电设施设备、机房进行整理、整顿、清扫，始终保持整洁卫生；

11）做好机房的通风、照明、防水、防鼠、防火、门窗、锁具、非工作人员出入登记管理；

12）有计划地对设施设备进行维修保养，保证设施设备清洁、完好、达标；

13）定期对高低压变配电设施设备、工具、防护用品进行检验和校验，确保其绝缘等级、接地电阻与防雷达到标准；

14）重视电容补偿，提高功率因数，改善用电质量，提高电网效率；

15）限电、停电要提前通知用户，以便做出安排；

16）做好节约用电工作，降低损耗；

17）进行公共用电的测量和统计工作，为物业服务费的计算和收取提供依据。

（2）动力、照明设施设备管理

1）建立动力、照明设施设备管理制度，包括：使用、巡检、维修保养、安全管理制度及安全操作规程；

2）按规定进行动力、照明设施设备巡检、清扫、调整，保证设施设备处于良好的使用状态；

3）按计划做好动力、照明布电柜、控制柜的维修保养，包括：清扫、紧固、调整、电气元件的检测，保证设施设备完好；

4）按规定进行各类设施设备电动机的维修保养，包括：清扫、紧固、调整、三相电流及绝缘和温度的检测，保证各项指标符合规定；

5）随时或定期进行照明线路、灯具的检查、维修，维持良好的照明环境及设施设备完好率。

（3）避雷设施设备管理

1）完善避雷设施设备管理制度，进行规范管理；

2）定期进行避雷设施设备的巡检，发现问题，及时安排解决；

3）定期对避雷设施设备进行维修保养，包括：紧固、防腐油漆、接地电阻检测，保证设施设备完好；

4）按规定申请避雷系统专业检测，确保达到标准。

2. 电梯与升降系统设施设备管理的内容、方法及要求

按照《中华人民共和国特种设备安全法》（以下简称《特种设备安全法》）规定，将电梯纳入其管理范围，因此物业管理单位必须依法进行管理。

（1）电梯管理

按《特种设备安全法》规定，使用管理包括：

1）特种设备使用单位应当使用取得许可生产并经检验合格的特种设备，禁止使用国家明令淘汰和已经报废的特种设备。

2）特种设备使用单位应当在特种设备投入使用前或者投入使用后30日内，向负责特种设备安全监督管理的部门办理使用登记，取得使用登记证书。登记标志应当置于该特种设备的显著位置。

3）特种设备使用单位应当建立岗位责任、隐患治理、应急救援等安全管理制度，制定操作规程，保证特种设备安全运行。

4）特种设备使用单位应当建立特种设备安全技术档案。安全技术档案应当包括以下内容：

① 特种设备的设计文件、产品质量合格证明、安装及使用维护保养说明、监督检验证明等相关技术资料和文件；

② 特种设备的定期检验和定期自行检查记录；

③特种设备的日常使用状况记录；

④特种设备及其附属仪器仪表的维护保养记录；

⑤特种设备的运行故障和事故记录。

5）电梯、客运索道、大型游乐设施等为公众提供服务的特种设备的运营使用单位，应当对特种设备的使用安全负责，设置特种设备安全管理机构或者配备专职的特种设备安全管理人员；其他特种设备使用单位，应当根据情况设置特种设备安全管理机构或者配备专职、兼职的特种设备安全管理人员。

6）特种设备的使用应当具有规定的安全距离、安全防护措施。

与特种设备安全相关的建筑物、附属设施，应当符合有关法律、行政法规的规定。

7）特种设备属于共有的，共有人可以委托物业服务单位或者其他管理人管理特种设备，受托人履行《特种设备安全法》规定的特种设备使用单位的义务，承担相应责任。共有人未委托的，由共有人或者实际管理人履行管理义务，承担相应责任。

8）特种设备使用单位应当对其使用的特种设备进行经常性维护保养和定期自行检查，并做好记录。

特种设备使用单位应当对其使用的特种设备的安全附件、安全保护装置进行定期校验、检修，并做好记录。

9）特种设备使用单位应当按照安全技术规范的要求，在检验合格有效期届满前一个月向特种设备检验机构提出定期检验要求。

特种设备检验机构接到定期检验要求后，应当按照安全技术规范的要求及时进行安全性能检验。特种设备使用单位应当将定期检验标志置于该特种设备的显著位置。

未经定期检验或者检验不合格的特种设备，不得继续使用。

10）特种设备安全管理人员应当对特种设备使用状况进行经常性检查，发现问题应当立即处理；情况紧急时，可以决定停止使用特种设备并及时报告本单位有关负责人。

特种设备作业人员在作业过程中发现事故隐患或者其他不安全因素，应当立即向特种设备安全管理人员和单位有关负责人报告；特种设备运行不正常时，特种设备作业人员应当按照操作规程采取有效措施保证安全。

11）特种设备出现故障或者发生异常情况，特种设备使用单位应当对其进行全面检查，消除事故隐患，方可继续使用。

12）客运索道、大型游乐设施在每日投入使用前，其运营使用单位应当进行试运行和例行安全检查，并对安全附件和安全保护装置进行检查确认。

电梯、客运索道、大型游乐设施的运营使用单位应当将电梯、客运索道、大型游乐设施的安全使用说明、安全注意事项和警示标志置于易于为乘客注意的显著位置。

公众乘坐或者操作电梯、客运索道、大型游乐设施，应当遵守安全使用说明和安全注意事项的要求，服从有关工作人员的管理和指挥；遇有运行不正常时，应当按照安全指引，有序撤离。

13）电梯的维护保养应当由电梯制造单位或者依照《特种设备安全法》取得许可的安装、改造、修理单位进行。

电梯的维护保养单位应当在维护保养中严格执行安全技术规范的要求，保证其维护保养的电梯的安全性能，并负责落实现场安全防护措施，保证施工安全。

电梯的维护保养单位应当对其维护保养的电梯的安全性能负责；接到故障通知后，应当立即赶赴现场，并采取必要的应急救援措施。

14）电梯投入使用后，电梯制造单位应当对其制造的电梯的安全运行情况进行跟踪调查和了解，对电梯的维护保养单位或者使用单位在维护保养和安全运行方面存在的问题，提出改进建议，并提供必要的技术帮助；发现电梯存在严重事故隐患时，应当及时告知电梯使用单位，并向负责特种设备安全监督管理的部门报告。电梯制造单位对调查和了解的情况，应当做好记录。

15）特种设备进行改造、修理，按照规定需要变更使用登记的，应当办理变更登记，方可继续使用。

16）特种设备存在严重事故隐患，无改造、修理价值，或者达到安全技术规范规定的其他报废条件的，特种设备使用单位应当依法履行报废义务，采取必要措施消除该特种设备的使用功能，并向原登记的负责特种设备安全监督管理的部门办理使用登记证书注销手续。

前款规定报废条件以外的特种设备，达到设计使用年限可以继续使用的，应当按照安全技术规范的要求通过检验或者安全评估，并办理使用登记证书变更，方可继续使用。允许继续使用的，应当采取加强检验、检测和维护保养等措施，确保使用安全。

（2）升降设施设备管理

升降设施设备包括高空作业设施设备、液压或机械升降平台。其管理包括：

1）使用前检查，包括：设施设备操作人员应严格遵守安全规定，严格执行安全操作规程，严禁超载；严格执行机电系统安全检查与运行状态的确认；吊篮、平台运行平稳，无倾斜；设施设备各部机械完好，各仪表指示准确，各类开关灵活，通信设备正常。

2）使用中注意：应严格按照设施设备安全操作规程作业，绝对不许违章作业；合理使用设施设备，决不允许超范围使用；使用时必须有人监护，采取有效安全防护措施，确保安全；运行中不得随意卸开装置的护罩、封门及其他任何装置；作业完毕及时收回，送回原地，不得任意存放。

3）使用后做到：设施设备使用后，需切断电源，锁好操作装置，并将悬挂装置按规定方法予以锁定；应有专业人员对设施设备进行管理、记录；对设施设备进行全面检查和保养，对提升系统进行全面测试，清洗灰尘、滴漏的液体及可能打滑的物质因素；检查和修理传动部位和装置，进行调整和润滑，保证安全、有效；检查修理电气和控制系统，确保灵敏、可靠；由有资质的检测机构检验合格，保证设施设备在有效期内完好安全运行。

3. 空调设施设备系统管理的内容、方法、要求及注意事项

空调设施设备系统管理分为中央空调设施设备管理和用户分体空调管理两个部分。

（1）中央空调设施设备管理

中央空调设施设备管理主要是运行管理、维修保养和定期检测，确保安全、经济运行，满足用户需求。

1）中央空调设施设备在使用期内要建立值班制度，配备合格的专业工程技术人员和相应数量的操作工和维修工；

2）制定严格的运行制度及安全操作规程，并认真执行；根据季节和用户冷热负荷变化，编制科学合理的运行方案，包括供（停）冷（热）的时间、开机台数和运行参数，实现经济运行；

3）备齐空调操作、维修、测试工具、仪器仪表，准备恰当数量的常用零配件、制冷剂、润滑油和易损易耗品，并建立空调专业维修服务公司和零件供应商名册；

4）建立中央空调系统技术档案；

5）建立临时用冷（热）管理制度，满足特殊用户对空调的需求；

6）定时进行设施设备巡检，记录设施设备运行状态参数，根据冷热负荷变化及时调整主机和系统的运行参数；随时排除设施设备故障，确保设施设备安全、合理运行；

7）根据空调设施设备生产厂家和安装单位提供的技术资料和说明书，制定空调系统维修保养制度、测试调整计划和大中修计划；

8）定期对空调计量仪表和安全保护装置进行检查与校验，确保用冷热计量单位的准确性和对系统与设施设备的有效保护；随时进行空调系统运行参数的分析，做到科学、合理供用空调；

9）建立火警、爆管、有害气体泄漏、流行病传播时和机械、人身事故的应急预防措施；

10）按规定对空调设施设备、机房进行整理、整顿、清扫，始终保持整洁、卫生；

11）做好机房的通风、照明、防水、防火、门窗、锁具、非工作人员出入登记管理；

12）有计划地对设施设备进行维修保养，保证设施设备清洁、完好、达标；

13）定期进行空调系统耗能（水、电、气、汽、油）统计、分析，测算空调运行成本，做好成本核算与节能管理，准确测算空调费用；

14）重视空调系统噪声污染的防治及有害物质的排放，减少环境污染；

15）定期对空调系统、主机和空调房间进行专业测试，以便采取有效措施进行调整，使空调主机与系统保持在最佳状态；

16）在空调停机期间，要对空调系统及其设施设备进行有效的检查和维修养护，主要是：

① 对制冷机的密封进行严格检查、测试，杜绝一切泄漏的可能；特别是溴化锂吸收式制冷机的真空度要每天巡检、记录，保持真空泵供电，保证真空度维持在规定的范围内；

② 空调停机越冬期间，要放空制冷主机内的积水，空调冷媒水与冷却水管道系统内要保持满水湿保养，只放空有结冻可能的部分管内存水，以免结冻损坏管道；

③ 对制冷机、制冷工质、润滑油及各种安全保护装置进行专业维修保养、测试、调整，使其达到标准要求；

④ 对冷媒水、冷却水系统进行冲洗，对水质进行检验、处理，以防系统内堵塞、结垢或腐蚀；对循环泵、冷却塔、水处理设备、管道、阀门等进行维修保养，使其完好；

⑤ 校验和调整各类仪器仪表，保持其测量准确；

⑥ 对空调末端设备（空调机组、风机盘管等）及风系统进行维修保养，提高其使用效率；

17）在空调设施设备管理中要特别注意以下几个问题：

① 空调房间空气参数的设定一定要科学合理，在满足用户基本需求的前提下，要考虑能源的消耗，如夏季室内温度尽量设定在26℃以上，冬季设定在18℃为宜；

② 新回风比例的调节和运用，主要是：在利用室外新风就能满足空调房间冷热需求的情况下，一般就可以不开制冷机供冷或供热，只开风机送新风；在空调正常供冷（热）期间，一定要关闭空调房间的外门窗，并一定要送新风，这样一方面能满足空调房间内空气的含氧量，满足空调房间的卫生要求，还可以始终保持空调房间处于正压，以减弱室外空气的侵扰，保证空调效果高水平；在空调过渡季节内，要随时调节新回风的比例，实现最佳运行；在设计配备有新回风热能量回收装置的空调系统中，要充分利用，提高冷热源的回收率。

（2）用户分体空调管理

具体包括以下内容：对分体空调的管理，主要是在业主或用户安装分户空调时，提供技术支持或指导。

1）用电负荷的计算和供电线路的匹配；

2）安装位置和方式的选定，主要考虑空调效率、建筑物外观的美观统一、空调安装的安全性、噪声和冷凝水排放对环境的影响等内容；

3）根据用户需求，向用户提供空调设施设备清洗、维修的有偿服务。

4. 给水排水系统管理的内容、方法、要求及注意事项

给水排水设施设备管理主要分为供水设施设备管理、中水设施设备管理和排水设施设备管理。

（1）综合管理

1）组建给水排水专业技术队伍，负责物业服务区域内室内外给水排水设施设备的运行管理和维修保养工作；

2）建立给水排水设施设备运行管理、水质管理和维修保养管理制度及设施设备安全操作规程，并严格执行，确保设施设备、用水安全；

3）完善给水排水工程技术档案，特别是隐蔽管线和水质检验的管理资料，以便随时查阅；

4）配备必要的工具、安全防护用品，准备相应数量的零配件和易损易耗品；

5）完善紧急情况的应急预案，及时有效地处理紧急事件。

（2）供水设施设备管理

1）制订供水、用水计划，保证供水水压、水质符合标准、满足需求；如需限水、停水，必须提前通知用户；

2）按规定巡检和记录供水设施设备运行情况，随时调整运行参数，排除设施设备、系统故障，避免事故发生，确保安全运行；

3）做好供水设施设备日常保养，包括清扫、润滑、调整，保持设施设备、机房卫生、通风、照明、防火、防水淹、防污染措施完好；

4）二次供水水箱、水池必须加盖、上锁，以防污染和投毒；按规定定期进行水池（水箱）清洗、消毒、水质化验，确保水质达到国家饮用水卫生标准；

5）按计划对设施设备进行预防性维修保养，保证设施设备完好；

6）做好节约用水工作，防止跑、冒、滴、漏，实现节约用水；

7）对公共用水和保洁用水、绿化用水进行计量和测算，为物业管理成本测算提供数据。

（3）中水设施设备管理

1）严格按设施设备说明书进行运行操作，确保处理后的水质达到规定的标准，并保证设施设备安全；

2）每次中水处理都要进行水质化验，并做好记录，归档保持；

3）每次中水处理后都必须对设施设备进行彻底清洗，始终保持设施设备清洁；

4）中水处理的污物要及时清理，以防污染环境；

5）对中水处理设施设备按规定做好维修保养，确保设施设备完好。

（4）排水设施设备管理

1）对排水设施设备、管道、井渠要定期巡检，发现堵塞或损坏，要及时安排维修、疏通，确保排水畅通；

2）定期对排水系统进行疏通和清挖，雨季或冬季到来之前，要特别注意检查；

3）对机械排水设施设备要按规定进行巡检，发现问题及时排除，定期对其进行清理，以防堵塞；

4）对建筑屋面排水设施设备定期巡检、清扫、维护，确保排水设施设备完好、排水畅通。

（5）注意事项

1）应注意消防用水的基本储备；

2）北方地区应注意冬季管道防冻，避免发生水管冻裂爆管、漏水事故；

3）餐饮厨房的排水必须加设隔油池，杜绝油污水直接排入排水管道，一定要定期清理隔油池和化粪池，防止污水排放管道堵塞；

4）采用分流排放的排水系统要坚持雨水和污水分开排放，决不允许污水排入雨水系统。

5. 消防系统管理的内容、方法、要求及注意事项

（1）消防设施设备管理的基本要求

消防设施设备管理的方针是"预防为主，防消结合"。消防管理的工作目标是：防止火灾发生，保持消防设施设备完好有效、在准火灾状态下正常运行，发生火灾时能高效组织并有条不紊地全面开展灭火救灾工作。这就要求消防设施设备中的火灾自动报警与联动控制系统正常运行，各种灭火系统、设施设备、器材完好有效，消防专业人员和物业服务全体人员常备不懈，全面保障消防安全。

（2）消防设施设备管理的主要内容

1）配备消防设施设备主管技术人员，要求其具有较强的安全防范意识和工作责任心，同时掌握机电设施设备基础知识和实际操作经验，有必要的消防、灭火知识与技能，还要有培训和管理能力；

2）建立健全消防设施设备管理制度，并落实管理责任到人，消防监控中心设24h值班，值班人员培训合格才能上岗；

3）建立消防设施设备技术档案，包括消防设施设备分布、结构、性能、技术指标和图纸、使用说明书、测试数据等，还包括每次试验、测试的结果和数据，更换与改造记录等；

4）加强消防日常值班与巡检管理，做好值班、巡检、报警与处理、系统设施设备缺陷记录，并按规定上报；

5）消防监控中心接到火情报警，必须立即通知消防员赶赴现场处理，确定火情立即向上级报告，同时报119火警，并组织实施扑救；

6）建立消防设施设备检查、测试制度，具体内容按设施设备使用说明书和有关技术规范与标准编制，包括：

① 每日检查项目：消防水系统压力、水池、水箱水位是否达到标准，消防水泵、风机等灭火设施设备电源和启动控制在自动位置，消防通道畅通；

② 每周检查项目：各处消火栓是否损坏，水龙带、水枪是否在位；各处消防管道是否渗漏；各类灭火器是否完好；防火门、安全出口指示灯、疏散通道照

明是否完好;

③每月检查项目:消防水泵、风机每月试运行两次(15天一次),确保随时可远程启动;各类消防信号指示灯是否正常;各类水系统压力表是否完好;检查消防水泵、管道是否泄漏,消防备用电源是否正常,能否及时切换;

④每半年检查项目:检查各处灭火器是否有效;检查烟感、温感设备是否正常工作;进行消火栓、自动喷淋水灭火系统防水试验一次;进行各种消防报警按钮、报警组阀、警铃及指示灯试验一次;检查消防广播系统;对消防联动控制系统进行一次试验测试;自动喷淋系统管道和水池、水箱放水一次;进行气体灭火装置的检查测压;

⑤每年结合消防演习,对整个消防系统进行一次有效性检查,并对消防各设施设备的联动协调运行进行测试;

7)对消防系统日常巡检和测试发现的问题和安全隐患,必须在限期内整改完毕,并进行检查分析,采取措施避免问题再次发生;

8)对消防设施设备日常运行、维修、更换的成本进行测算,为物业服务费的收取提供数据。

(3)消防设施设备管理注意事项

1)和其他机电设施设备不同,消防设施设备大多数是在火警发生时才投入运行的长期待机设施设备,到实际使用时才发现故障并维修调整是不允许且来不及的,因此日常的巡检、试验、测试和及时维修是保证设施设备完好的基本手段。要高度重视日常管理,要针对以上工作作出科学合理的工作计划,并认真落实、做好记录,对发现的问题和隐患要有整改方案和时限。

2)消防综合演习是测试消防设施设备、人员技能和管理效果的最有效手段,它不仅能全面测试消防设施设备灭火时的运行情况,还可以训练和检测全体员工和物业使用人应对突发火灾和其他灾害的应急能力,最终检验物业管理处对消防管理的效果。因此,物业管理处一定要认真组织每年的消防综合演习。

6. 弱电(智能化)系统设施设备管理的内容、方法、要求及注意事项

弱电(智能化)系统设施设备管理分为中央控制室设施设备工作站管理、末端设施设备管理和综合布线管理三个部分。

弱电(智能化)系统设施设备管理主要是运行管理、维修保养和定期检测,确保设施设备完好有效,满足各种管理要求。

(1)综合管理

1)配备合格的专业工程技术人员和相应数量的值班工和维修工;

2)制定严格的运行制度及安全操作规程,并认真执行;

3)配备各种必要的工具、仪器仪表和安全防护用品、常用零配件和易损易耗品,并建立零配件供应渠道和供应商名册;

4)建立弱电系统技术档案;

5)定时进行设施设备巡检,记录设施设备运行状态参数,必要时及时调整,随时排除设施设备故障，确保设施设备安全、合理运行；

6）定期对系统进行检查与校验，确保系统完好有效；

7）建立火警、水灾、台风、地震等灾害时的应急预防措施；

8）有计划地对设施设备进行维修保养，保证设施设备清洁、完好、达标。

（2）中央控制室设施设备工作站管理

1）设立24h人员值班，及时发现各种隐患并迅速排除和报告，同时做好记录；

2）完善并认真执行中控室各项规章制度，严格按设施设备的安全操作过程进行操作，保证设施设备与人身安全；

3）严格执行交接班制度，落实责任到人；

4）做好室内卫生，保持各类工具、器材、防护用品、消防设施完好；

5）认真执行控制室出入各类规定，非工作人员不得进入，外来人员进入必须由管理人员带领，并认真登记。

（3）末端设施设备与综合布线管理

1）按规定定期对末端设施设备、系统进行巡检，发现问题及时处理；

2）定期进行有效性测试，掌握设施设备、系统状况，以便及时作出安排；

3）适时对设施设备进行维修保养，保证设施设备处于良好状态；

4）合理安排设施设备、系统修理、更新和改造，确保设施设备、系统完好。

（4）弱电系统管理注意事项

1）弱电系统在承接时必须做好查验，保证系统达标、合格；

2）注意保持弱电系统、设施设备的工作环境符合规范要求；

3）定期对系统、设施设备进行有效性测试，及时排除系统故障；

4）对老化、失效的设施设备或部件及时进行更换、改造，保持系统完好。

6.4 物业公共能源管理

6.4.1 物业公共能源管理概述

能源管理是指对能源消费过程的计划、控制和监督的一系列工作。物业公共能源管理是指物业项目的物业管理处对辖区内物业的共用部位、共用设施设备及场地在使用、维修中消耗能源的管理。物业公共能耗包括共用设备（供电、给水排水、电梯、消防、空调等设备）、设施（公共照明、景观等）运行、使用时的耗能以及绿化、保洁、施工过程中的能源消耗。

1. 物业公共能源管理的目的与意义

我国经济快速增长，各项建设取得巨大成就，但也付出了巨大的资源和环境代价，经济发展与资源环境的矛盾日趋尖锐，群众对环境污染问题反应强烈。只有坚持节约发展、清洁发展、安全发展，才能实现经济又好又快发展。同时，温室气体排放引起全球气候变暖备受国际社会广泛关注。进一步加强节能减排工作也是应对全球气候变化的迫切需要，是我们应该承担的责任。

（1）物业公共能源管理的目的

物业公共能源管理的目的是通过规范、有效的管理，达到合理用能、节能减排、降低能耗费用、实现绿色、生态建筑目标的要求，为业主创造价值，为企业创造效益，为人类社会造福。

（2）物业公共能源管理的意义

物业公共能源管理有利于节约能源，提高经济效益，保护生态环境，控制全球气候变暖，造福千秋万代。

2. 物业公共能源管理的内容、方法与要求

（1）落实法律法规、规章制度

汇编能源管理的法律法规和规章制度，如《中华人民共和国节约能源法》，国务院颁布的《民用建筑节能条例》《公共机构能源管理条例》以及地方政府颁布的《公共机构节能管理办法》等，制定完善的物业公共能源管理制度。

（2）编制物业项目公共能源管理规划

编制物业项目公共能源管理规划，主要包括：根据法规、标准及规范的要求，制定物业项目公共能源管理目标、组织架构、人员配置、管理流程和绩效考核办法等。

（3）编制物业项目公共能源管理计划

编制物业项目公共能源管理计划，主要包括：公共能耗项目、设施设备基础参数、能源统计标准、基础能耗统计分析、能源管理措施、实施责任落实等内容。

（4）物业项目公共能源管理实施

物业项目公共能源管理实施主要包括：

1）开展宣传培训，提高全体员工和用户依法用能、合理用能、节约能源的知识、意识和主观能动性；

2）加大能耗大户管理，如电梯、空调、供水、中水处理、照明等能耗管理；

3）做好能源管理措施的落实，促进节能减排；

4）推行节能采购，应用可再生能源；

5）做好能耗统计、汇总，进行数据对比分析；

6）对能耗问题进行整改，持续改进提高。

（5）能源绩效管理

根据能源管理目标责任书及能源管理时限成果，对管理责任人进行绩效考核。

（6）经验总结推广

每年底对物业项目能源管理的先进经验进行总结、宣传、表彰、推广，促进全企业、全行业共同提高。

6.4.2　节能与减排管理

节能与减排管理是指节约能源和减少环境有害物排放，加强用能管理，采取技术上可行、经济上合理以及环境和社会可以承受的措施，从能源消费的各个环节降低能耗，减少损失和污染物排放，禁止浪费，有效合理地利用能源，提高能源利用率，保护和改善环境，促进经济社会全面协调可持续发展。

1. 专业设施设备管理节能、减排

（1）供配电设施设备管理节能措施

1）合理优化高压线路设计，减少输配电线路损耗；

2）提高变压器利用率，减少空载损耗；

3）加强设施设备管理，及时调整设施设备运行参数；

4）利用低谷电价差，降低能耗费用；

5）提高供电功率因数，保障能源利用效率。

（2）用电设施设备管理节能措施

1）交流接触器节能运行——采用交流接触器无声运行技术；

2）变频器的优化运行——正确设置能够使变频器的运行更加合理，节能效率更高；

3）选用高效光源，使用高效节能型照明附件；

4）根据物业服务协议的约定和用户实际需求以及季节变化，合理调整照明灯开关时间；

5）正确选用不同区域的照明照度，合理控制照明电压；

6）控制照明电路中的高次谐波，合理确定开关的设置范围。

（3）电梯管理节能措施

1）加强电梯设施设备维修保养，提高运行效率；

2）合理设置电梯使用台数，减少空耗；

3）实行多台电梯群控，实现合理运行。

（4）空调系统管理节能措施

1）根据天气变化和用户需求，制定科学合理的空调运行方案；

2）合理设置空调房间空气状态参数，避免空气过冷、过热；

3）充分利用新风，在满足空调需求的情况下，不供冷、热源，只开风机送风；

4）及时利用空调系统的热能回收装置，扩大热能回收率；

5）合理调整空调新回风比例，降低冷、热源消耗；

6）加强设施设备维修保养，提高设施设备运行效率；

7）及时对空调水管道系统清洗、除垢，降低热阻系数，提高传热效率；加强系统、管道维修，减少跑、冒、滴、漏；做好系统设施设备、管道保温，减少系统热损失；

8）及时清洗、清扫空调风过滤网、风管等，降低送风阻力；

9）及时调整冷、热源主机的运行参数，在满足用户需求的情况下，适当提高制冷机的蒸发温度，提高制冷效率；适当扩大空调水系统温差，降低水循环设施设备耗能；

10）充分利用空调系统智能化设施设备，实现科学的自动化调节；

11）合理设置空调供冷水温度，尽量避免系统产生冷凝水；有条件的地方可以进行冷凝水回收利用；

12）定期对空调设施设备、系统的运行效率进行测定，综合评价系统、设施设备效率，以便及时进行改进。

（5）给水排水系统管理节能措施

1）根据用户需求，合理安排供水运行设施设备数量；

2）合理设置变频供水、气压稳压供水系统压力，避免超高压运行，降低能耗；

3）加强设施设备系统维修保养，提高设施设备运行效率，减少系统跑、冒、滴、漏；

4）提高跑水、爆管漏水事故的应急处理能力，尽量减少损失；

5）热水供应要合理设置供水温度，做好管道保温，降低热能消耗；

6）充分利用建筑中水设施设备，提高中水利用率。

（6）物业减排管理措施

1）充分利用减振降噪设施，减少噪声污染；

2）严格管理有害物质排放，减少环境污染；

3）合理进行废物再利用，降低费用。

2.技术改造节能、减排

利用新技术、新工艺、新材料进行技术改造，实现节能、减排目的，主要包括：

（1）利用高效率的机电设备改造老设备，提高设备使用效率；

（2）合理利用变频技术，实现随系统负荷变化的无级调节能力，降低能源消耗；

（3）通过新技术利用电梯储存的势能、动能，有效降低电梯耗能；

（4）利用国家电网谷峰电费差价政策，应用冰蓄冷、蓄热技术，降低供冷、供热能耗费用，提高电网运行效率和社会效益；

（5）广泛推广应用空调热泵技术，提高空调系统效率和能源利用率；

（6）提倡推广低温地板辐射采暖技术，综合利用太阳能和热泵技术，实现节能环保供暖；

（7）进行空调大温差、小流量加变频技术改造，有效降低空调系统能耗，提高系统效率；

（8）进行新光源和太阳能利用，改造老照明光源，降低照明耗能；

（9）利用雨水回收技术，节约公共水耗；

（10）利用太阳能热水器，减少热水能耗；

（11）推广楼宇设备智能化控制技术，实现楼宇设备智能化控制，有效节约能源。

3. 合同能源管理

合同能源管理（EMC）是指合同能源管理公司（ESCO）通过与客户签订能源服务合同，由自己承担风险为客户提供节能改造的一整套服务，并从客户节能效益中收回投资和取得利润的一种商业运作模式，其实质就是一种以减少能源费用来支付节能项目全部投资的运营方式。

物业管理要充分利用合同能源管理模式来进行物业项目的节能减排技术改造，最终实现节能减排的目标。

本 章 小 结

物业设施设备是指房屋及附属于房屋建筑的各类设施设备的总称，它是构成房屋建筑实体不可分割的有机组成部分，是发挥物业功能和实现物业价值的物质基础与必要条件。物业设施设备主要分为：房屋与设施、强电系统、电梯升降系统、空调系统、给水排水系统、消防系统及弱电系统等。

物业设施设备管理是物业服务企业根据物业服务合同的约定和有关规定，运用先进的技术手段和科学的管理方法对房屋及各种设施设备进行维护、保养、维修的专业行为。

房屋按结构的类型和材料可分为砖木结构、混合结构、钢筋混凝土结构和其他结构；按用途可分为居住、商用、工业、办公、公共和其他建筑等类型。

根据各类房屋的结构、装修、设施设备等组成部分的完好、损坏程度，房屋的完损等级划分为：完好房、基本完好房、一般损坏房、严重损坏房、危险房五个等级。

共用设施设备管理包括使用与运行管理、状态管理、维修保养管理等主要内容。

物业公共能源管理是指物业项目的物业管理处对辖区内物业的共用部位、共用设施设备及场地在使用、维修中消耗能源的计划、控制和监督等行为。

复习思考题

1. 何为物业设施设备管理?

2. 物业设施设备包括哪些系统?

3. 试述房屋共用部位、共用设施设备与场地管理的内容。

4. 房屋的完损等级是根据什么评定的? 分为哪几个等级?

5. 共用设施设备管理有哪些主要内容?

6. 物业公共能源管理有哪些主要内容?

7

公共秩序与
环境管理

本章要点及学习目标

掌握公共秩序管理服务的内容与要求。

熟悉保洁管理的工作内容、工作方法与要求及注意事项。

熟悉绿化管理的工作内容、工作方法与要求及注意事项。

7.1 公共秩序管理服务

7.1.1 物业服务企业维护物业服务区域秩序的义务

物业服务企业对所管区域安全和秩序维护的义务既包括法定义务也包括约定义务。《民法典》第九百四十二条规定，物业服务人应当按照约定和物业的使用性质，维护物业服务区域内的基本秩序，采取合理措施保护业主的人身、财产安全。对物业服务区域内违反有关治安、环保、消防等法律法规的行为，物业服务人应当及时采取合理措施制止、向有关行政主管部门报告并协助处理；《物业管理条例》第三十五条规定，物业服务企业应当按照物业服务合同的约定，提供相应的服务。物业服务企业未能履行物业服务合同的约定，导致业主人身、财产安全受到损害的，应当依法承担相应的法律责任。

1. 业户违反物业服务区域秩序的主要表现

物业服务区域秩序需要全体业主共同遵守才能得到良好的维护，在物业管理活动中，总有个别业主缺乏法制观念，道德意识淡薄，为个人利益违反物业管理秩序，损害其他业主的合法权益。常见的业主违反物业服务区域秩序的行为主要包括：① 侵占公共场地，私搭乱建，损害居住环境；② 违规装修，拆改房屋结构和设施设备，造成财产损害和安全隐患；③ 安装设施设备，侵犯相关业主的正当权益；④ 违反规定饲养宠物，损害环境，影响相邻业主生活；⑤ 经营活动污染环境、噪声超标，给相邻业主生活与经营造成损害；⑥ 使用房屋、阳台荷载超标，给相邻业主造成安全隐患；⑦ 使用房屋大量存放易燃、易爆、有毒等危险物品，给相邻业主造成安全隐患；⑧ 占用房屋共用露台、门厅或公共通道，影响他人使用和通行；⑨ 阻挠、妨碍或者拒绝配合物业服务企业实施正常的房屋修缮，损害相关业主正当权益；⑩其他损害公共秩序和违反管理规约及物业服务区域规章制度的行为。

2. 维护物业服务区域秩序的主要方式

为维护物业管理活动的正常秩序，《民法典》和《物业管理条例》规定了对物业服务区域内违反有关治安、环保、消防、物业装饰装修和使用等方面法律法规的行为，物业服务企业应履行如下义务：

（1）履行告知义务

业主对在物业服务区域内应当遵守哪些制度、如何进行各项活动享有知情权。物业服务企业对于《业主临时规约》《业主规约》《房屋及设备设施使用说明书》，以及关于房屋装修、环境卫生、绿化等公共秩序的规章制度，应当利用业主入住通知、公告栏、各种宣传资料等形式，向业主广泛宣传告知。业主需要装饰装修房屋的，物业服务企业应当将房屋装饰装修中的禁止行为和注意事项告知业主。

（2）履行防范义务

物业服务企业应当科学评估安全环境，及时发现、减轻或消除物业服务区域可能发生的安全隐患，采取必要合理的措施（提示警示、值守、监控、围护、隔离、投保等）防止各类安全风险事故发生，或在发生时能及时控制或消弭风险，减少或消除损失。

（3）履行制止义务

对已经发生的业主违规行为，物业服务企业必须履行管理职责，通过劝告、批评教育等方式制止业主的违规行为。值得注意的是，《民法典》《物业管理条例》只为物业服务企业设定了一项制止义务，并没有赋予物业服务企业行政执法权。因为物业服务企业接受的是全体业主的委托，维护全体业主的利益，在物业服务区域内发生这些违法违规行为，侵害的正是全体业主的利益，作为管理服务人，物业服务企业应当有义务予以制止。也就是说，这里的制止更多的是一种义务而不是权利。同时，物业服务企业的制止义务是有限度的。

（4）履行报告义务

对一些违法违规行为，例如入室盗窃行为，物业服务企业可能能够制止；而对一些违法违规行为，例如擅自改变房屋用途行为，物业服务企业可能无法制止，因为没有相应的手段。这时物业服务企业应当做的是及时向有关主管部门报告。例如，对侵占公共场地、私搭乱建、损害居住环境的行为，应当向规划管理部门报告；对违规装修房屋、擅自拆改房屋结构和设施设备的，应当向房屋管理部门报告；对大量存放易燃、易爆、有毒物品的，应当向公安管理部门报告；对私自拆改煤气、燃气的，应当向市政管理部门报告并通知燃气管理单位等。

为及时解决违法行为，防止有关行政主管部门的不作为，《物业管理条例》强调，有关主管部门应当及时处理物业服务企业的报告。按照这一规定，如果物业服务企业报告之后相关主管部门不予理睬，属于行政不作为，应当承担相应的法律责任。例如，物业服务企业发现某业主在装修房屋过程中有擅自改变房屋主体结构的行为，于是向当地主管房屋装修的政府部门报告，但主管部门在接到报告后没有采取相应措施。按照《物业管理条例》第六十七条的规定，对主管部门工作人员发现"违法行为不予查处"这一行为构成犯罪的，依法追究刑事责任；尚不构成犯罪的，依法给予行政处分。

3.业主违反物业管理秩序的法律责任

物业服务企业认真履行告知、防范、制止、报告四项义务后，对于故意违规业主，并给其他业主造成损害后果的，依照《民法典》关于相邻权的规定及相关法律规定，由违规业主承担侵权责任，物业服务企业不承担物业服务合同的违约责任。

《民法典》第二百八十八条规定，不动产的相邻权利人应当按照有利生产、方便生活、团结互助、公平合理的原则，正确处理相邻关系。若因不当行为给相邻方造成妨碍或者损失的，应当停止侵害，排除妨碍，赔偿损失。

《住宅室内装饰装修管理办法》规定：因住宅室内装饰装修活动造成相邻住宅的管道堵塞、渗漏水、停水停电、物品毁坏等，装修人应当负责修复和赔偿；属于装饰装修企业责任的，装修人可以向装饰装修企业追偿；装修人擅自拆改供暖、燃气管道和设施造成损失的，由装修人负责赔偿；装修人因住宅室内装饰装修活动侵占公共空间，对公共部位和设施造成损害的，由城市房地产行政主管部门责令改正，造成损失的，依法承担赔偿责任。

现实生活中，少数业主不遵守物业管理秩序，给其他业主人身、财产安全造成损害的情况时有发生。在违规业主不听从物业服务企业劝告的情况下，有些业主从维护物业管理秩序角度，执意要求物业服务企业必须制止业主的违规行为是不合理的。这种情况下，物业服务企业应当向受害业主说明履行管理服务义务的情况，同时动员受害业主通过行政投诉或司法起诉手段维护自身合法权益。

7.1.2 物业服务区域的安全防范协助义务

1. 物业服务企业在安全防范中的义务

《物业管理条例》第四十六条第一款规定，物业服务企业应当协助做好物业管理区域内的安全防范工作。发生安全事故时，物业服务企业在采取应急措施的同时，应当及时向有关行政管理部门报告，协助做好救助工作。其中，首先强调了物业服务企业在安全防范工作中的地位是协助相关主管部门做好安全防范工作，而不是对物业管理区域内的安全防范工作全面负责。其次，在发生安全事故时，要求物业服务企业履行三项义务：

（1）发生安全事故时要立即采取应急措施，避免扩大损失。例如发生火灾，应当及时拉断电源并采取灭火措施；发生犯罪案件，物业服务企业应当积极配合公安机关抓捕罪犯。

（2）及时向有关行政管理部门报告事故。火灾向消防部门报告；燃气爆炸向市政部门报告；刑事案件向公安部门报告；工程事故向原建设主管部门报告；物业管理方面的事故向物业主管部门报告等。

（3）协助做好救助工作。协助抢救受害人员和财产，协助做好各方面的善后工作。

为了尽到安全防范义务，物业服务企业应当自觉接受公安机关的监督指导，建立一套科学的安全防范管理制度，明确细化职责，建立考核奖惩激励机制，提高安全防范能力和水平。具体而言，物业服务企业应当根据物业服务区域的特点，合理布岗，加强巡逻检查，发现有犯罪嫌疑的人员和易燃易爆、剧毒、放射性等危险物品，或发生刑事、治安案件和各类灾害事故，必须立即报告公安机关及有关部门，并协助做好调查和求助工作。对安全防范设施、消防设施要认真检查、维修养护，检查情况要有记录，发现的安全隐患问题物业服务企业要及时反映，配合有关部门认真整改，确保设施的运行。经开发建设单位或业主同意，物业服务企业可以建设并完善物业服务区域安全防范设施，主要包括远红外周边报警系统、电视摄像监控系统、电子巡更系统和门禁对讲系统，实现技防、物防和人防紧密结合，相互促进。在日常管理服务中，对装饰装修房屋的，物业服务企业应当事先告知房屋装饰装修的禁止行为和注意事项，协助有关部门进行监督检查。对在楼梯间、走廊通道等共用部位堆放杂物的，物业服务企业应当依据物业管理制度及时予以处理。对违章搭建的，要配合有关部门予以拆除。物业服务企业应当主动配合公安派出所对居民住宅区的不安定因素进行重点防范，配合居民委员会开展精神文明建设和治安宣传、教育、动员、服务等活动。同时，物业服务企业必须增强全员服务质量意识，建立健全质量保证体系和规范自身服务行为的约束机制，为业主和使用人提供质价相符的服务。

2. 物业安保人员的职责

在实践中，物业安保方面出现的问题较多，各方面反映比较强烈。有物业安保人员不履行或者不按照合同约定履行安保职责，导致业主的人身、财产受到不必要的损失的；也有物业安保人员乱用"职权"殴打业主的。出现这些问题，原因是多方面的：有物业服务企业方面的原因，例如聘用未经培训的民工充当安保，缺乏对安保的管理和约束机制；有安保人员方面的问题，例如有些安保人员素质较低，不具备相应的能力；也有业主方面的原因，例如个别业主蛮不讲理，提出不合理的要求；还有管理部门的原因，例如有关部门对小区安保人员的违法失职行为监管不力，没有有效的措施。为了解决物业安保中出现的种种问题，《物业管理条例》第四十六条第二款规定：物业服务企业雇请安保人员的，应当遵守国家有关规定。安保人员在维护物业服务区域内的公共秩序时，应当履行职责，不得侵害公民的合法权益。目前，有不少物业服务企业不雇请专业保安，而在企业内设立公共秩序协管员，来维护物业管理相关区域内的秩序和协助做好安全防范工作。

物业安保人员的主要职责是维护物业服务区域内的公共秩序，为业主提供良好的生活环境。按照有关规定，物业安保人员执行任务时，必须着统一的安保制式服装、佩戴统一的安保专用标志（包括帽徽、胸牌、臂章、肩章、级别标识等）。安保人员在值勤巡逻中遇到正在实施的不法行为时应迅速制止；在门卫勤务中，当发生群体性事件干扰、破坏客户单位正常生产、生活、工作秩序时，应将有关情况及时报告客户单位或当地公安机关。同时，物业安保人员不得剥夺、限制公民人身自由；不得搜查他人身体或者扣押他人合法证件、合法财产；不得辱骂、殴打他人或者教唆殴打他人。

此外，2009年10月，国务院颁布《保安服务管理条例》，其中第二条将"物业服务企业招用人员在物业服务区域内开展的门卫、巡逻、秩序维护等服务"纳入《保安服务管理条例》的调整范围。因此，物业服务企业在招用秩序维护员为物业服务项目提供秩序维护服务时，还应当遵守《保安服务管理条例》的相关规定。

7.2 保洁管理

7.2.1 保洁管理的工作内容

1. 室外公共区域清洁

室外公共区域的清洁工作以扫、捡、洗等为主，清洁工作的好坏直接影响一个物业的形象，对居民的生活及环境的美化具有很大的影响。室外公共区域的清洁具有工作相对简单、技术要求不大、跟踪清洁要求较高等特点。在清洁时间上，室外公共区域要求每天在早上业主出门前先全面清扫一次主要道路，避免在业主出门时因清洁道路对业主造成影响。在业主出门活动后主要对道路上新产生的垃圾等进行及时的跟踪保洁，并对绿地、游乐场所、水池景观、停车场、天面、排水沟等不易对业主造成影响的地方进行清洁。室外公共道路每天应全面清扫1~2次，并对道路及绿化地等进行跟踪巡查，及时清除道路及绿地上的垃圾杂物。对于铺装道路应定期（半个月至一个月一次）用水进行清洗，而沉沙井、雨污水井及天面等则应每周进行一次全面清洁。

2. 室内公共区域清洁

室内公共区域清洁包括大堂清洁、楼梯及公共走道清洁、墙面清洁、电梯及卫生间清洁等。室内公共区域的清洁对象涉及玻璃、地毯、各种石材、各种金属、木材、水泥及其他各种建筑装饰材料等，材料的物理、化学性质各不相同，它们的污染性质及对清洁剂的要求与承受能力也各不相同，因而其清洁的工艺及原理也各不相同。室内公共区域清洁除了常规的清扫、清抹外，更多的是对清洁对象如石材、木地板、地毯等的保养工作。因而，室内清洁工作涉及打蜡、抛光、晶面处理、洗地、地毯清洗、玻璃清洁、金属制品清洁等多个工艺。

3. 垃圾收集与处理

垃圾收集与处理包括日常垃圾收集、装修及施工垃圾收集、垃圾分类、垃圾处理及垃圾场（桶）清理等。

装修垃圾及施工垃圾应由施工单位自行每日清除清运，对于集中装修的新入伙小区，可由物业公司在小区较偏僻的地方划出一块区域，各家装修垃圾统一清运到该处，然后由物业公司派清洁队伍每天统一清运到指定的市政填埋场，其费用在办理装修手续时由各装修户按一定标准支付。

物业公司每天在指定时间对各楼层的垃圾进行收集后统一进行分类处理，再清运到指定处理场。同时，在小区内适当区域设立一定数量的果皮箱，供居民在公共区域投放少量垃圾、果皮时使用，清洁人员每天定时对果皮箱进行清理。多层楼宇可在小区楼下适当位置摆放适当的垃圾桶或垃圾池统一收集垃圾，亦可定时上门收垃圾后统一清运。摆放于公共区域的垃圾桶或垃圾池应尽量做到封闭，并且周围用瓷砖做好硬化措施，每天做好垃圾桶（池）的清洗，保证垃圾桶（池）及其周边的清洁卫生，不产生异味，不滋生蚊蝇老鼠，不对周边环境造成影响。

4.管道疏通

管道疏通是物业管理清洁工作的重要内容之一，它包括雨水管道疏通、公共污水排水管道疏通及化粪池、隔油池的清理等。雨水管道要求雨季期间最少每月全面检查疏通一次，将管道内积存的泥沙杂物、杂生植物等及时清除，确保下大雨时雨水能及时排出。公共污水排水管道疏通主要是各楼排污主管的弯头、排污管落地处到污水井间及小区污水系统到市政污水系统间等管道的清疏。对于已正常入住多年的小区，要求每月对各排污管道的弯头处用高压水进行一次疏通，如果流水不畅，可用专业疏通设备进行疏通，确保其通畅。而对于新入伙尚处于装修高峰期的小区，则必须每半个月对所有排污主管进行一次彻底清疏，以防止装修材料掉到管道内将管道堵塞造成污水返冒现象。对于小区内的化粪池，应每月进行检查，并每半年清掏一次。由于化粪池的处理会对周围居民造成一定影响，因此清掏时必须迅速并且事先向相关居民发出通知，让居民做好相关准备。

5.外墙清洗

外墙的装修材料有花岗岩、马赛克、玻璃、铝合金、不锈钢、各种外墙涂料等。这些装饰材料在长期的日晒雨淋、有害气体腐蚀及灰尘吸附之下，会逐渐氧化、变脏、变色等，从而失去原有的光泽、老化，导致物业贬值。为了使其保持亮丽的外观，使物业保值、升值，则应定期对外墙装饰面进行清洁保养。

6.游泳池清洁

游泳池是小区居民锻炼及游乐的场所，其水质及水池卫生的好坏对小区居民的身体健康有极大的影响。游泳池一般通过循环过滤系统及日常清洁、加药消毒等对游泳池及水质进行卫生保洁处理，确保水质清澈、卫生。由于游泳池卫生要求高、水处理专业性强，为了保持游泳池水质量能达到国家标准，必须每天对游泳池水进行pH值、余氯、水温、混浊度等检查，每月对大肠杆菌进行检测，发现不符合标准及时进行纠正。

7.清洁拓荒

清洁拓荒是指在施工结束后正式交付使用前，由清洁公司对整个区域进行一个彻底的全面清洁，使环境达到日常使用的清洁水平，从工地状态转为日常使用状态的一个清洁过程。清洁拓荒往往时间比较紧迫，工作量大，涉及各类清洁对象及各种污渍，有些还需要对清洁对象进行首次保养，对清洁技术的要求比较高。

7.2.2 保洁管理的工作方法与要求

1.保洁卫生管理制度的建立

保洁卫生管理制度主要包括：

（1）各岗位的岗位职责；

（2）各项保洁工作的标准操作工艺流程；

（3）各个岗位的操作质量标准；

（4）保洁质量检查及预防、纠正机制；

（5）员工行为规范等相关管理规章制度；

（6）保洁绩效考核制度等。

2.保洁卫生质量管控方法

（1）明确不同区域保洁频次、质量标准及其指标体系

不同的物业服务区域由于其清洁对象材料、形状、使用频度等不同而需要采取相应的操作方法及频次，有不同的质量要求，需针对不同区域制定针对性的质量标准及其指标体系。

（2）完善保洁质量考核机制

保洁质量考核机制包括合同质量标准条款约定、日常巡查质量统计方法、奖惩标准及额度等。

（3）不同类型物业日常保洁检查重点

保洁工作日常管理由日检、月检及专项抽检组成，其中日检应覆盖小区主要室内外公共区域。检查的主要部位有：建筑物的内外墙角、地面、天花、天台、道路、停车场、公共区域门窗、扶手、电梯、室外沙井、沟渠、垃圾桶及垃圾处理场所等。

3.物业保洁管理模式

物业保洁管理模式大致可分为外包管理及自行作业两大类。外包是将清洁工作交由专业清洁公司具体实施，物业公司仅配备监管人员；自行作业是由物业服务企业自行招聘清洁工在物业服务区域内自行实施清洁服务工作。在管理中，外包模式的管控重点是监督检查外包清洁公司的工作质量并按合同对其进行考核与管理，而自行作业模式除了要监督检查清洁工作质量外，更加要注重对清洁操作技术及清洁流程的管控。

7.2.3 保洁管理的注意事项

1.安全生产

（1）高处作业安全

1）高空作业人员须身体健康且经专业培训后持证上岗，严禁酒后、过度疲劳及情绪异常时登高作业；

2）高处作业须在合适的气候环境下操作，风力过大、雨雪天、夜间不适合进行高处作业；

3）高处作业须正确佩戴安全带、保护绳、安全帽，并且所有安全保护装置在每次使用前必须全面检查，确保符合安全要求；

4）高处作业必须有专门的安全防护及监督人员。

（2）药物使用安全

1）清洁药剂根据不同的清洁对象做好分类存放，并且每类药剂上必须有清

晰的药剂名称、使用方法、适用对象、稀释倍数等说明；

2）强腐蚀性、强挥发性、易燃易爆类、具毒性等危险药物必须单独存放于危险品仓库，并由专人进行保管；

3）药物存放处必须做好防火、防爆、防腐蚀、防中毒的相应措施，确保安全；

4）所有药物必须建立完善的进、出、存、销登记制度；

5）药物在不同的清洁对象上使用必须严格按说明浓度做好配比，新药物或新清洁对象使用药物须先进行局部试验，没问题后方可大面积使用；

6）稀释药物时，应将浓液往稀释液中倒，而不能将稀释液往浓液中倒；

7）使用药物时，须戴好相应的防护装置，避免药物对人造成伤害；

8）使用完的药物容器须回收，按环保要求进行处理，不可随便丢弃。

（3）机械使用安全

1）所有操作机械人员须经专门培训合格方可操作；

2）使用前须检查机械、电线、插头等有无损坏，电线与转动部分是否保持适当距离，用电场所有无水湿等情况，确保用电安全；

3）所有带转动装置的机械必须确保转动部位有完善的保护装置，避免将物品、人员等卷入；

4）使用洗地机、打磨机、扫地车等高速运转的设备时，须将机械周围物品及人员清离，避免造成损害；

5）所有机械设备应按使用说明进行操作，避免长时间运行，以免造成损害；

6）无人看守时须关闭所有机械设备；

7）蓄电池类设备在充电时应远离明火和电火花；

8）进行机械操作时，应戴好相应的防护装置，避免机械及药物对操作人员造成伤害。

（4）消防安全

1）所有清洁人员均应进行相关的消防知识培训，学会逃生及扑灭初起火灾；

2）所有贮存清洁药物、机械的地方均应使用防爆灯，并配备相应的消防设施设备；

3）清洁操作需使用电源时，须检查插头、电线等是否安全，避免连接不好起火；

4）清洁过程须注意做好对烟感、喷淋、报警器等消防设施设备的保护，不能造成损害。

（5）其他安全

1）清洁井下等密闭空间作业时，须注意做好通风及防爆工作，避免造成窒息及爆炸；

2）在交通道路及停车场进行保洁时，须穿着反光衣并做好警示，避免发生交通安全事故；

3）在有人员通过区域进行较大保洁作业时，应竖立警示工作牌，必要时做好隔离防护，避免对客户造成影响；

4）进行深水区域清洁时，须由会水性人员进行操作，并做好救生防护工作；

5）进行其他带危险性作业时，须做好相应的安全防护措施，避免发生安全隐患。

7.3 绿化管理

7.3.1 绿化管理的工作内容

1．绿化日常养护

日常养护工作是维护园林绿化优美景观、植物正常生长发育的基本保证。日常养护工作做得好，可以为植物的健康成长创造良好的环境条件，相反就会导致植物生长不良、抗性下降、易受病虫害的侵染，并最终影响园林景观质量。日常养护工作包括水分管理、清理残花黄叶、绿化保洁、杂草防除、植物造型与修剪、园林植物施肥、园林植物病虫害防治、草坪养护等。

2．园林绿化的翻新改造

在物业绿化管理过程中，经常会出现因原设计用植物不当导致植物退化、人为破坏园林植物、因工程需要临时挖掉一些植物及台风等自然灾害对植物造成破坏等情况。为了不破坏原植物景观，应对受破坏的植物及时补植。

3．绿化环境布置

绿化环境布置是指节假日或喜庆的特殊场合对公共区域或会议场所等进行花木装饰等布置。

4．花木种植

花木种植包括苗圃花木种植及工程苗木种植。苗圃花木种植是物业服务企业为了方便绿化管理而自建花木生产基地，用于时令花卉栽培、苗木繁殖及花木复壮养护等。花场花木种植工作包括时令花卉栽培、阴生植物繁殖与栽培、苗木繁殖、撤出花木复壮养护、盆景制作等。

5．园林绿化灾害预防

不同地方的园林景观特别是园林植物在使用过程中，每年不同的季节均会因自然灾害的影响或多或少地受到损坏，如寒害、台风灾害以及洪涝灾害、滑坡、旱灾等。为了减少自然灾害的影响，降低自然灾害造成的损失，应及时根据气候变化情况，在自然灾害发生前及时采取有效措施减少自然灾害的影响。

7.3.2 绿化管理的工作方法与要求

1．物业绿化管理模式

物业绿化管理根据不同物业公司管理方式、管理范围、管理目标及管辖范围内园林绿化情况和档次的不同而具有不同的管理模式。物业绿化管理的模式有完全自主管理模式、自己管理＋特种作业外包管理模式、子公司式管理模式及外判管理模式等几种。

2. 绿化管理质量管控方法

（1）建立健全绿化管理制度

绿化管理制度主要包括：

1）各岗位的岗位职责；

2）各项绿化工作的标准操作流程；

3）不同级别、不同植物养护的质量标准；

4）绿化质量检查及预防、纠正机制；

5）员工行为规范等相关管理规章制度；

6）绿化养护绩效考核制度等。

（2）编制管辖区域植物清册

为了充分了解管辖区域内绿化植物情况，以便更有效地实施管理，可根据开发建设单位移交的园林建设资料及现场调研情况，编制管辖区域的植物清册。清册内容应包括植物种名、数量、分布区域、植物照片、植物生长特性及养护要求等，并对主要植物制作并悬挂植物铭牌。

（3）区分日常工作和周期性工作

将绿化管理工作分成日常性的淋水、除杂、清除黄叶、绿化保洁等以及周期性的修剪、施肥、病虫害防治等工作，并将周期性的工作做好计划，按计划实施及检查。

（4）完善巡视检查机制

制定绿化巡视线路，并建立日检、周检、月验收及会诊等检查机制，完善检查记录及整改机制。

（5）建立植物养护工作预报机制

每月末由专业人员对下阶段园林植物病虫害趋势、天气趋势、植物生长趋势、杂生植物生长趋势等进行预报，并根据预报采取相应的措施，每月初对上月预报准确情况进行记录，并累积制定成符合当地实际情况的《园林绿化管理月历》，实现对园林绿化的预见性管理。

3. 绿化管理的基本要求

（1）保持植物正常生长

应加强对植物病虫害、水、肥的管理，保证病虫害不泛滥成灾，确保植物正常生长，没有明显的生长不良现象。

（2）加强枯枝黄叶的清理及绿化保洁工作

为了保证小区环境整洁及安全，应及时清除园林植物的枯枝黄叶，对园林绿地范围进行清扫保洁，每年要对大乔木进行清理修剪，清除枯枝。在灾害天气来临前还应巡视所辖物业园林树木，防止其对业主、物业使用人造成潜在危害。

（3）及时进行绿化植株改造

及时对妨碍业主、物业使用人活动的绿化植株进行改造，减少人为践踏对绿化造成的危害。如对交通道路行道树进行适当修剪，对因设计不合理而造成的对居民正常生活有明显影响的园路分布进行合理化改造。这样既方便业主、物业使用人，也减轻物业公司绿化补种的压力。

（4）创建社区环境文化，加强绿化保护宣传

对主要花木进行挂牌宣传，注明其植物名、别名、学名、科属、原产地、生长习性等方面的信息。引导业主主动参与绿化管理，使绿化管理达到事半功倍的效果。

7.3.3 绿化管理的注意事项

1. 早期介入关注点

为确保物业小区的园林绿化得到合理的规划、园林建筑及园林植物得到合理的设计与配置，减少由于规划设计及材料使用、施工等方面的不合理造成日后管理的困难，绿化管理需要在规划设计、施工、验收等阶段就对不同的重点进行介入。

（1）规划设计阶段：主要从物业管理的角度针对园路规划及设计合理性、科学性、实用性，园林植物品种的选择，园林树木的分布等提供参考意见，避免由于规划设计不合理而给日后的物业管理增加负担。

（2）施工阶段：主要针对一些隐蔽工程及给水排水、园林回填土材料、管线分布、园路施工等从方便实用的物业管理角度进行介入，提供参考意见，避免由于施工不当而将一些隐藏的问题带入物业管理阶段，增加物业公司的负担。

（3）园林竣工验收及物业综合验收阶段：主要从物业管理的角度对存在的问题提出整改意见，对物业管理存在的隐患进行最后清除，同时对植物品种进行核对清点，对植物生长状况进行评估，对园林建筑小品、园路、花槽花坛、园林资料等进行验收移交等。

2. 植物选材注意事项

植物选材应注意以下事项：

（1）生活居住公共区、人员活动密集区不宜选用有毒、有刺、重污染及水果类的植物品种；

（2）离建筑3m范围内不宜种植大型乔木；

（3）架空层、高大乔木下等荫蔽区域不宜种植阳性植物；

（4）沿海地区及强风地区不适宜选用根系较浅的大冠幅植物；

（5）北方地区东西走向道路不宜选用常绿植物做行道树。

3. 药物使用注意事项

药物使用应注意以下事项：

（1）绿化药物应做好分类存放，并且每类药剂上必须有清晰的药剂名称、使

用方法、防治对象等说明，严禁药物流失到无关人员手中；

（2）绿化药物必须由专人进行保管并建立完善的进、出、存、销登记制度；

（3）药物存放处必须做好防火、防爆、防腐蚀、防中毒的相应措施，确保安全；

（4）药剂的用量及稀释倍数应遵循药物使用说明；

（5）宾馆、酒楼、会所、商场、写字楼、学校等人员集中地、餐饮场所、食品生产及贮藏场所等禁用剧毒或强刺激性药剂，施用时间应避开人流高峰期；

（6）施药人员应穿戴手套、口罩、眼罩及长衣长裤，施完药后应彻底洗漱后方可进食；

（7）进行药物喷雾时，施药人员应站在上风口施药，且下风口应无其他人员；

（8）未施完的药及已用完的药瓶、药袋、药具等，严禁到处乱扔乱倒，不允许倒入河、湖等水域，应集中收集处理；

（9）发生药物中毒，应及时将中毒者及其所接触药物送医院检查治疗；

（10）施药后2～4h应对所施药的植物进行观察，发现植物有药害现象应立即用水冲淋以减轻药害。

4. 机械使用注意事项

机械使用应注意以下事项：

（1）所有机械、工具使用前均应检查一次，检查发现缺油、螺钉松动等小问题应自己解决并做好记录，对于较大故障无法自己解决的，报请专业技术人员进行检修；

（2）所有机械、工具入仓前均应做好机身内外清洁卫生工作；

（3）机器技术员每年12月20日前将所有机器检查一次，将下一年内有可能损坏的部件列清单做好记录，并预先购买一定数量的相关配件；

（4）所有机械、工具均应至少每月检查保养一次，检查发现问题，及时请专业技术人员进行检修；

（5）使用绿化机械进行操作时，应确保工作区域内没有非相关人员，确保安全；

（6）非专业技术人员不应擅自拆装绿化机具。

本 章 小 结

物业公共秩序管理是指物业服务企业在依法履行自身安全生产责任的同时，在物业服务区域内根据相关法律法规、管理规约和物业服务合同的规定，对业主和物业使用人以及出入物业服务区域的人所进行的公共安全防范和秩序维护等管理活动。具体包括公共安全防范管理、消防管理、突发事件应急管理、车辆停放管理、业主和物业使用人对建筑物不当使用行为和不当毁损行为的管理、相邻业主和物业使用人生活妨害行为的管理等，以及协助和配合建设规划、环境卫生、公安消防等行政主管部门对物业服务区域内的违法违规行为进行查处。

保洁管理是指物业服务企业通过执法检查、履约监督、制度建设和宣传教育等工作,进行物业环境整治、维护、服务工作的总称。保洁管理的主要工作范围包括室外公共区域清洁、室内公共区域清洁、垃圾收集与处理、管道疏通、外墙清洗、游泳池清洁及清洁拓荒等。

绿化管理的主要内容包括绿化日常养护、园林绿化的翻新改造、绿化环境布置、花木种植及园林绿化灾害预防等。

复习思考题

1. 什么是物业管理中的公共秩序管理服务?其包含哪些主要工作内容?

2. 试述保洁管理的工作内容。

3. 试述绿化管理的工作内容。

8

物业管理风险
防范与应急管理

本章要点及学习目标

理解风险的概念和构成要素。

熟悉物业管理风险的类型。

熟悉物业项目风险的应对。

熟悉物业管理保险的类别。

熟悉物业管理紧急事件处理过程。

物业管理涉及关系复杂，风险无时无处不在。物业管理风险如果不妥善合理地加以防范，在一定条件下就有可能演化为突发的、影响比较大的紧急事件。因此，物业管理风险的合理防范和突发紧急事件的有效处置，是物业服务企业普遍面临且无法回避的问题。

8.1 物业管理风险的类型及防范管理

8.1.1 风险的概念和构成要素

风险是指在某一特定环境下，在某一特定时间段内，某种损失发生的可能性。此定义给出了构成风险的三个特征：风险的负面性、风险的不确定性、风险的可测性。不确定性是风险的一个必要条件，但不是充分条件。只有具有不利影响事件的发生，会对企业的价值带来损害的，才是风险。因此，风险是由风险因素、风险事故和风险损失三要素组成。三者的关系为：风险因素的增加导致风险事故发生的可能性增加，而风险事故的发生可能导致风险损失的出现。

8.1.2 物业管理风险的类型

物业管理风险是指物业服务企业在服务过程中，由于企业内部或企业以外的自然、社会因素导致的可能由物业服务企业承担的意外损失。

根据不同标准或参照物，可对物业管理风险内容进行如下分类：

（1）按照损失的性质划分，包括纯粹风险与投机风险。例如，房屋所有权人遭受火灾损失，该种风险只有损失机会而无获利机会，属于纯粹风险；而市场租金对于租赁物业来说，既有损失机会——租金下跌，业主利益受损，也有获利可能——租金上涨，业主因此获利，属于投机风险。

（2）按照风险的对象划分，包括财产风险、责任风险和人身风险。

（3）按照风险发生的原因划分，包括自然风险、社会风险、政治风险、经济风险和技术风险。

（4）按照风险影响的程度和范围划分，包括基本风险和特殊风险。

（5）按照物业管理服务的不同阶段划分，包括早期介入的风险、前期物业管理的风险和日常物业管理的风险。

其中，按照风险的行为主体分类，可包括业主（或物业使用人）在使用物业和接受物业服务过程中的风险、物业项目外包方服务过程中的风险、市政公用事业单位服务过程中的风险、物业服务企业员工服务过程中的风险和公共媒体宣传报道中的舆论风险等。

以下就物业管理服务各阶段存在的风险进行具体阐述。

1. 早期介入的风险

早期介入的风险主要包括项目接管的不确定性带来的风险和专业服务咨询

的风险。

（1）项目接管的不确定性带来的风险

有的物业服务企业在还没有确定取得项目接管权的时候，就投入较多的人力、物力和财力，但因为种种原因最终未被建设单位选聘，物业服务企业不仅蒙受人、财、物的损失，企业的品牌形象也受到了损害。

（2）专业服务咨询的风险

早期介入涉及面广、时间长、技术性强、难度高，当物业服务企业不具备足够的具有相当专业技术能力和物业管理操作经验的人员全过程参与时，难以发现在项目规划设计和施工等方面存在的隐患和问题，其提供的专业咨询意见和建议也可能出现不足和偏差。此外，如果不能与建设、施工和监理单位有良好的沟通和配合，早期介入提出的合理化建议将得不到重视和采纳。以上两个方面都有可能导致物业建成后管理运作中的一定风险。

2. 前期物业管理的风险

前期物业管理的风险有许多方面，但最主要的是合同风险。合同风险具体包括三个方面：

（1）合同期限

前期物业服务合同是附解除条件的合同，《物业管理条例》第二十六条规定：期限未满、业主委员会与物业服务企业签订的物业服务合同生效的，前期物业服务合同终止。因此，前期物业服务合同的期限具有不确定性，物业服务企业随时有可能被业主大会解聘。一旦被提前解约，企业对物业管理项目的长期规划和各种投入将付诸东流，企业将蒙受损失。但如果企业过多局限于这一因素，致使前期的规划和投入不到位，可能会带来操作上的短期行为，也会引发业主（或物业使用人）与物业服务企业的矛盾和冲突。

（2）合同订立的风险

在订立前期物业服务合同时，物业建设单位居于主导方面，而且物业相关资料的移交，物业服务用房、商业经营用房的移交，空置房管理费支付等均需要物业建设单位的支持与配合。因此，建设单位在与物业服务企业订立前期物业服务合同时，可能会将本不该由物业服务企业承担的风险转嫁给物业服务企业。此外，一些物业服务企业为了取得项目管理权，在签订合同时盲目压低管理费用，这将影响接管项目后正常经营的维持；一些物业服务企业在签订合同时没有清晰约定有关责任或忽视免责条款，甚至作出一些难以实现的承诺，致使在接管后发生不测事件（家中财产被盗、人员伤亡等）时处于被动局面，所有在合同内容上的疏忽都有可能成为业主向物业服务企业索赔的理由。

（3）合同执行的风险

前期物业服务合同是具有委托性质的集体合同，由建设单位代表全体业主与物业服务企业签订。虽然这种合同订立行为是法规规制的结果，但在业主入住和合同执行过程中，由于缺乏相应法规知识或其他原因，可能会发生对前期物业服务合同的订立方式、合同部分条款和内容不认同、不执行，从而引发业主与物业服务企业之间的纠纷。

前期物业服务阶段处于各种矛盾交织的特殊时期，工程遗留的质量问题、设施设备调试中未妥善解决等问题都会影响业主的正常生活。由此引发的对前期合同的争议和纠纷若处理不当，将会诱发管理风险。

3. 日常物业管理的风险

日常物业管理的风险包括两个方面：一是业主（或物业使用人）在使用物业和接受物业服务过程中存在的风险；二是物业管理日常运作过程中存在的风险。

（1）业主（或物业使用人）在使用物业和接受物业服务过程中存在的风险

1）物业违规装饰装修带来的风险

业主（或物业使用人）违规装饰装修，不仅会造成物业共用部位损坏、安全隐患、邻里纠纷等，增加物业管理的运行、维修、维护成本，还会使物业服务企业承担一定的物业装饰装修管理责任。

2）物业使用带来的风险

在物业日常使用过程中，业主（或物业使用人）对物业使用会出现不当行为和不当使用的情况，如高空抛物、改变物业使用功能、堵塞消防通道、损毁共用设施设备和场地等，都是难以确定责任人的。业主（或物业使用人）因物业的瑕疵或当事人的疏忽而发生意外事故，在造成他人人身伤害或财产损失的情况下，物业服务企业就要承担一定的法律责任风险。

3）法律概念不清导致的风险

在公共安全、人身财产的保险、保管方面，业主（或物业使用人）往往对物业管理安全防范主体的责任认识不清，误将本应由公安机关或业主自身承担的安全防范责任强加给物业服务企业，导致物业服务企业与业主（或物业使用人）的纠纷增加，物业服务企业为此投入大量的人力、物力、精力，造成不必要的消耗，承担额外责任。

（2）物业管理日常运作过程中存在的风险

1）管理费收取风险

业主（或物业使用人）由于各种原因少付或拒付管理费，是物业服务活动中比较突出的问题。由于物业服务企业普遍缺乏有效追交手段，收费风险是物业日常管理服务常见的风险之一。物业项目分期开发，业主分期分批入住，物业项目业主入住率低，管理费收费率低，导致项目存在亏损的风险。

2）替公用事业代收代缴费用存在的风险

在公用事业费用（如水电费等）的代收代缴以及公共水电费分摊中，物业管理单位居于收取和支付的中间环节，如业主（或物业使用人）不及时、不足额支付相应费用，势必导致物业服务企业蒙受经济损失，承担其不应有的风险。

3）管理项目外包存在的风险

物业管理服务项目外包是物业管理运作中常见的现象。在对项目外包单位的选择以及合同订立、实施管理的诸多环节中，物业服务企业虽然可采取多种手段加以控制，但潜在和不确定的因素依然存在。如选择的专业公司履约时，专业服务行为不符合物业管理服务要求，虽然物业服务企业可通过要求整改予以解决，但其后果往往是业主（或物业使用人）仍将责任归咎于物业服务企业。

4）物业服务企业员工服务存在的风险

物业服务企业未能履行物业服务合同的约定，导致业主人身、财产安全受到损害的，要承担相应的法律责任。由于员工违规操作引发的问题，按照法律上的"雇主责任"，物业服务企业也将承担其下属员工不当作为的赔偿责任。

5）公共媒体在宣传报道中的舆论风险

在物业管理操作中，由于物业管理服务不到位、矛盾化解不及时、投诉处理不当、与各方沟通不及时等，均有可能导致物业管理的舆论风险。舆论风险不仅会影响物业服务企业的品牌形象，而且会给物业服务企业带来经济上的损失。

6）公用、共用设施设备风险

物业公用、共用设施设备本身存在的隐患及公共设备和设施的管理不善都有可能导致业主或非业主使用人的人身和财产安全，由于物业内公共设施设备的多样性和分布分散性，随之而来的风险频频发生。物业服务企业面临如此风险不仅要承担经济赔偿的民事法律责任，直接责任人和企业主要负责人还可能因此而承担刑事法律责任。

8.1.3　风险管理的方法

风险管理是研究风险发生规律和风险控制技术的一门新兴管理科学，是指风险管理单位通过风险识别、风险衡量、风险评估和风险决策管理等方式，对风险实施有效控制和妥善处理损失的过程。

风险管理的基本目标是以最小的经济成本获得最大的安全保障效益，即风险管理就是以最少的费用支出达到最大限度地分散、转移、消除风险，以实现保障人们经济利益和社会稳定的基本目的。这又可以分为以下三种情形：第一，损失发生前的风险管理，目标是避免或减少风险事故发生的机会；第二，损失发生中的风险管理，目标是控制风险事故的扩大和蔓延，尽可能减少损失；第三，损失发生后的风险管理，目标是努力使损失的标的恢复到损失前的状态。

1. 风险识别、风险评估的概念

风险识别是确定何种风险可能会对项目产生影响，并将这些风险的特性归档，这是一个需要反复作业的过程，是管理风险的第一步，要识别整个项目过程中可能存在的风险。一般是根据项目的性质，从潜在的事件及其产生的后果和潜在的后果及其产生的原因来检查风险。

风险评估是应用各种概率与数理统计方法，测算出某一种风险发生的概率，估算其损害程度。

项目管理过程中，对以下风险需要评估管理：有很大影响或发生的概率很高的，影响不大但发生的概率很高的，有很大影响但发生的概率很小以及那些可以被管理的风险。

2. 风险识别、风险评估的方法

风险分析的目的是确定每个风险对项目的影响大小，一般是对已经识别出来的项目风险进行量化估计。评估的主要因素包括风险影响、风险概率和风险值。评估的方法主要有定量分析方法、直观评价法、经验评价法和FMEA分析方法等，比较常用的是定量分析方法。

定量分析方法是定量计算每一种危险源带来的风险所采用的方法。其公式为：

$$D = LEC \tag{8-1}$$

式中　D——风险值；

　　　L——事故发生的可能性；

　　　E——暴露于危险环境的频繁程度；

　　　C——发生事故产生的后果。

当用概率来表示事故发生的可能性（L）时，绝对不可能发生的事故设定概率为0；而必然发生的事故概率为1。然而，从系统安全角度考察，绝对不发生事故是不可能的，所以人为地将发生事故可能性极小的分数定为0.1，而必然要发生的事故分数定为10，介于这两种情况之间的其他情况指定为若干中间值，见表8-1。

事故发生的可能性（L）数值分布表　　　　表8-1

分数值	事故发生的可能性
10	完全可以预料
6	相当可能
3	可能，但不经常
1	可能性小，完全意外
0.5	很不可能，可以设想
0.2	极不可能
0.1	实际不可能

当确定暴露于危险环境的频繁程度（E）时，人员出现在危险环境中的时间越多，则危险性越大。连续出现在危险环境的情况定为10，而非常罕见地出现在危险环境的情况定为0.5，介于这两者之间的各种情况定为若干个中间值，见表8-2。

暴露于危险环境的频繁程度（E）数值分布表　　　　表8-2

分数值	频繁程度
10	连续暴露

续表

分数值	频繁程度
6	每天工作时间内暴露
3	每周一次暴露
2	每月一次暴露
1	每年一次暴露
0.5	非常罕见地暴露

关于发生事故产生的后果（C），由于事故造成的人身伤害与财产损失变化范围很大，因此规定其分数值为1～100。把需要救护的轻微伤害或较小财产损失的分数值定为1，把造成多人死亡或重大财产损失的可能性分数值定为100，其他情况的数值均为1～100之间，见表8-3。

发生事故产生的后果（C）数值分布表　　　表8-3

分数值	后果
100	大灾难，许多人死亡
40	灾难，数人死亡
15	非常严重，一人死亡
7	重伤或较重危害
3	轻伤或一般危害
1	轻微危害或不利于基本的安全卫生要求

风险值（D）求出之后，关键是如何确定风险级别的界限值，而这个界限值并不是长期固定不变的。在不同时期，组织应根据其具体情况来确定风险级别的界限值，以符合持续改进的思想。表8-4的内容可作为确定风险级别界限值及其相应风险控制策划的参考。

危险等级划分数值分布表　　　表8-4

等级	D值	危险程度
V	＞320	极其危险，不能继续作业
IV	160～320	高度危险，需立即整改
III	70～160	显著危险，重点控制
II	20～70	一般危险，需要控制
I	＜20	稍有危险，可以接受

风险控制措施在实施前应针对以下内容进行评审：控制措施是否使风险降低到可容许水平；是否产生新的危险源；是否已选定效果最佳的解决方案；受影响的人员如何评价预防措施的必要性和可行性；控制措施是否会被用于实际工作中。

3．风险应对

风险应对是指具体管理风险的对策和策略。风险应对包括以下几种基本类型：

（1）风险回避策略

任何物业服务企业对待风险的策略，首先考虑到的是避免风险。凡是风险所造成的损失不能由该项目可能获得的利润予以抵消时，企业应采取回避、退出、不参与、不介入的对策，这是避免风险最可行的简单方法。例如不进行某项投资，就可以避免该项投资所带来的风险；再如目前不少企业经过评估，退出一些需花费过多精力、影响品牌、经济效益不好的老旧社区物业管理。但避免风险的方法具有很大的局限性：一是只有在风险可以避免的情况下，避免风险才有效果；二是有些风险无法避免；三是有些风险可以避免但成本过大；四是企业消极地避免风险，会使企业安于现状、不求进取。

（2）风险控制策略（预防）

物业服务企业在风险不能避免或在从事某项经济活动势必面临某些风险时，首先想到的是如何控制、减少风险发生，或如何减少风险发生后所造成的损失，即为风险控制。风险控制主要有两个方面的含义：一是控制风险因素，减少风险的发生；二是控制风险发生的频率和降低风险损害程度。要控制风险发生的频率就要进行准确的预测，要降低风险损害程度就要果断地采取有效措施。比如，企业管理决策是一项有风险的活动，对此企业显然不能回避，只能通过建立决策程序、决策制度来降低决策的风险水平。风险控制要受到各种条件的限制，人类的知识及技术虽然已高度发展，但是依然存在诸多困难无法突破，因而无法达到完全控制风险和充分减少损失的目的。

（3）风险分散策略

物业服务企业通过科学的管理组合，如选择几种不同类型的物业进行管理组合，进行不同管理期限的组合，物业管理自身的"集团式"管理组合，使整体经营风险得到分散而降低，从而有效控制风险。

（4）风险承受策略（自留）

物业服务企业在既不能避免风险，又不能完全控制风险或分散风险时，只能自己承担风险所造成的损失。物业服务企业承担风险的方式可以分为无计划的单纯自留或有计划的自己保险。无计划的单纯自留，主要是指对未能预测到的风险所造成损失的承担方式；有计划的自己保险是指已预测到的风险所造成损失的承担方式，如提取坏账准备金等形式。有的物业服务企业为了在区域拓展过程中抢占某机构大宗物业并建立战略合作关系，会接受其单一项目亏损风险。

（5）风险转移策略

物业服务企业为了避免自己在承担风险后对其经济活动的妨害和不利，可以对风险采用各种不同的转移方式，如进行保险或非保险形式转移。现代保险制度是转移风险的最理想方式。保险的目的是分散风险，减轻经济负担，从而达到降低本企业风险水平的目的。如单位进行财产、医疗等方面保险，把风险损失转移给保险公司。此外，可通过非保险形式转移，如可以通过物业服务专项分包把部分风险转移给合作方，最典型的就是把不具有优势的、市场化、社会化程度较高的部分物业服务业务如公共秩序维护、保洁、园艺等通过市场比选分包给相应的专业化公司，转移部分风险。

8.1.4 物业项目风险的应对

存在风险就需要管理，风险管理是一个控制风险等级和降低损失程度的过程。在物业管理活动中，风险是客观存在和不可避免的，在一定条件下带有某些规律性。虽然不可能完全消除风险，但可以通过努力把风险缩减到最小的程度。这就要求物业服务企业主动认识风险，积极管理风险，有效地控制和防范风险，以保证物业管理活动和人们生活的正常进行。

1. 早期介入的风险应对

（1）物业服务企业在进场服务之前，应尽可能了解以下信息：开发商的资信情况、历史产品质量等；新项目所在地物业项目的层次和地位、同类物业的物业服务费标准和物业服务费的收费率情况；新项目所在地的地方性物业管理政策法规、地方性财税政策、地方性劳动用工政策等；新项目所在地的公共事业费结算处理方法等其他物业服务相关的环境因素。在综合了解上述信息的基础上，物业服务企业组织进行可行性分析，确定该项目是否能承接以及承接后可能面临的风险。

（2）严格控制进场后的运营成本，实施预算管控。

（3）早期介入越早越好，对遗留问题存有争议的，应积极协商解决或提请当地政府房地产行政主管部门进行协调解决。介入过程中提出的合理化建议，如开发建设单位不愿采纳，物业服务企业要做好相关备签手续，要有交接双方的签字认可，以明确相关责任，规避部分规划设计隐患及施工隐患带来的风险。

2. 前期物业管理的风险应对

（1）物业服务企业首先要明确合同中以下内容不存在争议，包括：物业管理服务范围及内容、服务质量、服务费用、双方的权利和义务、专项维修资金的使用和管理、物业服务用房、合同期限、违约责任等；此外，一定要注重免责条款的约定，以避免合同执行过程中存在争议和纠纷。

（2）当物业项目具备召开业主大会、成立业主委员会的条件时，物业服务企业应积极配合业主及政府相关部门组织召开业主大会、组建成立业主委员会，并按照规定程序与业主委员会签订物业服务合同，以保证其能持续服务与经营。

（3）严格执行预算管理，以减少或避免因为前期管理期限的不确定性而带来的经营风险。

3. 日常物业管理的风险应对

（1）业主（或物业使用人）在使用物业和接受物业服务过程中风险的防范及应对

1）应提前将物业装修有关管理规定及要求公示给全体业主；在业主装修期间严格执行装修管理，对违规装修及时制止并书面要求其整改；对于不整改并已造成安全隐患的，应及时向政府有关部门报告，积极与政府部门沟通，借助行政监管职能共同解决问题。

2）应积极宣传相关法规和项目管理规约，明确全体业户对公共区域的维护及安全防范职责，完善小区内的安全防范设施，做好群防群治工作，严格执行公共区域的维护及安全防范管理制度，完善公共区域突发事件应急预案，努力减少或避免由于业户的过错和违法行为给物业服务范围内的其他人造成人身损害和财产损失引发的物业管理服务风险。

（2）物业管理日常运作过程中风险的防范及应对

1）物业服务费收取风险的防范措施

① 经营过程中要学法、懂法和守法，在物业服务合同中明确相关服务标准、收费事项、违约责任、免责条件和纠纷处理的方式等；

② 物业服务收费项目、服务标准须提前知会全体业主；

③ 项目要按照规定及合同约定收取物业服务费用及其他费用；

④ 项目要按照规定及合同约定进行物业服务开支；

⑤ 项目收支明细按照规定或合同约定定期公示；

⑥ 对于已经发生经营亏损的项目，物业服务企业要组织进行经营分析，在收支两个方面进行原因分析并制订开源节流的具体应对计划，明确责任、实施措施、时间进度等。

2）替公用事业代收代缴费用风险的防范及应对

① 首先与业主（或物业使用人）签订的公用事业费用（如水电费等）代收代缴协议中需明确双方的职责、义务、违约责任等；

② 及时催收业主（或物业使用人）的水电费用，必要的情况下可以采取法律途径追讨；

③ 为了减少或避免物业公司在水电代收代缴方面的经济损失，同时减少物业小区的运营成本，物业公司可建议业主大会或业主委员会进行水电设施设备的投入改造，实现小区用水、用电抄表到户。

3）管理项目外包风险的防范及应对

① 首先要在与分包单位签订的分包服务合同中明确相关服务标准、收费事项、违约责任、免责条件和纠纷处理的方式等；

② 按照合同约定对分包单位进行定期考核，并按照合同约定条款对分包单位实施奖惩；对于专业服务行为不符合物业管理服务要求的，可要求其整改并予以解决；

③ 可根据合同周期定期对分包单位重新进行市场招标投标，并选择合适的分包单位，以规避部分风险。

4）员工服务风险的防范及应对

① 要培训员工在经营服务过程中学法、懂法和守法，严格依约履行相应的职责；

② 完善各项工作安全操作规程等安全生产相关制度；

③ 强化员工安全意识培养和安全技能训练，制定并执行标准化作业流程，特殊工种所有员工须持证上岗；

④ 必要的情况下，购买雇主责任保险（劳工保险），以转移部分风险。

5）舆情风险的防范及应对

① 要树立高度的警觉意识，建立科学的反应系统和紧急情况处理预案程序，分工合理，各司其职。当面对突发事件等公共危机时，服务企业应临危不乱、快速反应，尽快分析危机产生的原因及影响，并逐一提出应对措施，按照处理突发事件的步骤有序地进行处理；

② 处理突发危机要注意与相关方的有效沟通，在处理危机的过程中，要加强与各类公众的沟通。一般来说，沟通与交流的对象主要分为直接受害人和媒体、其他业主、政府官员及员工，最重要的是与直接受害人和媒体的沟通，要在第一时间把所发生事件的本来面目真实、准确、全面地反映出来；

③ 舆论发生时物业服务企业要注重与新闻媒体的关系，适当进行危机公关管理。危机公关可分为危机预防和危机处理两类，前者是在危机发生前的未雨绸缪，后者是在危机发生后的处理应对。

6）公用、共用设施设备风险的防范及应对

① 首先对各种可能的突发事件，应编制相应的针对性预案，进行模拟训练，做好危机处理准备，尽可能减少损失、降低风险；

② 其次定期检查是否有被遗漏的风险因素，要不断识别、分析新出现的风险并对其进行处置，采用多种控制手段，将风险控制目标落实到每一个具体的工作环节；

③ 适当引入市场化的风险分担机制，如部分专业工作外包、购买公众责任险等；

④ 根据项目经营环境的变化，不断修订、完善标准化、专业化的服务流程；

⑤ 对于已经发生的风险、事故等，首先应采取措施降低其在小区及市场上的负面影响，加强同各方的沟通，同时启动相应的应急预案，尽快实施补救措施，接受可接受的风险，强化日常服务流程，制订应对计划，明确责任、实施措施、时间进度等。

4．物业项目风险应对的注意事项

物业管理风险重在防范，防范的具体措施应根据物业管理活动时间、地点、情况的不同区别处理，注意事项如下：

（1）学法、懂法、守法

物业管理相关合同在订立前要注重合同主体的合法性，对合同服务的约定应尽可能详尽，避免歧义。在合同订立中要明确相关服务标准、服务质量、收费事项、违约责任、免责条件、纠纷处理的方式等。在提供物业服务过程中自觉执行物业管理相关法律法规，执行物业服务合同约定。

（2）建立健全内部管理体系并严格执行

物业服务企业要不断完善内部管理的各项规章制度，以增强企业自身的市场竞争能力和抵御风险能力。强化岗位责任制，不断提高员工的服务意识、服务技能和风险防范意识。

（3）完善现场安全标识系统

在项目管理过程中要特别注意对安全事故隐患的排除，在服务区域的关键位置设立必要的提示和警示标牌，尽可能避免意外事件的发生。

（4）妥善处理物业管理活动相关主体间的关系

1）妥善处理与业主的关系。物业服务企业在向业主提供服务的同时，应通过管理规约、宣传栏等形式向业主广泛宣传物业管理的有关政策，帮助业主树立正确的物业管理责任意识、消费意识和合同意识。

2）妥善处理与开发建设单位的关系。物业服务企业要通过加强早期介入，帮助建设单位完善物业项目设计，提高工程质量，节约建设资金等，努力引导建设单位正确认识物业管理活动。

3）妥善处理与市政公用事业单位及专业公司的关系。物业服务企业应当与供水、供电、供气、供热、通信、有线电视等单位分清责任，各司其职。对各专项分包的专业服务如清洁、绿化等专业公司要认真选聘，要在分包合同中明确双方的责任并严格履行合同。

4）妥善处理与政府相关行政主管部门、街道办、居委会的关系，积极配合各级政府主管部门的工作，主动接受行政主管部门、街道办、居委会对服务工作的指导和监督。

（5）有效化解舆论风险，重视企业宣传

物业服务企业要有效化解舆论风险，应重视企业宣传，建立舆论宣传平台，树立良好的企业形象。物业服务企业要与政府、行业协会、业主大会、新闻媒体等相关部门建立良好的沟通与协调机制。在风险与危机发生后，及时妥善处理，做好相关协调工作，争取舆论支持，最大限度地降低企业的经济和名誉损失。

（6）适当引入市场化的风险分担机制

物业管理涉及的保险种类主要是财产保险，包括：火险（建筑结构火险和建筑内物件火险）、雇主责任保险（劳工保险）、公众责任险、车场险、共用设施设备险等。物业公司可视项目的具体情况作相应的选择。比如为物业共用设施设备购买保险，若发生楼宇外墙墙皮脱落伤及行人或砸坏车辆等意外事件，由保险公司承担相应赔偿责任。

（7）建立事前科学预测、事中应急处理和事后妥善解决的风险防范与危机管理机制物业服务企业应针对不同类型的风险建立相应的应急预案来防范风险和应对紧急事件，以把握、转移和控制风险。

8.1.5 物业管理保险

1. 概述

物业管理保险通过对物业管理领域由于自然灾害和意外事故等造成的保险责任范围内的损失提供经济补偿或资金付给，对推动物业管理起到积极作用。物业管理保险大体有以下作用：

（1）可以抵御意外不幸

物业管理保险使人们在房屋及相关利益遭受自然灾害和意外事故而发生损失以后，可以获得一定的经济补偿，帮助受灾害家庭重建家园，为企业的经营活动和人们的日常生活提供安全保障。

（2）可以促进住房制度改革

随着住房制度改革的不断深化，自有房产已成为不少家庭财产的重要组成部分，住房的安全与否对一个家庭很重要。购买住房保险可以消除人们的后顾之忧，推进住房制度改革。

（3）可以增强社会防灾救灾力量

物业管理保险的承保人可以对被保险房屋财产等的安全情况进行检查，运用日常业务活动中积累的防灾防损经验，向被保险人员提出消除不安全因素的合理建议，从而起到保护社会财富安全的作用。

物业管理保险主要分为：房屋财产保险、物业责任保险、物业人身保险及物业管理其他保险。

（1）房屋财产保险

房屋财产保险分类标准很多，如按投保人的类型可分为企业团体房屋保险和居民房屋保险；按房屋性质可分为商品房保险和自有住房保险等。物业管理公司购买的财产险主要是火险，其会使产业因火灾而受到的损失得到及时补偿。

（2）物业责任保险

这是对物业专业人员因工作上的疏忽或过失造成他人损害应承担的经济赔偿责任，它是保护各业主对第三者财物及人身安全的法律责任。

（3）物业人身保险

人身保险按保险的危害来分类，可分为三种：一是人身意外伤害保险；二是健康保险，有的也称疾病保险；三是人寿保险。

（4）物业管理其他保险

物业管理中的其他保险是指除了上述几种以外的其他种类的险种，主要有：① 融资保险；② 物业当值保险；③ 投资增值保险；④ 产权保险；⑤ 质量责任保险；⑥ 房屋综合保险；⑦ 房地产分期付款保险。物业管理公司可根据住宅小区（大厦）实际情况，选择一些物业保险的险种。

2. 物业管理责任保险

物业管理责任保险是指保险公司向物业服务企业收取保险费，承担物业服务企业因管理或从事管理过程中的疏忽或过失造成第三者人身伤亡或财产损失，依法应由参加物业管理责任保险的物业服务企业承担的经济赔偿责任。

（1）主要内容

1）风险评估

物业管理责任保险的风险评估应包括以下内容：

① 被保险人是否取得合法资格；

② 被保险人的所有制形式及业务范围、规模大小；

③ 受托管理项目类别，是写字楼、商厦还是居住小区，同时管理其中几类项目，各类项目所占的比例；

④ 受托管理项目的地理环境、范围大小及风险情况；

⑤ 保险地点的安全设施及应急抢救手段；

⑥ 被保险人的管理水平及人员结构情况；

⑦ 被保险人以往事故记录。

2）赔偿限额及免赔额

物业管理责任保险基本险赔偿限额包括每次事故赔偿限额和累计赔偿限额两部分，由投保人根据其受托管理物业总体风险特性和水平以及实际需要与保险人协商确定。

物业管理责任附加险的赔偿限额包括每次事故赔偿限额和保险期限内的累计赔偿限额两部分。投保人可视风险情况和实际需要，在附加险赔偿限额中选择投保。

保险双方当事人还可以根据承保业务的风险大小确定基本险或附加险每次事故财产损失扣除的绝对免赔额（对人身伤亡无免赔额的规定）。对于特殊风险或高赔偿限额的业务，除规定具体的免赔额外，还可同时规定免赔率，两者以高者为准。

3）保险费

该险种的基本险主要是以被保险人物业管理业务收入作为计费基础，乘以需求的赔偿限额对应的适用费率。但对于附加险而言，保险费为附加险赔偿限额乘以附加险费率。另外，对于保险期限短于或长于一年的，应该参照短期费率表来计算。

（2）主要作用

物业管理责任保险是转嫁物业服务企业经营过程中过失责任风险的一种有效经济手段。该保险的开办对于保险公司、物业服务企业和物业使用者都具有积极意义。

1）物业管理责任保险可以扩大保险的服务领域，用保险手段帮助物业管理这个新兴行业解除经济责任纠纷的困扰，促进其健康、稳定发展。

2）最大限度地保障了物业使用者的经济利益和合法权益，可以在物业使用者的合法权益受到侵害时，能够及时有保障地得到赔偿。

3）可以促进住房制度改革，随着住房制度改革的不断深化，自有房产已成为不少家庭财产的重要组成部分，住房的安全与否对一个家庭很重要，该保险为住房制度改革提供配套的保险服务和楼宇按揭保险、家庭财产保险等，共同构成了为个人住房消费提供配套服务的系列保险产品，可以消除人们的后顾之忧，推进住房制度改革。

4）可以增强社会防灾救灾力量。物业保险的承保人可以对被保险的房屋财产等安全情况进行检查，运用日常业务活动中积累的防灾防损经验，向被保险人员提出消除不安全因素的合理建议，从而起到保护社会财富安全的作用。

3. 财产保险

财产保险是关于这幢楼宇价值的保险，建造这幢楼宇需要多少钱就相应地投保多少钱，由开发商根据成本提出投保价值，保险公司评估之后进行确认。购买了财产保险，如果楼宇遭受火灾等意外事故，保险公司应根据保额赔偿这幢楼宇价值的钱，赔偿金额至少可以保证该幢大楼的复建。除此之外，如果楼宇中的局部受损，例如管道破裂造成楼宇浸水、电梯故障、空调系统出现故障等一系列问题，保险公司会在核实情况之后赔付修理费，不会出现物业公司因缺少维修费而延误维修的情况。在物业管理行业发达的国家，政府会强制物业公司为每个小区购买财产保险，这样在风险事件发生之后，修理工作会很快完成，不会影响业主的使用，减少业主与物业公司的纠纷，这也是物业管理公司与业主委员会管理小区的重要工作之一。

在日常生活中，难免会出现火灾、楼宇局部受损等情况，购买财产保险帮助物业管理公司有效转移该种风险，不失为一种能有效提高物业管理公司管理效果的方法。

4. 意外事故险

意外事故险是针对在小区中过往的行人，包括业主以及到小区办事或探友的非业主人士，如果有人在小区或者围绕公寓的人行道路等公共区域由于公寓的各类设施摆放不当而跌倒，无论是受伤还是死亡，都可以获得相应的赔偿。越来越多的物业服务企业与业主之间的纠纷表明，此类意外事故的发生率正在逐年上涨，由于现今物业服务公司为了彰显其档次，在小区中各式各样的配套设施也越来越多，小桥流水、假山长亭、健身娱乐等各类设施在提高小区观赏性与服务品味的同时，也增加了危险性。尤其是很多儿童愿意到有景观的地方去玩耍，这也就大大增加了他们跌倒或碰撞的可能性。所以在很多物业管理较发达的地区，这类意外事故保险已经成为很多物业服务企业购买保险时的必备险种了。值得一提的是，这种保险只针对发生在公共区域的意外事故，发生在业主家中的意外事故不包含在此类保险范围内。

5. 业主责任险

这类保险和意外事故险是相对应的，主要为发生在私人空间中，也就是自家居住范围内发生的风险事件进行投保，例如业主或其客人在公寓房间中发生碰撞或跌倒，阳台上的花盆被风吹落而砸伤他人等事件，只要事故与公寓的设计方案无关，这份责任就将由业主承担。又或者一旦某楼上住户忘记关水龙头，造成楼下住户屋面渗水，楼下住户索要赔偿的对象是楼上忘记关掉水龙头的住户，与物业公司无关，也就是负责赔偿的是楼上住户所投保的保险公司，而不是物业公司所投保的保险公司。当然，前提是楼上的住户为自己的公寓购买了业主责任险，如果没有购买此种保险，将由造成事故的业主自行承担由此所造成的损失。在国外很多物业公司都会建议业主自行购买此种保险，业主对这种保险有自主选择的权利。

8.2　紧急事件处理

8.2.1　紧急事件

物业管理紧急事件，是物业管理服务活动过程中突然发生的，可能对服务对象、物业服务企业和公众产生危害，需要立即处理的事件。

紧急事件具有很大的偶然性和随机性，能否发生、何时何地发生、以什么方式发生，发生的程度和影响如何，均是难以预料的。

紧急事件具有复杂性，不仅表现在事件发生的原因相当复杂，还表现在事件的发展变化也相当复杂。

不论什么性质和规模的紧急事件，都会不同程度地给社区、企业、业主造成经济上的损失或精神上的伤害，危及正常的工作和生活秩序，甚至威胁到人的生命财产安全和社会和谐。

随着物业管理市场化程度的提高，人们对各种紧急事件的控制和利用能力也在不断提高。

面对突如其来的、不可预见的难题或困境，必须立即采取行动以避免造成灾难和扩大损失。任何紧急事件都有潜伏、暴发、高潮、缓解和消退的过程，抓住时机就可能有效地减少损失。面临紧急情况要及时发现、及时报告、及时响应、及时控制、及时处置。

物业服务企业在处理紧急事件的过程中，通过对处理原则、处理程序、处理策略的正确理解和运用，将有助于有效地处理好紧急事件，降低物业管理风险。

8.2.2　处理紧急事件的要求

（1）在发生紧急事件时，企业应尽可能努力控制事态的恶化，把因事件造成的损失减少到最低限度，在最短的时间内恢复正常。

（2）在发生紧急事件时，管理人员不能以消极、推脱甚至是回避的态度来对待，应主动出击，直面矛盾，及时处理。

（3）随着事件的不断发展、变化，对原订的预防措施或应对方案要能灵活运用，并要能与时俱进地针对环境、条件的变化优化和制定有效的处理措施。

（4）在紧急事件发生后应由一名管理人员统一进行现场指挥、安排调度，以免出现"多头领导"，造成混乱。

（5）处理紧急事件应以不造成新的损失为前提，不能因急于处理而不顾后果，造成更大的损失。

（6）紧急事件的处理要注重沟通，在事前、事中、事后及时通报给政府、上级及业户。

8.2.3　紧急事件的处理过程

紧急事件处理可以分为事先、事中和事后三个阶段。

1. 事先准备

（1）成立紧急事件处理小组

紧急事件处理小组应由企业的高层决策者、公关部门、质量管理部门、技术部门领导及法律顾问等共同参加。

（2）制定紧急事件应急预案

紧急事件处理工作小组必须细致地考虑各种可能发生的紧急情况，制订相应的行动计划与方案，一旦出现紧急情况，小组就可按照应急预案立刻投入行动。对物业管理常见的紧急事件，不仅要准备预案，而且针对同一种类型的事件要制定两个以上预选方案。

（3）制订紧急事件沟通计划

紧急事件控制的一个重要工作是沟通。沟通包括企业内部沟通和与外部沟通两个方面。

2. 事中控制

在发生紧急事件时，首先必须确认危机的类型、性质，立即启动相应的应急预案；负责人应迅速赶到现场协调指挥；应调动各方面的资源化解事件可能造成的恶果；对涉及公众的紧急事件，应指定专人向外界发布信息，避免受到干扰，影响紧急事件的正常处理。

3. 事后处理

对于紧急事件的善后处理，一方面要考虑如何弥补损失、消除事件后遗症；另一方面，要总结紧急事件处理过程，评估应急方案的有效性，改进组织制度、流程，提高企业应对紧急事件的能力和适应性。

8.2.4　典型紧急事件的处理

在物业管理服务过程中经常会面临的紧急事件有火警、燃气泄漏、电梯故障、噪声侵扰、电力故障、浸水漏水、高空抛物坠物、交通意外、刑事案件、台风袭击、人员伤亡、停车场车辆损坏、卫生防疫事件、群体性聚会等。

1. 火警

（1）确认和了解起火位置、范围和程度；

（2）立即就近取用灭火器材，迅速灭火；

（3）若火灾有发展趋势，应组织人员参与控制火势，同时向公安消防机关报警；

（4）清理通道，准备迎接消防车入场；

（5）立即组织现场人员疏散，在不危及人身安全的情况下抢救物资；

（6）保障事故现场的供电、供水、通信；

（7）组织义务消防队，在保证安全的前提下接近火场，用适当的消防器材控制火势；

（8）及时封锁现场，直到有关部门到达为止。

2. 燃气泄漏

（1）当发生易燃气体泄漏时，应立即通知燃气公司；

（2）在抵达现场后，要谨慎行事，设立现场警戒线，严禁烟火，不可使用任何电器（包括门铃、电话、风扇等）和敲击金属，避免产生火花；

（3）若在室内，应立即轻缓打开所有门窗，关闭燃气闸门（应视不同情况处理，起火的情形下，贸然关闭闸门或阀门，有可能引发回火爆炸）；

（4）情况严重时，应及时疏散人员；

（5）如发现有受伤或不适者，应立即将其抬离现场，送往安全地带等待医疗部门救护或直接将中毒、受伤者送往医院抢救，并尽可能同时采取正确的急救措施；

（6）燃气公司人员到达现场后，应协助其彻底检查，消除隐患。

3. 电梯故障

（1）当乘客被困电梯时，消防监控室应仔细观察电梯内情况，通过对讲系统询问被困者并予以安慰，要求乘客保持冷静，耐心等待救援；

（2）立即通知电梯专业人员达到现场救助被困者；

（3）被困者内如有小孩、老人、孕妇或人多供氧不足的须特别留意，必要时请消防人员协助；

（4）在解救过程中，若发现被困者有发病、昏迷症状，应立即通知医护人员到场，以便及时抢救；

（5）督促电梯维修保养单位全面检查，消除隐患，修复后方可恢复正常运行；

（6）将此次电梯事故详细记录备案。

4. 噪声侵扰

（1）接到噪声侵扰的投诉或信息后，应立即派人前往现场查看；

（2）必要时通过技术手段或设备，确定噪声是否超标；

（3）判断噪声侵扰的来源，针对不同噪声源，采取对应的解决措施；

（4）做好与受噪声影响业主的沟通、解释。

5. 电力故障

（1）若供电部门预先通知大厦/小区暂时停电，应立即将详细情况和有关文件信息通过广播、张贴通知、短信等方式传递给业主，并安排相应的电工人员值班；

（2）若属于因供电线路故障，大厦/小区紧急停电，有关人员应立即赶到现场，查明确认故障源，立即组织抢修；有备用供电线路或自备发电设备的，应立即切换供电线路；

（3）当发生故障停电时，应立即派人检查确认电梯内是否有人，做好应急处理并施救；同时立即通知住户，加强消防和安全防范管理措施，确保不至于因停电而发生异常情况；

（4）在恢复供电后，应检查大厦内所有电梯、消防系统和安防系统的运作情况。

6. 浸水、漏水

（1）检查漏水的准确位置及所属水质（自来水、污水、中水等），设法制止漏水（如关闭水阀）；

（2）若漏水可能影响变压器、配电室、电梯等，通知相关部门采取紧急措施；

（3）利用现有设备工具，排除积水，清理现场；

（4）对现场拍照，作为存档及申报保险理赔的证明。

7. 高空抛物坠物

（1）在发生高空抛物坠物后，有关管理人员要立即赶到现场，确定抛物坠物造成的危害情况；如有伤者，要立即送往医院或拨打急救电话；如造成财物损坏，要保护现场、拍照取证并通知相关人员；

（2）尽快确定抛物坠物来源；

（3）确定抛物坠物来源后，及时协调受损/受害人员与责任人进行协商处理；

（4）事后应检查和确保在恰当位置张贴"请勿高空抛物"的标识，强化必要的监控，并通过多种宣传方式，使业户养成自觉遵守社会公德的习惯。

8. 交通意外

（1）在管理区域内发生交通意外事故，安全主管应迅速到场处理；

（2）有人员受伤应立即送往医院，或拨打急救电话；

（3）如有需要，应对现场进行拍照，保留相关记录；

（4）应安排专门人员疏导交通，尽可能使事故不影响其他车辆的正常行驶；

（5）应协助有关部门尽快予以处理；

（6）事后应对管理区域内的交通路面情况进行检查，完善相关交通标识、减速坡、隔离墩等的设置。

9．刑事案件

（1）物业管理单位或控制中心接到案件通知后，应立即派有关人员到现场；

（2）如证实发生罪案，要立即拨打110报警，并留守人员和控制现场，直到警方人员到达；

（3）禁止任何人在警方人员到达前触动现场任何物品；

（4）若有需要，关闭出入口，劝阻住户及访客暂停出入，防止疑犯乘机逃跑；

（5）积极协助警方维护现场秩序和调查取证等。

10．台风袭击

（1）在公告栏张贴台风警报；

（2）检查和提醒业主注意关闭门窗；

（3）检查天台和外墙广告设施等，防止坠落伤人，避免损失；

（4）检查排水管道是否通畅，防止淤塞；

（5）物业区域内如有维修棚架、设施等，应通知施工方采取必要防护和加固措施；

（6）有关人员值班待命，并做好应对准备；

（7）台风过后要及时检查和清点损失情况，采取相应措施进行修复。

11．人员伤亡

（1）物业服务区域内发生人员伤亡，应立即派有关人员到现场，查明情况并立即报警；

（2）若伤者尚未死亡，应当保护现场，立即送往医院或拨打120急救电话；除非必要，严禁搬动伤员，防止伤情加重；

（3）若系触电事故，应就近切断电源或用绝缘物（如干燥的木杆、竹竿或塑料、橡胶）将电源拨离触电者，严禁在没有切断电源的情况下用手直接去拉触电者；

（4）若系溺水事故，应立即抢救，若落水者呛水较多，应使其头低脚高，按压腹部，使其吐出呛入之水，必要时施行人工呼吸；

（5）若系设备故障或设施损坏引发伤亡事故，应立即通知工程人员到场，共同确定抢救方案；

（6）若系高层坠落、物品砸伤引起伤亡事故，在抢救伤员的同时应保护好现场，摄下照片或录像，留下目击者，同时向警方报警；

（7）若系交通肇事引起伤亡事故，应在保护好现场、抢救伤员的同时记录肇事车辆，留下驾驶员和目击者，如有监控录像，保存相关录像，报请警方处理；若交通事故引起小区内交通堵塞，应开辟旁行通道，积极疏导交通，并设立警戒线，防止破坏现场；

（8）留守人员并控制现场，禁止任何人在警方人员到达前触动现场任何物品，直到警方人员到达；

（9）若有需要，关闭出入口，劝阻住户及访客暂停出入；

（10）积极协助警方维护现场秩序和调查取证等。

12. 停车场车辆损坏

（1）在停车场发现车辆损坏，当班安全主管应迅速到场处理；

（2）马上联系车主，并派专人在现场等候车主到来；

（3）查看停车场监控录像及值班记录，确认事实，对现场进行拍照，保留相关记录，并上报保险公司；

（4）协助有关部门尽快予以处理。

13. 卫生防疫事件

（1）当小区内发生卫生疫情时，应立即上报政府相关部门、及时上报公司，等待政府部门工作人员到来或按相关部门的指示开展工作；

（2）若有需要，关闭出入口，劝阻住户及访客暂停出入；

（3）如发现有受伤或不适者，应立即拨打120急救电话；

（4）不要随便传播未经证实的信息，以免造成恐慌；

（5）配合卫生防疫部门，做好消毒隔离工作；

（6）配合政府部门做好小区现场秩序维护工作；

（7）配合做好原因调查分析，并对业户做必要的解释说明。

14. 群体性聚会

（1）当发现小区内存在可能激发危险的群体性聚会时，应立即拨打110报警，同时上报公司；

（2）在抵达现场后，要谨慎行事，避免激发事态发展；

（3）留守人员并监控现场，直到警方人员到达；

（4）保护小区现场设施设备，有关人员值班待命，并做好应对准备；

（5）协助警方现场处理；

（6）事后向业主做好解释工作。

本 章 小 结

风险是指在某一特定环境条件下，在某一特定时间段内，发生某种损失的可能性。风险的三个基本特征是风险的负面性、风险的不确定性和风险的可测性。

物业管理服务各阶段存在的风险主要包括早期介入的风险、前期物业管理的风险和日常物业管理的风险。

风险管理是指风险管理单位通过风险识别、风险衡量、风险评估和风险决策管理等方式，对风险实施有效控制和妥善处理损失的过程。风险管理分为事前、事中、事后三个方面。

风险应对包括风险回避、风险控制、风险分散、风险承受、风险转移等策略。

物业项目风险应对应做到学法、懂法、守法，建立健全内部管理体系并严格执行，完善现场安全标识系统，妥善处理物业管理活动相关主体间的关系，适度投保，以及建立事前科学预测、事中应急处理和事后妥善解决的风险防范与危机管理机制。

物业管理保险主要划分为：房屋财产保险、物业责任保险、物业人身保险及物业管理其他保险。

物业管理紧急事件是物业管理服务活动过程中突然发生的，可能对服务对象、物业服务企业和公众产生危害，需要立即处理的事件。

紧急事件的处理过程可以分为事先、事中和事后三个阶段。事先准备主要工作内容有成立紧急事件处理小组、制定紧急事件应急预案、制订紧急事件沟通计划；事中控制主要工作内容有确认危机的类型、性质，启动相应应急预案，负责人应迅速赶到现场协调指挥，调动各方面的资源化解事件可能造成的恶果，对涉及公众的紧急事件指定专人向外界发布信息；事后处理的工作内容主要是调查、善后、评估与总结。

复习思考题

1. 什么是风险？风险有哪些特征？

2. 物业管理风险的类型有哪些？

3. 物业项目风险应对有哪些注意事项？

4. 物业管理涉及的保险险种主要有哪些？

5. 试述物业管理紧急事件的含义与处理过程。

9

物业服务收费和
财务管理

本章要点及学习目标

理解物业服务收费的概念与原则。

熟悉物业服务定价成本监审的相关内容。

掌握住宅专项维修资金的监督管理。

熟悉物业服务企业的财务管理。

掌握物业服务收费标准测算。

9.1 物业服务收费

《物业管理条例》第四十条对物业服务收费作出原则规定：物业服务收费应当遵循合理、公开以及费用与服务水平相适应的原则，区别不同物业的性质和特点，由业主和物业服务企业按照国务院价格主管部门会同国务院建设行政主管部门制定的物业服务收费办法，在物业服务合同中约定。2003年11月，国家发展改革委和建设部联合颁布了《物业服务收费管理办法》。该办法对物业服务收费的定价形式、收费形式、费用构成、相关主体的权利义务以及监管措施等均作出具体规定。

9.1.1 物业服务收费原则

物业服务收费，是指物业服务企业按照物业服务合同的约定，对房屋及配套的设施设备和相关场地进行维修、养护、管理，维护相关区域内的环境卫生和秩序，向业主所收取的费用。

1. 合理

物业服务收费水平应当与我国经济发展状况和群众现实生活水平协调一致，既不能超出业主的实际承受能力，也不能一味降低收费水平，进而造成业主房屋财产的贬损和制约群众生活水平的提高。因此，研究和确定物业服务收费标准应当面向实际，客观决策。

目前，除实际市场调节价的高档项目外，有些中小城市的普通住宅物业收费难以满足房屋及设施设备维修养护的基本需要，房屋及设施设备加速损坏，缩短正常使用期限的情况较为严重。因此，除政府有关部门对此应结合经济发展和群众生活水平的提高适当调整物业服务费用的政府指导价标准，物业服务企业也应当向业主做好宣传解释工作。

一方面要深入宣传，增强业主物业管理消费意识。很多业主不了解房屋养护管理需要大量费用，而是简单地认为，购买房屋后就可以一劳永逸。房屋保养需要大量的追加投资，根据大量实际数据测算，砖混结构房屋的建安造价与建筑寿命期维修养护管理费用的比率平均达到1∶1，换算到商品房价格与维修养护管理费用的比率要达到1∶0.7左右。因此如果维修费用不足，不能正常地进行保养维护，就会加速业主房屋财产的老化，提前结束房屋的使用寿命。

另一方面要强调业主应当具备的公共意识。一些业主缺乏公共意识，对维修养护共用部位和共用设施设备漠不关心，甚至推脱责任，怠于履行自己应尽的义务，拒绝支付物业服务费用或专项维修资金，致使其他业主的共同财产连带遭受损害。因此，通过各种方式宣传、教育业主，了解自己的财产权利和必须履行的公共义务是一项十分必要的工作。

2. 公开

《中华人民共和国价格法》（以下简称《价格法》）规定：经营者销售、收购商品和提供服务，应当按照政府价格主管部门的规定明码标价，注明商品的品名、产地、规格、等级、计价单位、价格或者服务的项目、收费标准等有关情况。经营者不得在标价之外加价出售商品，不得收取任何未予标明的费用。

2004年10月，国家发展改革委、建设部联合颁布《物业服务收费明码标价规定》，明确物业服务收费属于《价格法》调整范围，应当明码标价，物业服务企业应在物业服务区域内的显著位置依法向业主公示物业服务企业名称、物业服务内容、服务标准、收费项目、收费计价方式和收费标准。

3. 收费与服务水平相适应

要求物业服务收费与服务水平相适应就是要求价质相符，业主花钱买服务必须买得公平合理，符合等价交换原则，物业服务企业的经营作风必须诚实信用，提供的服务质量必须货真价实，接受消费者的监督。

等价交换是商品交换的基本原则，也是民事法律关系关于有偿服务的基本制度。强调物业管理服务应当价质相符，是针对现实物业管理市场情况提出的。现实中，有相当一部分物业服务企业和业主对价质相符的物业服务原则缺乏足够的认识。一些物业服务企业脱离合同，不重视物业服务质量，单纯以物价局的收费批件收取物业服务费用，造成业主的不满。同样，一些业主也不考虑物业服务企业的服务质量和管理成本，仍以福利养房的习惯认识要求物业服务企业提供超值服务，以致拒绝承担物业服务费用。因此，提高价质相符的市场交换意识是缓解物业管理矛盾的根本所在。

在我国几十年的计划经济体制中，房屋与设施设备的维修养护全部由国家或单位统包统修，居民和职工长期享受福利住房待遇，基本不存在养房负担，更没有住房消费观念。实行住房商品化后，尽管业主有了自己的住房，但养房观念仍然十分淡薄。现阶段我国住房消费水平与国外依然差距较大，据统计，国外住房消费占家庭收入的比例一般都在25%左右，我国城镇居民住房消费占家庭收入的比例，2000年为7%，2003年为10%。存在这种差距的原因除少数生活特困户外，并非业主没有住房消费能力，而是住房消费观念淡薄所致。因此，确立物业服务收费与服务水平相适应原则是住房制度改革政策在住房消费领域的具体体现，有利于提升业主的住房消费观念。

但是，值得指出的是，对于一些老旧住宅小区（包括棚户区）改造后实施物业管理一定要充分考虑到这些小区内有不少业主的收入较低，物业管理消费能力有限，因此，提供的服务和收取的费用以不超越他们的承受能力为原则，可以按照他们的需要提供最基本的物业管理服务，收取相应水平的物业服务费用。

9.1.2 物业服务收费管理

1. 物业服务收费定价形式

《价格法》对于包括服务收费在内的价格管理，规定了三种定价形式：

（1）政府定价，是指由政府价格主管部门或者其他有关部门，按照定价权限和范围制定的价格。

（2）政府指导价，是指由政府价格主管部门或者其他有关部门，按照定价权限和范围规定基准价及其浮动幅度，指导经营者制定的价格。

（3）市场调节价，是指由经营者自主制定，通过市场竞争形成的价格。

我国开展物业管理以来，政府价格主管部门和房地产主管部门对高档公寓、别墅和非住宅的物业服务收费管理一般都实行市场调节价，由业主和物业服务企业根据不同的服务项目和标准协商议定，主管部门只进行备案登记。对普通住宅的物业服务收费，开始则采取较为严格的管理措施，一般都采取政府定价和政府指导价的管理方式，其中绝大多数物业项目都采取政府定价管理方式。

以政府定价方式管理物业服务收费，在物业管理活动开展初期对于推行物业管理、稳定物业管理收费秩序发挥了重要的积极作用。但是，随着物业管理活动的全面展开，以政府定价方式管理物业服务收费的各种弊端也逐渐暴露，主要有以下方面：

（1）不利于物业服务企业提高服务质量。一些物业服务企业取得物价管理部门的收费批件后，根据收费批件向业主收费高枕无忧，同时由于收费标准被严格限制，助长了物业服务企业安于现状、不求进取的消极意识。

（2）制约了业主对物业服务质量的监督权和选择权。物业服务企业凭借政府收费批件收取费用，服务好坏都一个价，业主对物业服务企业和物业服务质量的监督、选择权利却受到限制。

（3）因定价标准不客观产生大量矛盾。物业服务内容不仅比较复杂，而且各个物业管理项目情况、物业服务企业的资质情况以及各项服务的实际状况千差万别，要求政府取代业主准确核定收费标准客观上是不现实的。由于定价不合理，物业服务企业和业主对政府核定物业服务收费标准的做法都不同程度存在意见。

（4）政府核定物业服务收费标准阻碍了物业管理市场的发展。价格是市场竞争的核心要素，长期持续的政府定价限制了业主和物业服务企业在物业管理市场的选择权，物业管理市场因而丧失活力，物业管理招标投标制度也会流于形式，无法发挥市场机制的优胜劣汰作用。

为此，《物业服务收费管理办法》不再规定政府定价形式，仅采取政府指导价和市场调节价对物业服务收费进行管理。

物业服务收费实行政府指导价的具体方式是，由房地产行政主管部门根据物业管理服务的实际情况和管理要求制定物业管理服务等级标准，然后由有定价权限的价格主管部门会同房地产行政主管部门测算出各个等级标准的物业管理服务基准价格及其浮动幅度。各物业管理服务项目的具体收费标准，由业主与物业服务企业根据规定的基准价和价格浮动幅度，结合本物业项目的服务等级标准和调整因素在物业服务合同中约定。

以上可以看出，采取政府指导价收费的物业服务项目，价格主管部门不再针对具体物业项目审批收费标准，而是针对物业管理主管部门制定的服务标准制定价格幅度，以便指导业主与物业服务企业根据具体服务情况协商服务价格。

实行市场调节价的物业服务收费，则完全由业主与物业服务企业按照市场原则自由协商价格并在物业服务合同中约定，政府不予干预。

考虑到各地经济发展状况与市场环境不尽相同，《物业服务收费管理办法》规定：物业服务收费应当区分不同物业的性质和特点分别实行政府指导价和市场调节价。具体定价形式由省、自治区、直辖市人民政府价格主管部门会同房地产行政主管部门确定。

2. 物业服务收费形式

（1）包干制收费形式

《物业服务收费管理办法》规定：包干制是指由业主向物业服务企业支付固定物业服务费用，盈余或者亏损均由物业服务企业享有或者承担的物业服务计费方式。实行物业服务费用包干制的，物业服务费用的构成包括物业服务成本、法定税费和物业服务企业的利润。

包干制是目前我国住宅物业服务收费普遍采用的形式。在包干制收费形式下，业主按照物业服务合同支付固定的物业服务费用后，物业服务企业必须按照物业服务合同要求和标准完成物业管理服务。换句话说，就是物业服务企业的盈亏自负，无论收费率高低或物价波动，物业服务企业都必须按照合同约定的服务标准提供相应服务。

包干制物业收费形式比较简捷，但交易透明度不高。在收费率偏低时，容易导致物业服务企业亏损；在市场不规范时，个别物业服务企业可能通过减少物业服务成本来保证企业利润，业主的权益可能受到侵害。

（2）酬金制收费形式

《物业服务收费管理办法》规定：酬金制是指在预收的物业服务资金中按约定比例或者约定数额提取酬金支付给物业服务企业，其余全部用于物业服务合同约定的支出，结余或者不足均由业主享有或者承担的物业服务计费方式。实行物业服务费用酬金制的，预收的物业服务资金包括物业服务支出和物业服务企业的酬金。

酬金制也称佣金制，这种物业服务收费方式在非住宅物业管理项目中较多采用，目前不少高档住宅物业管理也已采用。酬金制的物业服务支出由业主负担，物业服务企业受业主委托，运用自身的管理知识、经验和专业技能组织实施物业管理服务，并取得事前约定比例或数额的酬金。

为保证实施物业管理服务所需费用，酬金制要求业主按照经过审议的预算和物业服务合同的约定，先行向物业服务企业预付物业服务支出。物业服务支出为所支付的业主所有，物业服务企业对所收的物业服务支出仅属代管性质，不得将其用于物业服务合同约定以外的支出。

根据《物业服务收费管理办法》规定，实行物业服务费用酬金制的物业服务企业应当履行以下义务：

1）物业服务企业应当向业主大会或者全体业主公布物业服务资金年度预决算，并每年不少于一次公布物业服务资金的收支情况；

2）业主或者业主大会对公布的物业服务资金年度预决算和物业服务资金的收支情况提出质询时，物业服务企业应当及时答复；

3）物业服务企业应配合业主大会按照物业服务合同约定聘请专业机构对物业服务资金年度预决算和物业服务资金的收支情况进行审计。

3．物业服务成本构成

包干制的物业服务成本或者酬金制的物业服务支出，一般包括以下部分：

（1）管理服务人员的工资、社会保险和按规定提取的福利费等；

（2）物业共用部位、共用设施设备的日常运行、维护费用；

（3）物业服务区域清洁卫生费用；

（4）物业服务区域绿化养护费用；

（5）物业服务区域秩序维护费用；

（6）办公费用；

（7）物业服务企业固定资产折旧；

（8）物业共用部位、共用设施设备及公众责任保险费用；

（9）经业主同意的其他费用。

物业共用部位、共用设施设备的大修、中修和更新、改造费用，应当通过专项维修资金予以列支，不得计入物业服务成本或者物业服务支出。

4．物业服务费用的支付和督促

（1）非业主使用人的付费责任

业主支付物业服务费用是物业服务开展的基本要求。业主是物业的所有权人。在物业管理活动中，物业服务企业受业主委托，对业主的物业进行管理，为业主提供服务，因此，业主理所当然应当向物业服务企业支付相应服务费用。在现实生活中，业主拥有的物业不一定为业主所占有和使用。当业主将其物业出租给他人或者交由他人使用时，业主可以和物业使用人约定，由物业使用人支付物业服务费用。实际上，物业使用人是代业主履行合同义务。鉴于物业使用人实际占有和使用物业，是真正享受物业服务的人，《物业管理条例》规定业主与物业使用人约定由物业使用人支付物业服务费用的，从其约定。同时，考虑到业主毕竟是支付物业服务费用的第一责任人，业主的地位相对稳定，而物业使用人并不是物业服务合同的当事人，而且变动相对较快，为了保障物业服务企业的合法权益，《物业管理条例》进一步规定，即使存在这一约定，业主仍然负连带支付责任。所谓连带支付责任，是指当物业使用人不履行或者不完全履行与业主关于物业服务费用支付的约定时，业主仍负有支付物业服务费用的义务，物业服务企业可以直接请求业主支付物业服务费用。

（2）未交付房屋的付费主体

在一个物业服务区域内的新建物业，产权的多元化需要一个过程。在建设单位销售物业之前，建设单位是唯一的业主。如果建设单位聘请物业服务企业实施前期物业管理服务的，应当支付物业管理服务费用。在物业开始销售给众多分散的业主时，建设单位仍然需要就没有售出的物业以及没有交付给业主的物业支付物业服务费用；已经出售并交付给业主的物业，物业服务费用由业主支付。因为已竣工没有售出物业的产权仍然属于建设单位，作为产权人当然有义务支付服务费用；对于没有交付给物业买受人的物业而言，物业的实际占有人还是建设单位，物业的产权往往也还没有转移给买受人，买受人也没有享受到物业服务。因此，《物业管理条例》规定，已竣工但尚未出售或者尚未移交给物业买受人的物业，物业服务费用由建设单位支付。

（3）业主委员会对欠费业主的督促义务

按时足额支付物业服务费用或者物业服务资金，应当是业主自觉履行的义务。但现实中，业主违反物业服务合同约定，逾期不支付物业服务费用或者物业服务资金的情况也客观存在，有些物业服务区域业主欠付物业费的情况相当严重。

为维护物业管理活动的交易秩序，《物业管理条例》和《物业服务收费管理办法》均明确规定：对于欠费业主，业主委员会应当督促其限期支付；逾期仍不支付的，物业服务企业可以依法追讨。需要强调的是，这里的业主委员会督促欠费业主支付物业费并不是物业服务企业通过司法途径追缴的前置条件。业主欠付物业管理服务费用必然影响物业管理服务的质量，因此，业主的欠费行为不仅侵害了物业服务企业的合法权益，而且也损害了其他付费业主的合法权益，业主委员会有责任也有义务代表付费业主督促欠费业主限期支付物业管理服务费用。对拒不付费的业主，物业服务企业有权依法追缴，但不得采取停水、停电等违法措施胁迫业主付费。依法追缴的方式，就是依据物业服务合同关于解决争议条款的约定，通过仲裁或向人民法院起诉解决。

5. 代收代缴费用

一般而言，业主和供水、供电、供气、供热、通信、有线电视等单位之间是一种合同关系。作为合同当事人，业主和供水、供电、供气、供热、通信、有线电视等单位应当按照法律的规定和合同的约定来行使合同权利和履行合同义务。其中，向业主收取相应的水、电、气、热、通信、有线电视费是供水、供电、供气、供热、通信、有线电视等公用事业单位的权利。物业服务企业并不是合同的当事人，没有义务向公用事业单位支付这些费用，也没有权利向业主收取这些费用。

在物业管理实践中，一些供水、供电、供气、供热、通信、有线电视等单位往往利用自身的垄断经营地位，强迫物业服务企业代其收缴本应当由其收缴的费用，并且不给或者少给代理费。更有甚者，在业主拒不支付相关费用或者水、电等分户表和小区总表数额不等时，要求物业服务企业承担相应费用。

客观上，供水、供电、供气、供热、通信、有线电视等单位每次均向每一个业主收费的确会导致交易成本增高，对当事人双方均无益处。而在物业服务区域内，物业服务企业作为管理服务人，对物业及业主的情况较这些单位更为熟悉。如果由物业服务企业接受供水、供电、供气、供热、通信、有线电视等单位的委托，代其向业主收取相关费用，可以节省当事人的时间和支出费用，提高办事效率。因此，物业服务企业可以接受供水、供电、供气、供热、通信、有线电视等单位的委托，代收有关费用。供水、供电、供气、供热、通信、有线电视等单位委托物业服务企业代收费的，两者之间是一种委托合同关系。物业服务企业有权根据自身经营状况，决定是否接受供水、供电、供气、供热、通信、有线电视等单位委托，这些单位无权强制要求物业服务企业代收有关费用。

在实践中，有些物业服务企业在代供水、供电、供气、供热、通信、有线电视等单位收费时，还以手续费、管理费、劳务费等名目向业主收取额外费用，引起业主的不满。实际上，供水、供电、供气、供热、通信、有线电视等单位、业主、物业服务企业之间存在三个合同关系，产生三个支付费用（报酬）义务：业主与供水、供电、供气、供热、通信、有线电视等单位之间是供用水、电、气、热、通信、有线电视合同关系；业主与物业服务企业之间是物业服务合同关系；物业服务企业和供水、供电、供气、供热、通信、有线电视等单位之间是委托合同关系。按照第一个合同，业主应当支付水、电、气、热、通信、有线电视费；按照第二个合同，业主应当支付物业服务费用；按照第三个合同，供水、供电、供气、供热、通信、有线电视等单位应当支付委托报酬。可见，就代收费用而言，物业服务企业有权向供水、供电、供气、供热、通信、有线电视等单位收取报酬，但向业主收取费用没有任何依据。

根据上述情况，《物业管理条例》为保护业主与物业服务企业的合法权益，维护市场交易原则和企业经营规则，对物业服务企业代收代缴各项公用事业费用作出明确规定：物业管理区域内，供水、供电、供气、供热、通信、有线电视等单位应当向最终用户收取有关费用。物业服务企业接受委托代收前款费用的，不得向业主收取手续费等额外费用。《物业服务收费管理办法》进一步明确：物业服务企业接受委托代收上述费用的，可向委托单位收取手续费。其中，"最终用户"是指水、电、气、热、通信、有线电视的最终使用人，即业主；"手续费"是指公用事业单位与物业服务企业应当按照市场原则与委托合同的约定，在平等、自愿、协商、等价有偿的基础上，由公用事业单位支付给物业服务企业的代理费。

6. 催费手段

《民法典》第九百四十四条规定：业主应当按照约定向物业服务人支付物业费。物业服务人已经按照约定和有关规定提供服务的，业主不得以未接受或者无需接受相关物业服务为由拒绝支付物业费。业主违反约定逾期不支付物业费的，物业服务人可以催告其在合理期限内支付；合理期限届满仍不支付的，物业服务人可以提起诉讼或者申请仲裁。但物业服务人不得采取停止供电、供水、供热、供燃气等方式催缴物业费。

9.2 物业服务定价成本监审

为提高政府制定物业服务收费的科学性，合理核定物业服务定价成本，根据《政府制定价格成本监审办法》《物业服务收费管理办法》等有关规定，2007年9月，国家发展改革委、建设部印发了《物业服务定价成本监审办法（试行）》，自2007年10月1日起施行。

9.2.1 物业服务定价成本监审的定义

物业服务定价成本，是指价格主管部门核定的物业服务社会平均成本。

物业服务定价成本监审，是指价格主管部门为制定或者调整实行政府指导价的物业服务收费标准，对相关物业服务企业的服务成本实施监督和审核的行为。

9.2.2 物业服务定价成本监审的原则和依据

1. 物业服务定价成本监审应当遵循的原则

（1）合法性

计入定价成本的费用应当符合有关法律、行政法规和国家统一的会计制度的规定。

（2）相关性

计入定价成本的费用应当为与物业服务直接相关或者间接相关的费用。

（3）对应性

计入定价成本的费用应当与物业服务内容及服务标准相对应。

（4）合理性

影响物业服务定价成本各项费用的主要技术经济指标应当符合行业标准或者社会公允水平。

2. 物业服务定价成本监审的依据

核定物业服务定价成本，应当以经会计师事务所审计的年度财务会计报告、原始凭证与账册或者物业服务企业提供的真实、完整、有效的成本资料为基础。

9.2.3 物业服务定价成本的构成

物业服务定价成本由人员费用、物业共用部位、共用设施设备日常运行和维护费用、绿化养护费用、清洁卫生费用、秩序维护费用、物业共用部位、共用设施设备及公众责任保险费用、办公费用、管理费分摊、固定资产折旧以及经业主同意的其他费用组成。其中：

（1）人员费用，是指管理服务人员工资、按规定提取的工会经费、职工教育经费，以及根据政府有关规定应当由物业服务企业缴纳的住房公积金和养老、医疗、失业、工伤、生育保险等社会保险费用。

（2）物业共用部位、共用设施设备日常运行和维护费用，是指为保障物业服务区域内共用部位、共用设施设备的正常使用和运行、维护保养所需的费用。其不包括保修期内应由建设单位履行保修责任而支出的维修费、应由住宅专项维修资金支出的维修和更新、改造费用。

（3）绿化养护费用，是指管理、养护绿化所需的绿化工具购置费、绿化用水费、补苗费、农药化肥费等。其不包括应由建设单位支付的种苗种植费和前期维护费。

（4）清洁卫生费用，是指保持物业服务区域内环境卫生所需的购置工具费、消杀防疫费、化粪池清理费、管道疏通费、清洁用料费、环卫所需费用等。

（5）秩序维护费用，是指维护物业服务区域秩序所需的器材装备费、安全防范人员的人身保险费及由物业服务企业支付的服装费等。其中，器材装备不包括共用设备中已包括的监控设备。

（6）物业共用部位、共用设施设备及公众责任保险费用，是指物业服务企业购买物业共用部位、共用设施设备及公众责任保险所支付的保险费用，以物业服务企业与保险公司签订的保险单和所支付的保险费为准。

（7）办公费用，是指物业服务企业为维护管理区域正常的物业管理活动所需的办公用品费、交通费、房租、水电费、取暖费、通信费、书报费及其他费用。

（8）管理费分摊，是指物业服务企业在管理多个物业项目的情况下，为保证相关的物业服务正常运转而由各物业服务小区承担的管理费用。

（9）固定资产折旧，是指按规定折旧方法计提的物业服务固定资产的折旧金额。物业服务固定资产是指在物业服务小区内由物业服务企业拥有的、与物业服务直接相关的、使用年限在一年以上的资产。

（10）经业主同意的其他费用，是指业主或者业主大会按规定同意由物业服务费开支的费用。

9.2.4　物业服务定价成本审核的方法和标准

工会经费、职工教育经费、住房公积金以及医疗保险费、养老保险费、失业保险费、工伤保险费、生育保险费五项社会保险费的计提基数按照核定的相应工资水平确定；工会经费、职工教育经费的计提比例按国家统一规定的比例确定，住房公积金和社会保险费的计提比例按当地政府规定的比例确定，超过规定计提比例的不得计入定价成本。医疗保险费用应在社会保险费中列支，不得在其他项目中重复列支；其他应在工会经费和职工教育经费中列支的费用，也不得在相关费用项目中重复列支。

固定资产折旧采用年限平均法，折旧年限根据固定资产的性质和使用情况合理确定。企业确定的固定资产折旧年限明显低于实际可使用年限的，成本监审时应当按照实际可使用年限调整折旧年限。固定资产残值率按3%～5%计算；个别固定资产残值较低或者较高的，按照实际情况合理确定残值率。

物业服务企业将专业性较强的服务内容外包给有关专业公司的，该项服务的成本按照外包合同所确定的金额核定。

物业服务企业只从事物业服务的，其所发生费用按其所管辖的物业项目的物业服务计费面积或者应收物业服务费加权分摊；物业服务企业兼营其他业务的，应先按实现收入的比例在其他业务和物业服务之间分摊，然后按上述方法在所管辖的各物业项目之间分摊。

9.3　住宅专项维修资金

为了解决在住房产权结构多元化情形下，住房共用部位、共用设施设备发生大修、中修及更新、改造时，如何在多个业主之间及时筹集所需费用的问题，《国务院关于进一步深化城镇住房制度改革加快住房建设的通知》（国发〔1998〕23号）规定："加强住房售后的维修管理，建立住房共用部位、设备和小区公共设施专项维修资金，并健全业主对专项维修资金管理和使用的监督制度"。依据该通知精神，建设部与财政部制定了《住宅共用部位共用设施设备维修基金管理办法》，对维修基金的缴纳、存储、使用、监督等作了具体规定。《物业管理条例》规定：住宅物业、住宅小区内的非住宅物业或者与单幢住宅楼结构相连的非住宅物业的业主，应当按照国家有关规定缴纳专项维修资金。同时规定：专项维修资金属于业主所有，专项用于物业保修期满后物业共用部位、共用设施设备的维修和更新、改造，不得挪作他用。

2007年12月4日，根据《物权法》《物业管理条例》等法律、行政法规，建设部会同财政部发布了《住宅专项维修资金管理办法》，并于2008年2月1日起施行（《住宅共用部位共用设施设备维修基金管理办法》同时废止）。该办法对加强住宅专项维修资金的管理，保障住宅共用部位、共用设施设备的维修和正常使用，维护住宅专项维修资金所有者的合法权益，都起着重要的作用。

9.3.1　住宅专项维修资金的定义、管理原则和监管部门

1. 住宅专项维修资金的定义

住宅专项维修资金，是指专项用于住宅共用部位、共用设施设备保修期满后的维修和更新、改造的资金。

2. 共用部位、共用设施设备的定义

共用部位，是指根据法律法规和房屋买卖合同，由单幢住宅内业主或者单幢住宅内业主及与之结构相连的非住宅业主共有的部位，一般包括住宅的基础、承

重墙体、柱、梁、楼板、屋顶以及户外的墙面、门厅、楼梯间、走廊通道等。

共用设施设备，是指根据法律法规和房屋买卖合同，由住宅业主或者住宅业主及有关非住宅业主共有的附属设施设备，一般包括电梯、天线、照明、消防设施、绿地、道路、路灯、沟渠、池、井、非经营性车场车库、公益性文体设施和共用设施设备使用的房屋等。

3. 管理原则

住宅专项维修资金管理遵循专户存储、专款专用、所有权人决策、政府监督的原则。

4. 监督部门

国务院建设主管部门会同国务院财政部门负责全国住宅专项维修资金的指导和监督工作。

县级以上地方人民政府建设（房地产）主管部门会同同级财政部门负责本行政区域内住宅专项维修资金的指导和监督工作。

9.3.2　住宅专项维修资金的缴存

1. 住宅专项维修资金的缴存主体

住宅专项维修资金的缴存主体主要包括以下三类：

（1）住宅的业主，但一个业主所有且与其他物业不具有共用部位、共用设施设备的除外。

（2）住宅小区内的非住宅或者住宅小区外与单幢住宅结构相连的非住宅的业主。

（3）公有住房出售单位，公有住房出售单位应当按照规定缴存住宅专项维修资金。

业主缴存的住宅专项维修资金属于业主所有，从公有住房售房款中提取的住宅专项维修资金属于公有住房售房单位所有。

2. 住宅专项维修资金的缴存金额

（1）商品住宅的业主、非住宅的业主按照所拥有物业的建筑面积缴存住宅专项维修资金，每平方米建筑面积缴存首期住宅专项维修资金的数额为当地住宅建筑安装工程每平方米造价的5%～8%。每平方米建筑面积缴存的首期住宅专项维修资金的数额，由直辖市、市、县人民政府建设（房地产）主管部门根据本地区情况确定并公布。

（2）出售公有住房的，业主按照所拥有物业的建筑面积缴存住宅专项维修资金，每平方米建筑面积缴存首期住宅专项维修资金的数额为当地房改成本价的2%。售房单位按照多层住宅不低于售房款的20%、高层住宅不低于售房款的30%，从售房款中一次性提取住宅专项维修资金。

3. 住宅专项维修资金的缴存方式

（1）商品住宅的业主应当在办理房屋入住手续前，将首期住宅专项维修资金存入住宅专项维修资金专户。

（2）已售公有住房的业主应当在办理房屋入住手续前，将首期住宅专项维修资金存入公有住房住宅专项维修资金专户或者交由售房单位存入公有住房住宅专项维修资金专户。公有住房售房单位应当在收到售房款之日起30日内，将提取的住宅专项维修资金存入公有住房住宅专项维修资金专户。

（3）未按规定缴存首期住宅专项维修资金的，开发建设单位或者公有住房售房单位不得将房屋交付购买人。

（4）业主分户账面住宅专项维修资金余额不足首期缴存额30%的，应当及时续缴。成立业主大会的，续缴方案由业主大会决定；未成立业主大会的，续缴按照直辖市、市、县人民政府建设（房地产）主管部门会同同级财政部门制定的具体管理办法实施。

4．住宅专项维修资金的管理

（1）业主大会成立前住宅专项维修资金的管理

业主大会成立前，商品住宅业主、非住宅业主缴存的住宅专项维修资金，由物业所在地直辖市、市、县人民政府建设（房地产）主管部门委托的当地商业银行开立的住宅专项维修资金专户代管。开立的住宅专项维修资金专户，以物业服务区域为单位设账，按房屋户门号设分户账；未划定物业服务区域的，以幢为单位设账，按房屋户门号设分户账。

业主大会成立前，已售公有住房住宅专项维修资金，由物业所在地直辖市、市、县人民政府财政部门或者建设（房地产）主管部门委托所在地商业银行开立公有住房住宅专项维修资金专户负责管理。开立公有住房住宅专项维修资金专户，按照售房单位设账，按幢设分账；其中，业主缴存的住宅专项维修资金，按房屋户门号设分户账。

（2）业主大会成立后住宅专项维修资金的管理

业主大会应当委托所在地一家商业银行作为本物业管理区域内住宅专项维修资金的专户管理银行，并在专户管理银行开立住宅专项维修资金专户。开立住宅专项维修资金专户，应当以物业管理区域为单位设账，按房屋户门号设分户账。

业主委员会应当通知所在地直辖市、市、县人民政府建设（房地产）主管部门；涉及已售公有住房的，应当通知负责管理公有住房住宅专项维修资金的部门。

直辖市、市、县人民政府建设（房地产）主管部门或者负责管理公有住房住宅专项维修资金的部门在收到通知之日起30日内，通知专户管理银行将该物业管理区域内业主缴存的住宅专项维修资金账面余额划转至业主大会开立的住宅专项维修资金账户，并将有关账目等移交业主委员会。

住宅专项维修资金划转后的账目管理单位，由业主大会建立住宅专项维修资金管理制度进行管理。业主大会开立的住宅专项维修资金账户，应当接受所在地直辖市、市、县人民政府建设（房地产）主管部门的监督。

9.3.3 住宅专项维修资金的使用

1. 住宅专项维修资金的使用范围和原则

（1）使用范围

住宅专项维修资金专项用于住宅共用部位、共用设施设备保修期满后的维修和更新、改造。

（2）使用原则

住宅专项维修资金的使用应当遵循方便快捷、公开透明、受益人和负担人相一致的原则。

2. 住宅专项维修资金的分摊规则

（1）商品住宅之间或者商品住宅与非住宅之间共用部位、共用设施设备的维修和更新、改造费用，由相关业主按照各自拥有物业建筑面积的比例分摊。

（2）售后公有住房之间共用部位、共用设施设备的维修和更新、改造费用，由相关业主和公有住房售房单位按照所缴存住宅专项维修资金的比例分摊；其中，应由业主承担的，再由相关业主按照各自拥有物业建筑面积的比例分摊。

（3）售后公有住房与商品住宅或者非住宅之间共用部位、共用设施设备的维修和更新、改造费用，先按照建筑面积比例分摊到各相关物业。其中，售后公有住房应分摊的费用，再由相关业主和公有住房售房单位按照所缴存住宅专项维修资金的比例分摊。

（4）住宅共用部位、共用设施设备维修和更新、改造，涉及尚未售出的商品住宅、非住宅或者公有住房的，开发建设单位或者公有住房单位应当按照尚未售出商品住宅或者公有住房的建筑面积分摊维修和更新、改造费用。

3. 住宅专项维修资金的使用程序

（1）住宅专项维修资金划转业主大会管理前的使用程序

1）物业服务企业根据维修和更新、改造项目提出使用建议；没有物业服务企业的，由相关业主提出使用建议；

2）住宅专项维修资金列支范围内专有部分占建筑物总面积1/3以上的业主且占总人数1/3以上的业主讨论通过使用建议；

3）物业服务企业或者相关业主组织实施使用方案；

4）物业服务企业或者相关业主持有关材料，向所在地直辖市、市、县人民政府建设（房地产）主管部门申请列支；其中，动用公有住房住宅专项维修资金的，向负责管理公有住房住宅专项维修资金的部门申请列支；

5）直辖市、市、县人民政府建设（房地产）主管部门或者负责管理公有住房住宅专项维修资金的部门审核同意后，向专户管理银行发出划转住宅专项维修资金的通知；

6）专户管理银行将所需住宅专项维修资金划转至维修单位。

（2）住宅专项维修资金划转业主大会管理后的使用程序

1）物业服务企业提出使用方案，使用方案应当包括拟维修和更新、改造的项目、费用预算、列支范围、发生危及房屋安全等紧急情况以及其他需临时使用住宅专项维修资金的情况的处置办法等；

2）业主大会依法通过使用方案；

3）物业服务企业组织实施使用方案；

4）物业服务企业持有关材料向业主委员会提出列支住宅专项维修资金；其中，动用公有住房住宅专项维修资金的，向负责管理公有住房住宅专项维修资金的部门申请列支；

5）业主委员会依据使用方案审核同意，并报直辖市、市、县人民政府建设（房地产）主管部门备案；动用公有住房住宅专项维修资金的，经负责管理公有住房住宅专项维修资金的部门审核同意；直辖市、市、县人民政府建设（房地产）主管部门或者负责管理公有住房住宅专项维修资金的部门发现不符合有关法律法规、规章和使用方案的，应当责令改正；

6）业主委员会、负责管理公有住房住宅专项维修资金的部门向专户管理银行发出划转住宅专项维修资金的通知；

7）专户管理银行将所需住宅专项维修资金划转至维修单位。

（3）住宅专项维修资金的紧急使用程序

发生危及房屋安全等紧急情况，需要立即对住宅共用部位、共用设施设备进行维修和更新、改造的，按照以下规定列支住宅专项维修资金：

1）住宅专项维修资金划转业主大会管理前，由物业服务企业或者相关业主持有关材料向所在地直辖市、市、县人民政府建设（房地产）主管部门申请列支；其中，动用公有住房住宅专项维修资金的，向负责管理公有住房住宅专项维修资金的部门申请列支；直辖市、市、县人民政府建设（房地产）主管部门或者负责管理公有住房住宅专项维修资金的部门审核同意后，向专户管理银行发出划转住宅专项维修资金的通知；专户管理银行将所需住宅专项维修资金划转至维修单位。

2）住宅专项维修资金划转业主大会管理后，由物业服务企业持有关材料向业主委员会提出列支住宅专项维修资金；其中，动用公有住房住宅专项维修资金的，向负责管理公有住房住宅专项维修资金的部门申请列支；业主委员会依据使用方案审核同意，并报直辖市、市、县人民政府建设（房地产）主管部门备案；动用公有住房住宅专项维修资金的，经负责管理公有住房住宅专项维修资金的部门审核同意；直辖市、市、县人民政府建设（房地产）主管部门或者负责管理公有住房住宅专项维修资金的部门发现不符合有关法律法规、规章和使用方案的，应当责令改正；业主委员会、负责管理公有住房住宅专项维修资金的部门向专户管理银行发出划转住宅专项维修资金的通知；专户管理银行将所需住宅专项维修资金划转至维修单位。

3）发生上述情况后，未按规定实施维修和更新、改造的，直辖市、市、县人民政府建设（房地产）主管部门可以组织代修，维修费用从相关业主住宅专项维修资金分户账中列支。其中，涉及已售公有住房的，还应当从公有住房住宅专项维修资金中列支。

4. 住宅专项维修资金使用禁止性规定

《住宅专项维修资金管理办法》第二十五条明确规定，下列费用不得从住宅专项维修资金中列支：

（1）依法应当由建设单位或者施工单位承担的住宅共用部位、共用设施设备维修、更新和改造费用；

（2）依法应当由相关单位承担的供水、供电、供气、供热、通信、有线电视等管线和设施设备的维修、养护费用；

（3）应当由当事人承担的因人为损坏住宅共用部位、共用设施设备所需的修复费用；

（4）根据物业服务合同约定，应当由物业服务企业承担的住宅共用部位、共用设施设备的维修和养护费用。

5. 住宅专项维修资金使用的其他规定

（1）利用住宅专项维修资金购买国债的限制条件

1）必须在保证住宅专项维修资金正常使用的前提下；

2）利用住宅专项维修资金购买国债的，应当在银行间债券市场或者商业银行柜台市场购买一级市场新发行的国债，并持有到期；

3）利用业主缴存的住宅专项维修资金购买国债的，应当经业主大会同意；未成立业主大会的，应当经专有部分占建筑物总面积1/3以上的业主且占总人数1/3以上业主同意；

4）利用从公有住房售房款中提取的住宅专项维修资金购买国债的，应当根据售房单位的财政隶属关系，报经同级财政部门同意；

5）禁止利用住宅专项维修资金从事国债回购、委托理财业务或者将购买的国债用于质押、抵押等担保行为。

（2）下列资金应当转入住宅专项维修资金滚存使用

1）住宅专项维修资金的存储利息；

2）利用住宅专项维修资金购买国债的增值收益；

3）利用住宅共用部位、共用设施设备进行经营的业主所得收益，但业主大会另有决定的除外；

4）住宅共用设施设备报废后回收的残值。

9.3.4 住宅专项维修资金的监督管理

1. 房屋转让或灭失时住宅专项维修资金的处理

（1）房屋所有权转让时，业主应当向受让人说明住宅专项维修资金缴存和结余情况并出具有效证明，该房屋分户账中结余的住宅专项维修资金随房屋所有权同时过户。受让人需要持住宅专项维修资金过户的协议、房屋权属证书、身份证等到专户管理银行办理分户账更名手续。

（2）房屋灭失的，房屋分户账中结余的住宅专项维修资金返还业主；售房单位缴存的住宅专项维修资金账面余额返还售房单位；售房单位不存在的，按照售房单位财务隶属关系，收缴同级国库。

2. 相关主体对住宅专项维修资金的监管义务

（1）管理单位的法律义务

直辖市、市、县人民政府建设（房地产）主管部门，负责管理公有住房住宅专项维修资金的部门及业主委员会，每年至少一次与专户管理银行核对住宅专项维修资金账目，并向业主、公有住房售房单位公布下列情况：

1）住宅专项维修资金缴存、使用、增值收益和结存的总额；

2）发生列支的项目、费用和分摊情况；

3）业主、公有住房售房单位分户账中住宅专项维修资金缴存、使用、增值收益和结存的金额；

4）其他有关住宅专项维修资金使用和管理的情况。

业主、公有住房售房单位对公布的情况有异议的，可以要求复核。

（2）专户管理银行的法律义务

1）专户管理银行应当每年至少一次向直辖市、市、县人民政府建设（房地产）主管部门，负责管理公有住房住宅专项维修资金的部门及业主委员会发送住宅专项维修资金对账单；

2）直辖市、市、县建设（房地产）主管部门，负责管理公有住房住宅专项维修资金的部门及业主委员会对资金账户变化情况有异议的，专户管理银行应根据要求进行复核；

3）专户管理银行应当建立住宅专项维修资金查询制度，接受业主、公有住房售房单位对其分户账中住宅专项维修资金使用、增值收益和账面余额的查询。

（3）审计、财政部门的监督管理

1）住宅专项维修资金的管理和使用，应当依法接受审计部门的审计监督；

2）住宅专项维修资金的财务管理和会计核算应当执行财政部有关规定，财政部门应当加强对住宅专项维修资金收支财务管理和会计核算制度执行情况的监督；

3）住宅专项维修资金专用票据的购领、使用、保存、核销管理，应当按照财政部以及省、自治区、直辖市人民政府财政部门的有关规定执行，并接受财政部门的监督检查。

3. 住宅专项维修资金相关主体的法律责任

（1）公有住房售房单位未按规定缴存住宅专项维修资金的；或将房屋交付未按规定缴存首期住宅专项维修资金的买受人的；以及未按规定分摊维修、更新和改造费用的，由县级以上地方人民政府财政部门会同同级建设（房地产）主管部门责令限期改正。

（2）开发建设单位在业主按照规定缴存首期住宅专项维修资金前，将房屋交付买受人的，由县级以上地方人民政府建设（房地产）主管部门责令限期改正；逾期不改正的，处以3万元以下的罚款；开发建设单位未按规定分摊维修、更新和改造费用的，由县级以上地方人民政府建设（房地产）主管部门责令限期改正；逾期不改正的，处以1万元以下的罚款。

（3）挪用住宅专项维修资金的，由县级以上地方人民政府建设（房地产）主管部门追回挪用的住宅专项维修资金，没收违法所得，可以并处挪用金额2倍以下的罚款；构成犯罪的，依法追究直接负责的主管人员和其他直接责任人员的刑事责任。

1）物业服务企业挪用住宅专项维修资金，情节严重的，除按上述规定予以处罚外，由颁发资质证书的部门吊销资质证书；

2）直辖市、市、县人民政府建设（房地产）主管部门挪用住宅专项维修资金的，由上一级人民政府建设（房地产）主管部门追回挪用的住宅专项维修资金，对直接负责的主管人员和其他直接责任人员依法给予处分；构成犯罪的，依法追究刑事责任；

3）直辖市、市、县人民政府财政部门挪用住宅专项维修资金的，由上一级人民政府财政部门追回挪用的住宅专项维修资金，对直接负责的主管人员和其他直接责任人员依法给予处分；构成犯罪的，依法追究刑事责任。

（4）违规使用住宅专项维修资金购买国债，应当承担以下法律责任：

1）直辖市、市、县人民政府建设（房地产）主管部门违反住宅专项维修资金投资规定的，由上一级人民政府建设（房地产）主管部门责令限期改正，对直接负责的主管人员和其他直接责任人员依法给予处分；造成损失的，依法赔偿；构成犯罪的，依法追究刑事责任；

2）直辖市、市、县人民政府财政部门违反住宅专项维修资金投资规定的，由上一级人民政府财政部门责令限期改正，对直接负责的主管人员和其他直接责任人员依法给予处分；造成损失的，依法赔偿；构成犯罪的，依法追究刑事责任；

3）业主大会违反住宅专项维修资金投资规定的，由直辖市、市、县人民政府建设（房地产）主管部门责令改正。

（5）县级以上人民政府建设（房地产）主管部门、财政部门及其工作人员利用职务上的便利，收受他人财物或者其他好处，不依法履行监督管理职责，或者发现违法行为不予查处的，依法给予处分；构成犯罪的，依法追究刑事责任。

9.4 物业服务企业的财务管理

物业服务企业的财务管理包括营业收入管理、成本和费用管理、利润管理以及代收付资金的管理。做好物业服务企业财务管理工作，有利于规范物业服务企业财务行为，促进企业公平竞争，有效保护物业服务相关各方的合法权益。

9.4.1 物业服务企业的收入构成

1. 物业服务企业的营业收入

营业收入，是指物业服务企业从事物业服务和其他经营活动所取得的各项收入，包括物业服务主营业务收入和其他业务收入。

（1）主营业务收入

主营业务收入，是指物业服务企业在从事物业服务活动的过程中，为物业产权人、使用人提供维修、管理和服务所取得的收入，包括物业服务收入、物业经营收入、物业酬金收入和物业大修收入。

1）物业服务收入，是指物业服务企业向物业产权人、使用人收取的公共性服务费收入、公众代办性服务费收入和特约服务收入。

2）物业经营收入，是指物业服务企业经营物业产权人、使用人提供的房屋建筑物和共用设施设备取得的收入，如房屋出租收入和经营停车场、游泳池、各类球场、集中供暖、中央空调等共用设施设备收入。

3）物业酬金收入，是指在物业服务企业从物业服务项目预收的物业服务资金中按约定比例或者约定数额提取的酬金收入。

4）物业大修收入，是指物业服务企业接收物业产权人、使用人的委托，对房屋共用部位、共用设施设备进行大修取得的收入。

（2）其他业务收入

其他业务收入，是指物业服务企业从事主营业务以外的其他业务活动所取得的收入，包括广告收入、废品回收收入、商业用房经营收入、场地租赁及无形资产转让收入等。

商业用房经营收入，是指物业服务企业利用物业产权人、使用人提供的商业用房从事经营活动取得的收入，如开办健身房、美容美发屋、商店、饮食店等的经营收入。

按照《民法典》第二百八十二条的规定，物业服务企业或者其他管理人等利用业主的共有部分产生的收入，在扣除合理成本之后，属于业主共有。因此，物业服务企业不能将利用业主共有部分和共用场地产生的收入全部纳为已有，只能提取业主认可的作为成本的部分。

2. 物业服务企业营业收入的管理

物业服务企业应当在劳务已经提供，同时收讫价款或取得收取价款的凭证时确认为营业收入的实现。物业大修收入应当经物业产权人、使用人签证认可后，确认为营业收入的实现。物业服务企业与物业产权人、使用人双方签订付款合同或协议的，应当根据合同或者协议所规定的付款日期确认为营业收入的实现。

9.4.2 物业服务企业的成本费用构成

1. 物业服务企业营业成本、费用的内容

（1）物业服务企业的营业成本

物业服务企业的营业成本包括直接费用和间接费用。

1）直接费用

直接费用包括物业服务企业直接从事物业服务活动所发生的支出。直接费用由人员费用、物业共用部位、共用设施设备日常运行维护费用、绿化养护费用、清洁卫生费用、秩序维护费用、物业共用部位、共用设施设备及公众责任保险费用、办公费用、固定资产折旧以及经业主同意的其他费用组成。

① 人员费用，是指管理服务人员工资、按规定提取的工会经费、职工教育经费，以及根据政府有关规定应当由物业服务企业缴纳的住房公积金和养老、医疗、失业、工伤、生育保险等社会保险费用。

② 物业共用部位、共用设施设备日常运行维护费用，是指为保障物业服务区域内共用部位、共用设施设备的正常使用和运行、维护保养所需的费用。其不包括保修期内应由建设单位履行保修责任而支出的维修费、应由住宅专项维修资金支出的维修和更新、改造费用。

③ 绿化养护费用，是指管理、养护绿化所需的绿化工具购置费、绿化用水费、补苗费、农药化肥费等。其不包括应由建设单位支付的种苗种植费和前期维护费。

④ 清洁卫生费用，是指保持物业服务区域内环境卫生所需的购置工具费、消杀防疫费、化粪池清理费、管道疏通费、清洁用料费、环卫所需费用等。

⑤ 秩序维护费用，是指维护物业服务区域秩序所需的器材装备费、安全防范人员的人身保险费及由物业服务企业支付的服装费等。其中，器材装备不包括共用设备中已包括的监控设备。

⑥ 物业共用部位、共用设施设备及公众责任保险费用，是指物业服务企业购买物业共用部位、共用设施设备及公众责任保险所支付的保险费用，以物业服务企业与保险公司签订的保险单和所支付的保险费为准。

⑦ 办公费用，是指物业服务企业为维护管理区域正常的物业服务活动所需的办公用品费、交通费、房租、水电费、取暖费、通信费、书报费及其他费用。

⑧ 固定资产折旧，是指按规定折旧方法计提的物业服务固定资产的折旧金额。物业服务固定资产是指在物业服务小区内由物业服务企业拥有的、与物业服务直接相关的、使用年限在一年以上的资产。

⑨ 经业主同意的其他费用，是指业主或者业主大会按规定同意由物业服务费开支的费用。

2）间接费用

间接费用又称为管理费分摊，是指物业服务企业在管理多个物业项目的情况下，为保证相关的物业服务正常运转而由各物业服务项目承担的管理费用。

① 物业服务企业在管理多个物业服务项目的情况下，为保证相关的物业服务正常运转，会发生企业管理人员的员工薪酬、员工法定福利、员工非法定福利、招聘费用、培训费用、工会经费、固定资产折旧、办公费用、物料采购费、业务招待费、水电费、市内交通费、车辆使用费（油费、路桥费、维修费用等）、差旅费、租赁及管理费、办公设备维护费、网络通信费、会议费用等。

② 物业服务企业所发生的管理费用按照一定的比例分摊到物业管理项目，这部分管理费用称为物业服务企业的间接费用。

③ 物业服务企业只从事物业服务的，其所发生费用按其所管辖的物业服务企业的物业服务计费面积或者应收物业服务费加权分摊；物业服务企业兼营其他业务的，应先按实现收入的比例在其他业务和物业服务之间分摊，然后按上述方法在所管辖的各物业服务企业之间分摊。

（2）物业服务企业的费用

物业服务企业的费用是指在物业服务过程中发生的，与物业服务活动没有直接联系，属于某一会计期间发生的费用。包括：

1）管理费用

物业服务企业各部门（除市场部门外）发生的各项费用，包括：员工薪酬、员工法定福利、员工非法定福利、招聘费用、培训费用、工会经费、固定资产折旧、办公费用、物料采购费、业务招待费、水电费、市内交通费、车辆使用费（油费、路桥费、维修费用等）、差旅费、租赁及管理费、办公设备维护费、网络通信费、会议费用等。

2）营业费用

物业服务企业市场部门发生的各项费用，包括：员工薪酬、员工法定福利、员工非法定福利、招聘费用、培训费用、工会经费、固定资产折旧、办公费用、物料采购费、业务招待费、水电费、市内交通费、车辆使用费（油费、路桥费、维修费用等）、差旅费、租赁及管理费、办公设备维护费、网络通信费、会议费用等。

3）财务费用

如银行利息、银行扣款手续费用等。

2. 物业服务企业成本费用的管理

（1）物业服务企业经营管辖物业共用设施设备支付的有偿费用计入营业成本，支付的物业服务用房有偿使用费计入营业成本或者管理费用。

（2）物业服务企业对物业服务用房进行装饰装修发生的支出，计入长期待摊费用，在有效使用期限内分期摊入营业成本或者管理费用中。

（3）物业服务企业可以于年度终了时，按照年末应收取账款余额的0.3%～0.5%计提坏账准备金，计入管理费用。企业发生的坏账损失，冲减坏账准备金；收回已核销的坏账，增加坏账准备金。不计提取坏账准备金的物业服务企业，其所发生的坏账损失，计入管理费用；收回已核销的坏账，冲减管理费用。

（4）工会经费、职工教育经费、住房公积金以及医疗保险费、养老保险费、失业保险费、工伤保险费、生育保险费等社会保险费的计提基数按照核定的相应工资水平确定；工会经费、职工教育经费的计提比例按国家统一规定的比例确定，住房公积金和社会保险费的计提比例按当地政府规定比例确定，超过规定比例的不得计入定价成本。医疗保险费用应在社会保险费中列支，不得在其他项目重复列支；其他应在工会经费和职工教育经费中列支的费用，也不得在相关费用项目中重复列支。

（5）固定资产折旧采用年限平均法，折旧年限根据固定资产的性质和使用情况合理确定。企业确定的固定资产折旧年限明显低于实际可使用年限的，成本监审时应当按照实际可使用年限调整折旧年限。固定资产残值率按3%～5%计算；个别固定资产残值较低或者较高的，按照实际情况合理确定残值率。

3. 物业服务企业其他业务支出的内容及管理

物业服务企业其他业务支出是指企业从事其他业务活动所发生的有关成本和费用支出。物业服务企业支付的商业用房有偿使用费，计入其他业务支出。企业对商业用房进行装饰装修发生的支出，计入长期待摊费用，在有效使用期限内分期摊入其他业务支出。

4. 物业服务企业税费的管理

（1）物业服务企业税费的内容

物业服务企业的税金和费用包括流转环节的增值税及附加和收益环节的所得税等，见表9-1。

物业服务企业常规税费表　　　　　　　　　　　　　　表9-1

税种	税目	税率	计税依据
企业所得税		25%	企业生产经营所得净利润
增值税	物业服务（其他服务）	6%（小微企业3%）	企业服务收入
城建税		7%	增值税附加
教育费附加		3%	增值税附加
地方教育费附加		2%	增值税附加
印花税	物业合同	0.05‰	物业合同所载金额
个人所得税	工资薪金所得	七级超额累进税率	工资、薪金
	劳务报酬	实行加成征税法（三级超额累进税率）	咨询、顾问费等

（2）物业服务企业代收付项目

如物业服务企业代有关部门收取的水费、电费、燃（煤）气费、专项维修资金、房租的行为，属于"服务业"税目中的"代理"业务，不计税费。对其从事此项代理业务取得的手续费收入应当征收增值税。

（3）特殊规定的免税政策

如北京市地方税务局《关于酬金制物业服务有关营业税政策问题的公告》（北京地税公告2011年第8号）：根据《中华人民共和国营业税暂行条例》的规定，物业服务企业以酬金制方式开展物业服务业务的，对物业服务企业开设单独账户专项存放为业主委员会代管资金的行为，不征收增值税；业主委员会直接与提供劳务的单位或个人签订合同，且该提供劳务的单位或个人直接为业主委员会开具结算发票，对物业服务企业代管资金账户、代付劳务价款的行为不征收增值税。

9.4.3 物业服务企业的利润

1.物业服务企业利润的构成

物业服务企业利润总额包括营业利润、投资净收益、营业外收支净额以及补贴收入。其中，营业利润包括主营业务利润和其他业务利润。

2.物业服务企业利润的计算

主营业务利润，是指主营业务收入减去营业税金及附加，再减去营业成本、管理费用及财务费用后的净额。

其他业务利润，是指其他业务收入减去其他业务支出和其他业务缴纳的税金及附加后的净额。

补贴收入，是指国家拨给物业服务企业的政策性亏损补贴和其他补贴。

9.4.4 物业服务企业代收代缴业务

1.物业服务企业代收付的范围

物业服务企业代收付的费用类型包括：水费、电费、燃（煤）气费、专项维修资金、装修垃圾清理费、集中供暖费用、各类保证金等。根据这些代收付费用的性质可以分为两类：

（1）由业主承担相应的责任和义务

物业服务区域内，供水、供电、供气、供热、通风、有线电视等单位应当向最终用户收取相关费用。作为水电等服务的最终用户，业主同水电等公司是一种合同关系，依据相关法律行使合同权利，履行合同义务。为方便社区业主，物业服务企业可根据实际情况代收代付水电费等，但不应承担相关责任和义务。

（2）由物业服务企业承担相应的责任和义务

物业服务企业为方便管理，收取的各类押金。如装修期收取的装修押金、装修垃圾清理费、向装修公司（人员）收取的出入证押金、向业主收取的水电费押金等。

2.物业服务企业代收付的管理

（1）按照费用类型建立统计报表，报表内一般以业主或付款人作为统计的对象。表9-2是一张常用的代收电费统计表。

代收电费统计表 表9-2

序号	房间	业主或付款人	已支付金额（元）	欠费金额（元）	备注
1	1#101	张三	0	100	
2	1#102	李四	0	50	
3	1#103	××	0	100	
4	1#104	××	0	50	
……					

（2）查表计数，如电费就需要根据业主家的电表统计单月用量，当月费用＝当月用量×电费单价。

（3）及时向业主或使用人送达代收代缴费用收费通知单及收取费用。

（4）对代收代缴的费用及时进行统计，及时追讨欠缴费用。

（5）将向业主或使用人代理收缴的水、电、气、有线电视等费用转交到供方。

3．物业服务企业代收付的方式

（1）先付后收

由物业服务企业先行垫支，再向业主收取资金。目前，水费、电费的代收付一般采取此种方式。先付后收的方式不仅占用了物业服务企业的资金，后期的收缴也存在风险。

（2）先收后付

由物业服务企业先向业主收取资金，再将资金支付给相关方。对物业服务企业而言，这种方式风险最低。如《福州市物业服务条例》就明确规定，当地物业服务企业可以采用先收后付的方式进行处理。

9.4.5 物业服务企业的财务特征

1．会计主体的特殊性

有的企业是以物业服务企业自身为会计主体，他们认为物业服务项目的经营管理活动也是其企业经营活动中不可或缺的一部分，当然也不排除通过集中组织会计核算，降低会计信息成本的因素存在；有的企业是将企业本部和每个物业服务项目分别作为会计主体，编制合并会计报表。

对于采用酬金制作为计费方式的物业服务项目而言，明确物业服务项目必须作为独立的会计主体的意义在于：一方面，可以将物业服务的提供者即物业服务企业的经营活动与其受托代理的物业服务项目的经营活动区别开来；另一方面，可以将同一物业服务企业受托代理的不同物业服务项目的经营活动区别开来。因此，酬金制下各物业服务项目应独立建账、独立核算，保证物业服务企业与物业服务项目之间以及不同管理项目之间在资金划拨、账簿记录等方面相互独立。在酬金制下，物业服务项目是独立的会计主体，但其会计核算的责任主体是物业服务企业，这反映出物业服务企业"代人理财"的特点。

2．现阶段物业服务企业资产的特点

（1）货币资金在总资产和流动资产中的比例偏高。总的来说，有两个方面的原因：一方面，由于现阶段在国家允许的范围内，低风险的短期投资渠道较少，物业服务企业往往也缺少资产管理方面的人才，使大量的货币资金处于闲置状态；另一方面，物业服务企业为业主管理着大量的专项维修资金，由于运营这些资金受到多方面的政策限制，以及物业服务企业缺乏相应的激励（比如不能分享投资回报），物业服务企业往往不愿意投入精力，放弃了潜在的收益。

（2）分散在各物业服务项目、所有权归全体业主的固定资产尚未全部纳入会计核算体系。

3．现阶段物业服务企业负债的特点

（1）物业服务企业现金充裕，现金流稳定，普遍没有通过银行融资的需求。

（2）物业服务企业账面上存在大量的暂收或应付款（例如装修押金、租赁押金等）和专项维修资金，并且物业服务收费一般采用预收的方式，因此，物业服务企业负债相对于所有者权益的比率较高。

（3）物业服务企业的负债基本上是无息负债，即无需支付利息的负债。

4．所有者权益的特殊性

在进行所有者权益核算时，应引起注意的是：酬金制下，物业服务费的结余是全体业主的权益，而非物业服务企业的股东权益，不能将其纳入所有者权益的核算范围，应计入资产负债表中"少数股东权益"项目，不能将其分配给股东。

5．收入的规定性

酬金制下，物业服务费是物业服务企业以代理人的身份为业主管理的资金，在地方税务法规的支持下，在会计上可以作为"代管资金"；对于采取酬金制的物业服务项目，物业服务企业的物业服务收入仅包括物业服务酬金收入。

6．物业服务企业在成本费用方面的特征

（1）物业服务企业固定成本的比例较高，人工成本占总成本的比例也较高，成本费用的可控性相对较差。

（2）物业服务企业成本费用的可预测性较强。

（3）物业服务企业的成本中有相当部分属预防性支出（如电梯维修保养费）。

9.5 物业服务收费标准测算

物业服务收费标准测算是物业管理投标最核心的工作内容，也是物业项目经理的基本专业素养。合理清晰地呈现物业服务收费依据，列明收费项目和收费标准，一方面能使物业服务企业或主管人员清晰地把握项目开支大小和盈利空间，另一方面能有理有据地让项目选聘方了解付费的去向和必要性。不同业态、不同服务内容、不同服务方式、不同计费方式的物业服务收费标准测算细节不同，但测算原理是基本一致的。以下以居住物业的常规物业服务内容为例，说明物业服务收费标准的测算项目和方法。

9.5.1 物业服务收费测算项目和具体测算思路与方法

居住物业服务收费标准的测算，可以用下面一个简明的公式表示：

$$V = \sum V_i \, (i = 1, 2, 3, \cdots, 12) \tag{9-1}$$

式中 V——求得的物业服务收费标准（元/月·m^2或元/年·m^2）；

V_i——各分项收费标准（元/月·m^2或元/年·m^2）、利润和税费（酬金制可不计税费）。

常用算法是按类别分别测算，最后求和得到服务收费标准，具体求算思路如下。

1. 管理服务人员的工资、社会保险和按规定提取的福利费 V_1

该项费用是用于物业服务企业的人员费用，包括人员工资、社会保险和按规定提取的福利费等，一般不包括管理、服务人员的奖金（奖金从盈利中提取）。

$$V_1 = \sum F_i / S \, (i = 1, 2, 3, 4) \tag{9-2}$$

式中 F_1——基本工资（元/月），每个企业、每个员工不同，但不能低于当地最低工资标准；

F_2——社会保险（元/月），具体包括养老、医疗、失业、工伤、生育保险，一般占个人工资的21%左右（有上限、下限规定），各省、各市不同，需要查当地文件核计；

F_3——按规定提取的福利费（元/月），包括福利基金、工会经费、教育经费、住房公积金等，一般占基本工资的14%左右，各地、各企业不同；

F_4——加班费（元/月）、服装费（元/月）等用于员工的必要开支；

S——可分摊费用的建筑面积之和（m^2）。

2. 物业共用部位、共用设施设备的日常运行、维护费用 V_2

$$V_2 = \sum F_i / S \, (i = 1, 2, 3, 4, 5) \tag{9-3}$$

式中 F_1——公共照明系统的电费和维修费：

（1）电费：$(W_1 \times T_1 + W_2 \times T_2 + \cdots + W_n \times T_n) \times 30 \times P_E$，其中，$W_1$表示每日开启时间为$T_1$（小时）的照明电器总功率（$kW \cdot h$）；$T_1$表示每日开启时间（h）；30代表每月测算的天数（精确计算可以按每月实际天数）；P_E表示电费单价（元/kW）；

（2）维修费：通常按经验值估算，一般按照当地的工资水平费用和使用的零配件、进货的价格来测算；

F_2——给水排水设施的费用，此项费用测算时又可分项为：

（1）给水泵的电机功率（可包括生活水泵、消防蓄水池泵），电费 = $W \times 24 \times I \times 30 \times P_E$（元/月），$I$代表使用系数，$I$ = 平均每天开启小时数/24；

（2）消防泵的电机费（包括喷淋泵、消防栓泵），电费＝$W \times 24 \times I \times 30 \times P_E$（元/月）；

（3）排污泵的电机功率（包括集水井排水泵、污水处理排水泵），电费＝$W \times 24 \times I \times 30 \times P_E$（元/月）；

（4）维修费（元/月）；

F_3——供配电系统设备维修费、检测费（元/月）；

F_4——建筑、道路维修费（元/月）；

F_5——电梯费用的核算：

（1）电费＝$n \times W \times 24 \times I \times 30 \times P_E$（元/月），其中，$n$为电梯台数；$W$为电梯功率；$I$为电梯使用系数，由于不同类型物业的电梯使用时间和频率不同，会产生差异，一般可通过统计的方法进行估算，居住类物业大致在0.4；

（2）维修费（元/月），可分包给专业的电梯维修公司，在取得专门资质的情况下也可自行维修（包括人工费、材料费）；

（3）专门机构年检费（元/月）。

此处的费用项$F_1 \sim F_5$并非固定项目，不同物业项目不一样，可增可减，需按实际耗费测算，不能机械套用。

3. 物业服务区域清洁卫生费用V_3

$$V_3 = \Sigma F_i / S \ (i = 1,\ 2,\ 3,\ 4,\ 5,\ 6,\ 7,\ 8) \tag{9-4}$$

式中　F_1——人工费（元/月）；

F_2——清洁机械、工具、材料、服装费，按价值和使用年限折算出每月的值（元/月）；

F_3——清洁用料费（元/月）；

F_4——消杀防疫费（元/月）；

F_5——管道疏通费（元/月）；

F_6——化粪池清理费（元/月）；

F_7——垃圾清运费（元/月）；

F_8——水池（箱）清洁费（元/月）。

该类费用同样应根据项目实际情况增减。

4. 物业服务区域绿化养护费用V_4

$$V_4 = \Sigma F_i / S \ (i = 1,\ 2,\ 3,\ 4,\ 5) \tag{9-5}$$

式中　F_1——人工费（元/月）；

F_2——绿化工具费（元/月）；

F_3——化肥、农药等费用（元/月）；

F_4——绿化用水费（元/月）；

F_5——补苗费、园林景观再造费（元/月）（若费用大过一定限度，则归于专项维修资金开支）。

5. 物业服务区域秩序维护费用V_5

$$V_5 = \sum F_i/S \ (i = 1, 2, 3, 4, 5) \tag{9-6}$$

式中　F_1——人工费（元/月）；

F_2——服装费（元/月）；

F_3——维修费（元/月）；

F_4——日常保卫器材费（元/月），包括对讲机、多功能警棍、110报警联网等；

F_5——安保用房及安保人员住房租金、水电费等（元/月）（若项目免费提供用房时，本项不计）。

6. 办公费用V_6

常用全年的费用预算来折算出每月费用，即全年费用除以12个月，也可根据上年的年终决算数据预算出今年的办公费。

$$V_6 = \sum F_i/S \ (i = 1, 2, 3, 4, 5, 6, 7, 8) \tag{9-7}$$

式中　F_1——交通、通信费用（元/月）；

F_2——文具、办公用品等低值易耗品费用（元/月）；

F_3——车辆使用费（元/月）；

F_4——节日装饰费（元/月）；

F_5——公共关系维护费及宣传广告费（元/月）；

F_6——办公水电（取暖）费（元/月）；

F_7——书报费（元/月）；

F_8——必要的房租费（若委托或招标方已提供免费物业服务用房或工作空间，则不计）。

7. 物业服务企业用于管理项目的固定资产折旧费V_7

该项费用指物业服务企业拥有各类固定资产按其总额每月分摊提取的折旧费用，包括交通工具、通信设备、办公设备、工程维修设备等（非企业投入到项目所用的资产，例如建设单位配置、专项维修资金购买、社区配置等各类资产，不应计算此项费用）。按实际拥有的上述各项固定资产总额除以平均折旧年限，再分摊到每月每平方米建筑面积。若已在前述各项费用中单独核算过折旧，此处不能重复核计。

值得注意的是，这里的固定资产应主要是直接用于该项目服务的固定资产，企业总部资产理论上可以按项目数和规模进行适当比例分摊，但实际上很难核定，容易引发争议，因此不能清晰界定时原则上不计，但是几个项目共用的扫地车等器具可以合理分摊折旧。

固定资产折旧采用年限平均法，折旧年限根据固定资产的性质和使用情况合理确定。固定资产残值率按3%～5%计算；个别固定资产残值较低或者较高的，按照实际情况合理确定残值率。

也可以以合同年限（不宜太短或太长，一般合同期为3～5年合适）作为各类固定资产折旧年限，各项资产残值率取零。这种简略做法的前提是长短折旧时间取平均（为合同期限）与实际情况差别不大，后期合同到期，物业服务企业撤场时所有固定资产都不带走。

除了计算折旧，对于单位价值2000元以下且使用年限在一年以内的低值易耗品（劳动资料），也要按年或按月计算耗费（精细化计算可以把使用期大于一年的耐用品按使用期分摊）。

8. 物业共用部位、共用设施设备及公众责任保险费用V_8

$$V_8 =（投保总金额 × 保险费率）/ 保险受惠物业的总面积 \qquad (9-8)$$

为了从经济上保障住宅物业区内水、电、电梯等设施遭受灾害事故后能及时修复和对伤员进行经济补偿，物业服务企业必须对这些设施设备投财产保险、相关责任保险（如电梯责任保险）、公众责任保险（投保费率约为5‰）。保险费按保险受惠物业总建筑面积分摊。

9. 管理费分摊V_9

这是按照国家发展改革委发布的《物业服务定价成本监审办法》增加的一项可纳入服务费的成本或开支，具体是指物业服务企业在管理多个物业项目的情况下，为保证相关的物业服务正常运转而由各物业服务小区承担的管理费用（若没有充足的依据，此项费用可以忽略）。

10. 经业主同意的其他费用V_{10}

该项是指业主大会同意的全体业主均能受益的必要的物业服务费用。

11. 不可预见费用V_{11}

不可预见费一般按上述费用总和的1%～3%计，考虑不可预见费的原因是物价上涨、银行利率调整及其他不可预见的临时性支出（例如防疫费用等）。不可预见费应单独设账，严格控制其支出。

12. 利润或管理酬金V_{12}

此项额度按定额利润/酬金或行业利润率/酬金率确定。定额酬金或利润是指双方协商在服务企业完成合同规定的服务任务的情况下给服务者一笔固定数额的利润或酬金。不过，现行最通常的利润/酬金确定方式是以上述1～11项的支出之和为基数乘以行业利润率/酬金率付给服务企业利润/酬金，即：

$$管理利润/酬金 = 总成本（总支出）× 成本利润率（酬金率）$$
$$= 总服务费 × 行业利润率（酬金率） \qquad (9-9)$$

物业管理行业利润率/酬金率一般在5%～15%，具体的比率可由双方根据物业服务的标准等因素协商确定，不限于某具体数值。

值得注意的是，这里所说的利润并不是物业服务企业的利润，只是一个项目的利润或报酬。

13. 法定税费V_{13}（酬金制收费原则上不计）

2016年后，物业服务企业经营税负由营业税（税率5%）改为缴纳增值税，一般企业（年营业收入大于等于500万）的增值税率为6%；小微企业（年营业收入小于500万）的增值税率为3%。在特定情形下（例如疫情期间），财政和税务部门还可能给予部分企业一定时期的税费减免。

具体来说，对于一般性物业服务企业（小微企业税率取3%）：

$$增值税 = 不含税收入 \times 6\% = 含税收入 \times 6\% / (1 + 6\%) \qquad (9\text{-}10)$$

在核算某一企业全年应缴多少增值税时，允许进行税费抵扣，即在同一计税期内，前期购买物品和服务所缴纳的增值税（以开具发票为据）在期末缴税时可以用于抵扣或给予返还。

9.5.2 物业服务收费标准测算公式与案例

按照《物业服务收费管理办法》的规定，实行包干制计费方式的物业服务收费标准测算，可以根据不同已知条件按以下公式计税。

1. 单一类型项目物业服务费测算公式

（1）已知成本和利润（或成本利润率）

$$
\begin{aligned}
V &= P_1（成本） + P_2（利润） + P_3（税收） \\
&= P_1 + P_2 + (P_1 + P_2) \times 6\%（一般企业） \\
&= P_1 + P_1 K_1（成本利润率） + (P_1 + P_1 K_1) \times 6\% \qquad (9\text{-}11) \\
&= (P_1 + P_1 K_1) \times (1 + 6\%) \\
&= P_1 (1 + K_1) \times (1 + 6\%)
\end{aligned}
$$

（2）已知成本与营收利润率

$$
\begin{aligned}
V &= P_1 + V K_2（营收利润率） + V \times 6\% / (1 + 6\%) \\
V &= P_1 / \left[1 - K_2 - 6\% / (1 + 6\%) \right]
\end{aligned}
\qquad (9\text{-}12)
$$

假设上述 V 为一年的总物业服务费，设 $S_可$ 为可收费建筑面积，$S_总$ 为总建筑面积，λ 为可收费面积率，$S_可 = S_总 \times \lambda$，则每月每平方米收费标准 $V_单 = V / 12 / S_可$。

精确计税还需另外考虑两税一费（城市维护建设税：按增值税的7%计；教育费附加：按增值税的3%计；地方教育附加税：按增值税的2%计。特定情形下可以免缴）。

采用酬金制计费方式时，只需忽略税费一项即可按同样道理测算收费标准。

【例9-1】某住宅小区总建筑面积为13万 m^2，可收费面积为10万 m^2，由一家大型物业服务企业依约管理。经测算，该小区全年各项物业服务相关费用见表9-3。

某物业服务项目各项费用开支表　　　　　　　　表9-3

项目	金额（万元）
人员费用	100
公共秩序维护、设施设备运行和维护、绿化清洁费用	40
办公、固定资产折旧、必要保险等开支	40
大修费用	10
其他必要的日常服务开支	0

（1）若采用酬金制计费方式，且约定物业酬金比例为10%，计算该项目物业服务收费标准。

（2）若采用包干制计费方式，年利润为10万元，计算该项目物业服务收费标准。

（3）若采用包干制计费方式，利润率为年服务费收入的10%，计算该项目物业服务费标准。

（4）若采用包干制计费方式，收费标准为多少时该项目刚好保本。

注：收费标准以"元/月·m²"表示，保留小数点后两位；城市维护建设税及教育费附加忽略不计。

【解】

（1）酬金制：年总物业服务费＝年物业服务支出＋酬金

$$＝180＋180×10\%$$

$$＝198万元$$

$$收费标准＝198/10/12$$

$$＝1.65元/月·m^2$$

（2）包干制：年总物业服务费＝年物业服务成本＋利润＋税费

$$＝180＋10＋（180＋10）×6\%$$

$$＝201.4万元$$

$$收费标准＝201.4/10/12$$

$$＝1.68元/月·m^2$$

（3）包干制：年总物业服务费（V）＝物业服务成本（P）＋利润＋税费

$$V＝P＋V×10\%＋V×6\%/（1＋6\%）$$

$$V＝P/[1－10\%－6\%/（1＋6\%）]$$

$$＝180/0.84339$$

$$＝213.42万元$$

$$收费标准＝V/10/12$$

$$＝1.78元/月·m^2$$

（4）包干制：刚好保本意味着利润为零，则：

$$年总物业服务费（V）＝物业服务成本（P）＋税费$$

$$V＝180＋180×6\%$$

$$＝190.8万元$$

$$收费标准＝V/10/12$$

$$＝1.59元/月·m^2$$

2. 混合类型项目物业服务费的测算公式

若一项目同时有住宅、办公、零售商业物业，面积分别为$S_住$、$S_办$、$S_商$，总费用为$V_总$，设各类物业收费单价分别为$V_住$、$V_办$、$V_商$。

$$V_总＝S_住·V_住＋S_办·V_办＋S_商·V_商$$

由于实际工作中各功能部分费用难以分开计算，一般是假设：$V_{办}=n_1 \cdot V_{住}$，$V_{商}=n_2 \cdot V_{住}$，可得：

$$V_{住}=V_{总} / (S_{住}+n_1 \cdot S_{办}+n_2 \cdot S_{商})$$

然后，再分别求得办公与商业部分收费标准，其他分开功能的项目，均可按此思路测算。

【例9-2】某小区总建筑面积20万 m^2，商业部分可收费面积5万 m^2，住宅部分可收费面积10万 m^2，由一家大型物业服务企业对各业态物业及地下停车场进行统一管理。若该项目一年总人工成本为120万元，物业服务企业每年购买各类保险为23万元（员工社会保险15万元、物业共用设施设备保险5万元、公众责任险3万元），其他公共性物业服务成本开支100万元，若该小区每年停车管理服务收费10万元，电梯广告收费5000元/月（必要成本500元/月，按9%缴纳增值税，所得纯收入15%用于物业服务企业物业服务合同外报酬，剩余部分纳入补充物业服务开支）。假设该项目利润是住宅和商场收费额之和的10%，商业部分正常服务收费标准是住宅部分的2.5倍，试测算该项目住宅和商场的月物业服务收费标准（元/m^2，保留小数点后两位；增值税附加和抵扣忽略不计）。

【解】

总物业服务费＝商场物业服务费＋住宅物业服务费＋停车场物业服务费

应收物业服务费＝物业服务总成本＋利润＋税费－各种可用于物业服务费的收入

总成本＝120＋8＋100＝228万元

停车管理服务费纯收入＝$10 \times [1-6\% / (1+6\%)]＝9.43$万元

广告可用于物业服务的纯收入＝$\{6 \times [1-9\% / (1+9\%)]-0.6\} \times 0.85＝4.17$万元

设住宅物业服务收费标准为每月x，则住宅和商场物业服务总收费为：

$$＝12x \times 10+12 \times 2.5x \times 5＝270x$$

根据题意：$270x＝(228+27x-9.43-4.17) \times (1+6\%)$

$$x＝1.00元/m^2$$

因此，求得该项目住宅部分物业服务收费标准为每月1元/m^2，商场为每月2.5元/m^2。

需要说明的是，实际项目的物业服务收费标准测算多是以列表方式进行，以上例题主要是为展示和理清求算思路。

本 章 小 结

物业服务费是业主支付给物业服务人提供建筑物及其附属设施的维修养护、环境卫生和相关秩序的管理维护等服务的费用。物业服务收费应当遵循合理、公开以及费用与服务水平相适应的原则。

物业服务收费有政府定价、政府指导价、市场调节价三种定价形式。

物业服务费计费方式主要有包干制和酬金制。包干制是指由业主向物业服务企业支付固定物业服务费用，盈余或者亏损均由物业服务企业享有或者承担的物业服务计费方式。实行物业服务费用包干制的，物业服务费用的构成包括物业服务成本、法定税费和物业服务企业的利润。酬金制是指在预收的物业服务资金中按约定比例或者约定数额提取酬金支付给物业服务企业，其余全部用于物业服务合同约定的支出，结余或者不足均由业主享有或者承担的物业服务计费方式。实行物业服务费用酬金制的，预收的物业服务资金包括物业服务支出和物业服务企业的酬金。

包干制的物业服务成本或者酬金制的物业服务支出，一般包括：管理服务人员的工资、社会保险和按规定提取的福利费等；物业共用部位、共用设施设备的日常运行、维护费用；物业服务区域清洁卫生费用；物业服务区域绿化养护费用；物业服务区域秩序维护费用；办公费用；物业服务企业固定资产折旧；物业共用部位、共用设施设备及公众责任保险费用以及经业主同意的其他费用。

物业服务定价成本监审应当遵循合法性原则、相关性原则、对应性原则、合理性原则。

住宅专项维修资金是指专项用于住宅共用部位、共用设施设备保修期满后的维修和更新、改造的资金。住宅专项维修资金管理遵循专户存储、专款专用、所有权人决策、政府监督的原则。

商品住宅的业主、非住宅的业主按照所拥有物业的建筑面积缴存住宅专项维修资金，每平方米建筑面积缴存首期住宅专项维修资金的数额为当地住宅建筑安装工程每平方米造价的5%～8%。出售公有住房的，业主按照所拥有物业的建筑面积缴存住宅专项维修资金，每平方米建筑面积缴存首期住宅专项维修资金的数额为当地房改成本价的2%。售房单位按照多层住宅不低于售房款的20%、高层住宅不低于售房款的30%，从售房款中一次性提取住宅专项维修资金。

住宅专项维修资金的使用应当遵循方便快捷、公开透明、受益人和负担人相一致的原则。

营业收入是指物业服务企业从事物业服务和其他经营活动所取得的各项收入，包括物业服务主营业务收入和其他业务收入。主营业务收入是指物业服务企业在从事物业服务活动的过程中，为物业产权人、使用人提供维修、管理和服务所取得的收入。其他业务收入是指物业服务企业从事主营业务以外的其他业务活动所取得的收入，包括广告收入、废品回收收入、商业用房经营收入、场地租赁及无形资产转让收入等。

物业服务企业或者其他管理人等利用业主的共有部分产生的收入，在扣除合理成本之后，属于业主共有。

物业服务企业应当在劳务已经提供，同时收讫价款或取得收取价款的凭证时确认为营业收入的实现。物业大修收入应当经物业产权人、使用人签证认可后，确认为营业收入的实现。物业服务企业与物业产权人、使用人双方签订付款合同或协议的，应当根据合同或者协议所规定的付款日期确认为营业收入的实现。

物业服务企业利润总额包括营业利润、投资净收益、营业外收支净额以及补贴收入。其中，营业利润包括主营业务利润和其他业务利润。

复习思考题

1. 试述物业服务收费的概念与形式。
2. 物业服务收费应遵循哪些原则？
3. 什么是包干制？什么是酬金制？实施包干制和酬金制各有哪些利弊？
4. 物业服务定价成本的构成包括哪些费用？
5. 什么是住宅专项维修资金？住宅专项维修资金管理有哪些规定？
6. 试述物业服务企业财务管理的内容。
7. 试述物业服务企业营业收入的构成。
8. 试述物业服务企业利润的构成。
9. 试述如何测算物业服务收费标准。

10

社区治理与物业管理

本章要点及学习目标

理解社区与社区治理的含义。

理解社区治理与物业管理的关系。

了解党建引领社区治理与物业管理的作用与内容。

10.1 社区与社区治理

10.1.1 社区

"社区"一词源于拉丁语，意思是共同的东西和亲密的伙伴关系。20世纪30年代初，费孝通先生在翻译德国社会学家滕尼斯的一本著作《Community and Society》(《社区与社会》著于1887年) 时，把英文单词"community"翻译成"社区"，后来被诸多学者引用并逐渐流传。英文"community"一词有公社、团体、社会、公众以及共同体、共同性等多种含义，因此有的社会学者有时又在团体或非地域共同体这种意义上使用"community"一词。而中文"社区"一词因与区域相联系，所以社区有了地域的含义，意在强调这种社会群体生活是建立在一定地理区域之内的。

时至今日，较为认同的中文"社区"一词是指某一地域里个体和群体的集合，也即有共同文化的居住于同一区域的人群，其成员在生活上、心理上、文化上有一定的相互关联和共同认识。它由五个要素组成，分别是人口、地域、制度、政策和机构。在具体指称某一人群的时候，其"共同文化"和"共同地域"两个基本属性有时会侧重于其中一点，如"东城社区""鼓楼社区"是侧重于共同地域属性，而"华人社区""客家社区"等则侧重于共同文化属性。在强调共同地域时，学校、工厂、居委会都属于社区。社区有时也指虚拟空间，如"网络社区"。

现今我国内地的社区大部分是由城镇的居民委员会改名而来，还有一部分是由并入城镇的村委会改名而来，体现的是党和政府传递、落实政策和了解民情的最基层单位，在行政上接受街道办事处领导，街道办事处接受并传达区县政府和各科局的任务和指示后经常需要社区配合和落实。但是，社区没有行政级别，社区工作人员既不属于行政编制也不是事业编制，社区工作人员的主体是社区干部，由三年一次的换届选举产生。因此，大部分社区的工作人员流动性偏大。此类社区覆盖的居民人数因地而异，大的社区可能管辖5000多户，小的社区有时不到1000户。

10.1.2 社区治理

社区治理是指政府、社区组织、居民及辖区单位、营利组织、非营利组织等基于市场原则、公共利益和社区认同协调合作，有效供给社区公共物品，满足社区需求，优化社区秩序的过程与机制。

加强社区治理是推进国家治理体系和治理能力现代化的重要组成部分，事关党和国家大政方针贯彻落实，事关居民群众切身利益，事关城乡基层和谐稳定，也是完善和发展中国特色社会主义制度的需要。国家治理体系包括国家治理、地方治理和基层治理，作为纵向治理的基层抓手和横向治理的社会细胞，社区是中国城市社会中最基础、最真切，也是最活跃的治理载体与治理单元之一，在国家治理体系中发挥着至关重要且无可替代的作用。

作为地方社会，社区不可避免地存在着这样或那样的社会问题，例如安全问题、防疫问题、教育问题、养老问题、交通问题、环境问题等。随着社会经济进程的快速发展，我国城市社区管理正在从单位制、街居制向社区制转变，一元化行政主导以管制为特征的社区管理，向社会协同、多方参与、多元治理转化的社区治理改革创新需求日益迫切。例如，各类居住社区（小区）已普遍实行专业化的物业管理，部分已成立业主大会与业主委员会，在这类社区中，除了街道办事处（"政府、市场、社会"中的主要政府一方）、居委会（目前既是"政府方"又是"社会方"），物业服务企业（"政府、市场、社会"中的主要市场一方）、业主大会与业主委员会（以下简称"业主自治组织"，"政府、市场、社会"中的社会一方）自觉不自觉地参与、承担着各式社区治理和社会服务之责，其在社区治理中的地位与作用日益显现，普通业主（基于维护物权等需要）的主体意识、参与意识逐步加强，权利诉求也逐步增多。在新型社区中创新社区治理模式，建立良性的治理制度，明确街道、居委会、物业服务企业、业主自治组织等在社区治理中的角色、定位与作用，寻求优化创新社区治理的路径与方法，培育人们的相互信任，建立政府、市场、社会充分协同发挥作用的社区治理运行机制与模式，对于转变社区管理方式、降低社会管理成本、健全基层民主、推进业主自治、减少社区矛盾、促进社区和谐意义重大，社区治理高效，城市治理才能高效。

构建共建共治共享治理格局的关键是在党建引领和政府主导下，激发社区自我治理的活力与能力，调动社区一切主体参与社区治理，多方配合、多元协同，将社区资源与合力发挥到最佳，实现社区治理事务效益最大化。当社区自我治理的活力与能力提升到一定阶段，多元协同的社区治理格局形成了，政府即可逐步从具体的社区事务管理中解脱出来，不至于时常代替办理那些数量庞大而规模很小的事务，实现小政府、大社会的目标。

10.2　社区治理与物业管理

早在2017年6月12日，中共中央、国务院发布的《关于加强和完善城乡社区治理的意见》中，首次将物业管理工作作为补齐城乡社区治理短板的重要内容。意见中明确要求改进社区物业服务管理，强调要加强社区党组织、社区居民委员会对业主委员会和物业服务企业的指导和监督，建立健全社区党组织、社区居民委员会、业主委员会和物业服务企业议事协调机制；探索在社区居民委员会下设环境和物业管理委员会，督促业主委员会和物业服务企业履行职责；探索完善业主委员会的职能，依法保护业主的合法权益；探索符合条件的社区居民委员会成员通过法定程序兼任业主委员会成员；探索在无物业管理的老旧小区依托社区居民委员会实行自治管理；探索在农村社区选聘物业服务企业，提供社区物业服务。党的十九届五中全会强调"完善共建共治共享的社会治理制度""加强和创新社会治理""推动社会治理重心向基层下移"。

为了贯彻以上精神，2021年1月5日，住房和城乡建设部、中央政法委、中央文明办等十部委联合印发《关于加强和改进住宅物业管理工作的通知》（以下简称十部委《通知》），强调从融入基层社会治理体系、健全业主委员会治理结构、提升物业管理服务水平等方面提升住宅物业管理水平和效能。十部委《通知》进一步强调要将物业管理融入基层社会治理体系，助力构建共建共治共享的基层社会治理体系和治理新格局。

社区是社会治理的末梢，也是基层治理的重点。社区治理涉及个人意愿表达、公共选择、集体决策与行动、利益协调与平衡等，居住区的共有共用场地与设施设备可以看作是一种特定类别的公共资源，业主共同关心的问题可以看作是一种特定的公共事务，物业管理在公共资源高效管理维护以及居住社区公共事务解决方面有不可替代的价值，如社区治安、卫生防疫、垃圾分类、突发事件应对等，物业管理在各种社会管理职能方面发挥的作用十分突出。从十部委《通知》行文可看出，文中所称的物业管理不限于狭义的物业管理，而是融行政性（含居委会托管式）、业主自治性、社会组织代管式以及企业化、专业化物业管理为一体的广义物业管理。物业服务企业和居委会、业主委员会共同组成基层社区治理的常在主体，可以看作是基层社区治理的"三驾马车"，在为居民创造美好人居环境方面，三者的目标一致、责任同担。

物业管理融入基层社会治理体系，表面上看是中央和各级政府政策和文件的要求，本质上是政府管理职能转变、社区构成方式转化和物业管理主体多样性、内容宽泛性及与民生关联密切性决定的。我国人居规模化、小区化、封闭式集中的居住特点和"单位人"向"社区人"转变的时代特点，使得物业管理自觉不自觉地会承担大量公共管理和公共服务职能。进一步明确物业管理是社区治理重要的一部分，一方面是对物业管理社会价值的认可，另一方面是对物业管理定位的进一步明确（并非单纯的市场化职能）。

新冠肺炎疫情暴发以来，物业服务企业及不少业主组织发挥贴近居民优势，在社区疫情防控中的作用凸显，成为社区联防联控的主力军，为深化社区治理提供了有益经验和启示。同时，物业管理的智慧化、数字化加速了服务能力与服务方式的变革，有助于构建网格化管理、精细化服务、信息化支撑、开放共享的基层管理服务平台，从而更高效地参与社会治理工作。

10.3　党建引领社区治理与物业管理

社区治理本质上指的是在社区场域，政府、企业、社团、居民等相关主体通过平等合作共同解决社区问题的过程，治理效果既依赖于内生性因素，也需要外源性因素。在目前阶段，由"单位人"转化为"社区人"的过程中，社区中有大量共同利益需要维护、平衡，共同责任需要明确、分担，共同事务需要协商、妥协，共同关系需要维系，许多矛盾与纠纷需要解决。可是社区成员互信基础薄弱，参与公共事务意识和习惯缺乏。因此，在成员公共意识普遍不强以及其他的社区治理要素也不够完善的条件下，要把社区治理变为真正规范有效的行动，形成良性运作机制，党建引领、政府主导必不可少。

以党建引领规范和加强社区治理和物业管理工作，是推动城市基层治理体系和治理能力现代化的重要举措。2019年，中共中央办公厅印发《关于加强和改进城市基层党的建设工作的意见》，要求健全党组织领导下的社区居民自治机制。在社区党组织领导下，以社区居民委员会和居务监督委员会为基础，完善协同联动的社区治理架构。强化党组织领导把关作用，规范社区"两委"换届选举，防止不符合标准条件的人选进入班子。全面推行社区党组织书记通过法定程序担任社区居民委员会主任、"两委"班子成员交叉任职。依法依规稳妥开展非户籍常住居民和党员参加社区"两委"换届试点，拓展外来人口参与社区治理途径。推进在业主委员会中建立党组织，符合条件的社区"两委"成员通过法定程序兼任业主委员会成员。通过发展党员、引导物业服务企业积极招聘党员工、选派党建指导员等方式，加强社区物业党建联建，延伸党的工作手臂。建立党建引领下的社区居民委员会、业主委员会、物业服务企业协调运行机制，充分调动居民参与积极性，形成社区治理合力。

党建引领物业管理，一方面，要求物业服务企业应在内部设立党组织，通过形成系统化、制度化的管理措施强化党建工作，在面临管理难题时可与党组织共同出谋划策，破解难题；同时也要充分发挥党员的先锋模范作用，增强物业服务从业人员的服务意识，以加强党建促进物业服务企业科学化发展，不断提高物业服务水平。另一方面，需要建立"交叉任职"机制，鼓励物业服务从业人员到社区报到参与社区公共事务管理；引导社区党员向物业服务企业党组织延伸，加强对物业服务企业的监督与引导。

更深入的党建引领社区管理和物业管理工作，需要创新党组织设置和活动方式，依托物业服务企业、产权单位、骨干企业等建立楼宇党组织。要大力推行社区"两委"与物业公司、社区民警、驻区单位等"双向进入、交叉任职"，建立社区党组织领导下的居民委员会、业主委员会、物业服务企业等多方协调运行机制，发挥好党组织在社区事务中的主导作用。需要大力推进社区"家门口"服务体系建设，整合各部门单位的党建服务、政务服务、生活服务、文化服务等资源，向社区下沉、向网络延伸，把服务送到离居民最近的地方。需要推进基层协商民主，采取居民议事会、百姓议事厅、民情恳谈日、楼院长杂谈等形式，引导居民群众通过协商解决教育、物业、养老、治安、环境等各类问题。除此之外，还应结合综合行政执法改革工作，建立由住建、城管、公安、司法、应急、市场监管等部门及水、电、气、暖各类专业经营企业共同参与的物业服务执法联动机制，实施综合执法，切实解决小区违章搭建、圈占绿地、占用消防通道、房屋拆改等违法违规行为和物业服务管理中的难点问题；要推进"互联网＋社区"行动，运用大数据精准识别、反馈居民需求，畅通民意表达渠道，让社区治理既有智慧，更有温度。

切实加强党组织和党员的个人作用可以端正基层区治理理念、指引治理方向、凝聚治理共识、树立治理权威、完善治理结构、激发治理活力，使治理进程和成效更有保障。待社区治理主体治理意识、习惯、能力均得到较好养成和提高时，社区治理方可逐步转为政府向社区赋权增能，把社区事务的决定权和行动权交给社区居民。当然，党建引领也要有必要的民主决策、群众监督和信息公开制度配套保障，否则就可能衍生出家长制、一言堂，甚至专权腐败等问题。

本 章 小 结

社区是指某一地域里个体和群体的集合。它由五个要素组成，分别是人口、地域、制度、政策和机构。

社区治理是指政府、社区组织、居民及辖区单位、营利组织、非营利组织等基于市场原则、公共利益和社区认同协调合作，有效供给社区公共物品，满足社区需求，优化社区秩序的过程与机制。

社区治理需要物业管理，物业管理融入社区治理才能发挥更大的作用，获得更大的发展空间。

以党建引领规范和加强社区治理和物业管理工作，是推动城市基层治理体系和治理能力现代化的重要举措。

党建引领可以端正基层区治理理念、指引治理方向、凝聚治理共识、树立治理权威、完善治理结构、激发治理活力，使治理进程和成效更有保障。

复习思考题

1. 试述社区与社区治理的含义。

2. 阐述社区治理与物业管理的关系。

3. 阐述党建引领社区治理与物业管理的作用与内容。

11

其他国家的
物业管理

本章要点及学习目标

　了解新加坡、美国和英国的物业管理。

11.1　新加坡的物业管理

新加坡全国面积约620km^2，人口约300万，是一个土地资源有限的岛国。1959年独立时，因房荒严重，40%的人住在棚户区。政府为充分利用土地、解决住房问题，一方面按土地征用法令规划土地的使用，另一方面填土造地，增加土地面积。通过多年努力，截至1993年年底，填土总面积为26.59km^2，约为新加坡土地面积的4%。新加坡政府从1960年起开始执行住宅建设的五年计划，设立建屋发展局，为中低收入家庭提供住房。1964年，作为国策和政纲，又提出了"居者有其屋"的政策，鼓励居民逐步拥有（购买）自己的住房。经过近六十年的发展，目前新加坡有85%的公民居住在政府提供的组屋里，其中，94%的居民拥有组屋产权，6%的居民租赁居住。另外有15%的高收入家庭购买或租赁商品住房。

新加坡建造的住宅分公共组屋和私人住宅两种，其中私人住宅又分为共管式公寓和独立式、半独立式的花园洋房。

11.1.1　新加坡建设资金和物业管理经费

住宅建设需要巨额资金，并要在较长时期内保持相对稳定。没有一个国家是单靠政府或个人解决的，都是动员全社会的力量，建立多元化的投资体制，并采取多渠道的方式聚集和融通建房资金，来保持住宅建设的稳定发展。

1. 新加坡政府解决住宅建设资金的主要渠道

（1）住房公积金

新加坡中央公积金制度是政府为确保吸收社会资金，实现政府提出的"居者有其屋"计划而制订的一项强制性储蓄计划。该制度从1955年7月起建立，并设定了中央公积金局，以保护公积金会员的合法权益，规划和管理使用公积金储蓄的行为。规定任何一个雇员或受薪者，每月的工资必须有一定比例需要扣除，雇主也需要按雇员或受薪者工资的同样比例，每月拿出一笔钱统一存入中央公积金局。公积金的用途主要有三个方面：80%作为日常生活费用，即可用于购买住房和付保险费（购买组屋可动用其中的5/6）；12%作为医疗费用；8%作为特别费用，即年老退休后享用。由于公积金储蓄的回报率低于公共住宅价格增长率，大部分居民都选择提取公积金购买公共住宅，以期最大限度地从他们的储蓄中取得回报，况且政府还对公共住宅在市场上再出售采取了放松措施。这种强制性储蓄为政府住房金融活动提供了巨额资本，也使参加公积金储蓄的人能够利用公积金购买住房。目前，新加坡已有240万名公积金会员和250亿新元存款，公积金已成为新加坡国民储蓄的主要部分。

（2）邮政储蓄银行资金

新加坡邮政储蓄银行是政府所有企业，其存款约占该国的60%。截至1993年年末，拥有122个支行，总存款额达62.49亿新元，其中相当部分资金投资于住宅建设，是建屋发展局间接融资的途径。另外，还有来自住房金融市场20%的直接份额。

（3）国家住宅建设预算资金

建屋发展局住房建设的另一大部分资金来自于国家住宅预算资金，享受优厚补助，其中出租住房建设的贷款利率为7.75%，出售住房建设的贷款利率为6%，偿还期分别在10年与60年以上。该资金属基建贷款，是列入政府预算的。1975～1985年间，政府对建屋发展局的基建投资从7.18亿新元增加到38.55亿新元，分别占政府开发预算的33%和43%，同时政府用于弥补建屋发展局赤字的数额从600万新元增加到1.21亿新元。步入20世纪90年代后，用于组屋建设相关支出在新加坡政府发展支出占比有所降低，但仍处于重要地位，1990、1995、1999、2000占比分别为22.7%、10.7%、20.6%、15%，与教育、信息技术、贸易与产业等重要投入项相比，长期处于重要地位。这些从政府得到的补贴主要用于低收入家庭和部分中等收入家庭的购房补贴，主要原则是住房越小，补贴比例越高：三房式为44%，四房式为33%，五房式为27%，平均每套住房的补贴在3万新元左右。

（4）建房协会和金融公司的住宅资金

建房协会和金融公司大部分资金运用于住宅建设，仅1983年6月其住房建设贷款额高达10.35亿新元。

（5）其他银行住宅建设资金

除邮政储蓄银行外，1982年年末新加坡银行机构达118家，总资产约1020亿新元，1983年年末的存款达242.37亿新元，其中一定比例的资金运用于住宅建设投资，仅1983年6月住房贷款就达4.25亿新元。

2. 新加坡建立多元化投资体制的主要表现

（1）国家投资建设住宅

投资资金包括新加坡政府直接投资住宅建设的资金、国家提供的各种住宅补贴以及提供给个人或建屋发展局的信贷资金等。

（2）金融机构投资建设住宅

这主要是指邮政储蓄银行及其金融公司除直接投资建设住宅外，还为住宅建设提供大量的低利率贷款。

（3）企业投资建设住宅

这是指企业通过自筹资金或建屋发展局、邮政储蓄银行贷款，从事营利性或非营利性的住宅投资经营活动。这类企业主要是指住宅建设企业和其他房地产开发企业。另外，也有一些私人企业为本企业职工提供住宅补贴或住宅福利。

（4）个人投资建房或购房

这主要是指个人或家庭用自己的资金或贷款购买和建造住宅。这类投资一般不以盈利为目的，大部分是解决自有住房问题。

另外，还有合作建房及其他形式的投资建房，均为新加坡的住宅建设作出了贡献。

3. 物业管理资金的来源

管理资金是物业管理面临的最大难题之一，也是管理正常运行的基本保证。新加坡物业管理资金的主要来源有以下几个途径：

（1）政府津贴。组屋内的公共设施是城市公用设施的一部分，其正常运行和维护管理由国家建屋发展局承担。新加坡政府为实施安居乐业计划，每年在政府开发预算中划出一定资金作为住宅区管理的赤字补贴。

（2）建屋发展局在售屋及租屋的利润中留下一笔资金作为物业服务费用，保证管理正常进行。

（3）管理费。管理费主要取之于业主或租户，一般按单元收费。管理费一般由以下几个部分组成：

1）聘用管理员工的薪金及福利补贴等，占管理费总额的25%～40%；

2）机电设备、消防系统的维修与保养；

3）公共设施维修与保养；

4）组屋内清洁、保安及庭院绿化管理；

5）公共部位电费、水费、办公用品费等杂费；

6）建屋发展局下设的物业管理处（不指基层管理单位）出租商业中心、商务的租金收入及服务收入；

7）物业管理公司开展便民服务的收入等。

11.1.2 新加坡建屋发展局

新加坡建屋发展局于1960年2月成立，隶属于国家发展部。建屋发展局是根据新加坡《建屋与发展法令》组建的政府法定机构，其职能由《建屋与发展法令》《土地征用法令》和《拆置法令》等规定。新加坡建屋发展局行使公共住宅区的管理职能、政府组屋建设职能和住房分配职能，其宗旨是协助社区发展和提供标准、适合国民购买力的住房。具体任务是：制定住宅发展规划、计划及住宅法规、标准；征用土地，拆迁旧房；负责各住宅区、新市镇的详细规划；接受政府贷款，建造组屋；投资和管理基本建设项目；对外发包或承包工程；出售、出租房屋；管理住宅区，养护和维修房屋等。

建屋发展局的主席、副主席和6名委员由部长任命，下设行政与财务署、建设发展署、产业土地署、安置署和内部审计署。全国范围内设有36个地区办事处，每个办事处一般管理2～3个邻区单位（也称邻里单位，类似我国统称的"居住小区"），有1万～1.5万户。地区办事处在业务上接受建设发展署、产业土地署和内部审计署指导。建屋发展局共有1.3万名员工，属于国家公务员，其中大部分官员都具备很高的职业素质。

20世纪60年代中期开始，建屋发展局根据国家总规划，大力发展综合性新城——新市镇。每个新市镇有足够的商业区，公建配套齐全。一个新市镇的人口为15万～20万，由5～6个邻区组成。每个邻区由6～7个小区组成，每个小区包括7～8幢高层公寓。新市镇中心设有地铁站、公共汽车换乘站和商业中心。按邻区、小区分级组成住宅群，配置相应的公共服务设施。

建屋发展局作为政府发展商，在实施组屋的开发计划时，采取市场经济办法，例如，采用承包商注册登记、工程建设招标投标、施工现场派驻监理工程师进行监理等方式，保证了住宅的优良品质和低廉成本。

11.1.3　新加坡物业管理机构与管理内容

新加坡的物业管理范围很广，除购房和转销由建屋发展局负责外，其他业务都由物业管理公司办理。其业务范围包括：房屋维修与保养；机电（包括电梯、电器等）及消防设备（包括供水、供电系统）的养护维修；商业房屋（小贩中心、购物中心）的租赁与管理；出租住宅的租金支付与售房期款的收取；公共场所的出租服务与管理；小区停车场的管理；小区环境清洁的实施与管理；园艺及绿化管理；配合治安部门加强安保等。另外，还负责介绍居民劳动就业及其他方面的服务。

为了加强对组屋的管理，管理部门编写了《住户手册》《住户公约》和《防火须知》等，把搬进新居后的注意事项和有关知识详尽地告诉住户，明确住户的权利和义务及物业管理部门的权利和责任。

1. 对出售、出租的公共住宅内部装修的管理规定

在新加坡，政府出售的公共组屋室内一般不装修。住户可根据自己的经济能力和爱好自行装修，但有其严格规定。为减少装修对周围邻居的干扰，住户在领到钥匙之日起3个月内必须完成装修工程，且在此后3年内不得进行二次装修。住户装修住宅须向建屋发展局申请装修许可证后，方可由领有建屋发展局颁发的施工执照的承包商装修。工程装修完毕后，由住宅稽查员根据申请装修内容进行工程检查验证，并由住户向物业管理部门支付一笔建筑材料搬运和废物处理费。

为了保证建筑物的结构完整性和外观统一性以及保证安全，对室内装修内容又作了严格规定。例如，不得改变住宅主体结构；厨房和卫生间的磨石地坪和墙壁面砖在头3年内不准更换；不许改变窗户外观；阳台上不许装窗等。此外，对改装电线和电源开关等项目也有严格标准，要求必须符合电器操作规范和电器使用安全等规定。

政府规定所出售的公共组屋从领取房屋钥匙3日起保修一年。住户领取钥匙后限期提出缺损报告，保修期满后，室内设施的修理费由住户自己负责。物业管理部门负责住房的楼梯、电梯、走廊和屋顶等公共部位的维修和保养。

2. 组屋内公共设施的保养

（1）住宅楼的维修。建屋发展局规定每5年对整幢楼房的外墙、公共走廊、楼梯、屋顶及其他公共场所进行维修。

（2）电梯的保养与维修。所有住宅楼的电梯都由管理单位例行维修和经常检查，一旦电梯发生故障，乘客受困于电梯内，只要按响警铃，5min内电梯维修人员就会进行抢修。

（3）户内水、电、卫生设备的保养服务。建屋发展局设有"热线"电话，与各区物业管理单位保持联系，为居民提供24h服务。各物业管理单位都有维修车，以便及时赶到工作现场。当然，这类维修实行有偿服务。

（4）公共电视天线的管理。每幢住宅楼均设置公共电视天线，为住户服务，以保证取得良好的收视效果。

（5）公共住宅楼下旷地的管理。新加坡一般高层住宅楼的底层设有围护，是敞开的空间，叫作"楼下旷地"。它平日作为老人、儿童的活动场所，遇到居民需要举行婚丧喜事及其他庆祝活动时可以租用，但须向建屋发展局下设的管理部门申请准用证。

（6）停车场的管理。组屋的停车场都由组屋管理单位统一管理，并具备完善的制度。任何拥有车辆的住户必须向物业管理单位申请"停车季票"，每户只准申请一个停车位，建屋发展局的店铺租户、公共住宅租户和房主有优先获得"停车季票"的权利。夜间停车必须特别申请，并办理"夜间停车固本"。外来车辆一律执行按钟点收费。此外，停车场还提供洗车服务。

（7）垃圾的处理。为了确保小区整洁，避免有异味，全面推行垃圾袋装化。垃圾必须装入袋内，方可投入垃圾桶，并规定太大和太重的垃圾（箱子、瓶子）实行定期处理，直接送到垃圾站，不许投入垃圾桶。同时，还规定易燃、易爆、易碎物不准投入垃圾桶，以确保防火防爆安全。

3. 公共住宅的管理与维修服务

公共住宅的管理与维修服务都由建屋发展局负责提供，在其所属36个区办事处根据管理工作的需要下设若干个业务组，负责对所管辖的住宅进行管理。1988年5月，住宅管理进行机构调整，原由建屋发展局管理的公共住宅由新成立的市镇理事会接收。建屋发展局只扮演一个在发展与研究工作上提供支援性服务的角色。建屋发展局为市镇理事会提供电脑应用系统和24h紧急维修服务。电梯里装有自动拯救系统，此外还装有自动监测系统，侦察电梯失灵和被滥用的情况。

1988年5月，国会通过了成立市镇理事会的法令。市镇理事会负责管理公共住宅。市镇理事会管辖的地区以政治选区划分，可在单一选区或一组选区内施行。新加坡现有81个选区，23个市镇理事会。市镇理事会是一个法人组织，成员至少6位，最多30位。选区内国会议员为市镇理事会主席，其他成员由建屋发展局委派和选区内的住户选举产生。市镇理事会有严密和规范的组织机构与规章制度，主要职责是管制、管理、维持及改善管辖区内的公共产业，如组屋区的公共场地、商店、市场外组屋区内部的管理，业务上受建屋发展局的指导，但在实施管理中又具备相对的独立性，目的在于加强居民和政府的合作，让更多的居民参与该区的管理工作。市镇理事会的主要宗旨是：支持、配合、监督物业管理部门，做好住宅区管理；维护业主或住户的合法权益；对公共设施的兴建、更改、扩充、改善及房屋的维修等与业主或住户利益有关的事宜作出决策；开展各种有益于住户身心健康的活动。

根据新加坡的长远规划，居住在私人住宅的人口将达到全国总人口的30%。1968年，政府颁布了《地契分层法令》。据此，对共管式公寓和其他建筑物，私人业主都拥有个别的分层地契。每个单位的购买者对于共有产业都有分享权。法令规定分层单位业主必须依法组建管理理事会，其目的是更系统及有规划地负责大楼的保养与管理工作。管理机构设立管理基金及备用金。管理基金用于日常的开支，例如，清洁、保险、公用水电和保安等业主所应缴的费用，具体金额取决于业主所拥有产业的分享价值的高低。备用金则用于较大项目的维修及机械装置的更换。

无论是市镇理事会，还是私人住宅的管理理事会，都通过委托物业管理公司来负责日常打理。物业管理公司根据管理范围分设下列部门及人员：

（1）财务组，负责各类费用的收缴、各类计划与统计等，设财务监督员、出纳员、收租员、打字员、信差等。

（2）工程维修组，负责公共设施设备的维修、房屋的维修与工程预算、业主房屋装修的监督等，设有高级住宅稽查员、中级住宅稽查员、稽查员、电梯援救员、维修技工等。

（3）市场管理组，负责各类商业与文化娱乐场所的治安和消防安全、车辆的保管与管理等，设有高级管理员、市场监督员、停车场监督员、管理员等。

（4）环境清洁组，负责环境卫生，设有中级清洁管理工、清洁工头和清洁工人等。

（5）园艺组，负责园庭绿化，设有中级园艺员、园艺工头和园艺员等。

（6）服务组，负责综合代办服务、交通运输等，设有电话服务员、外勤人员等。

（7）文书组，负责行政管理、后勤工作等，设有公关助理、速记员、打字员、内勤人员等。

另外，物业管理公司还可根据所管辖区的具体情况设监督部门，以监督各类法规执行情况和接受住户的投诉，从而提高服务水平和管理水平。

新加坡的住房建设和居住区的管理充分体现了服务于人的宗旨。经过多年的努力，新加坡人在基本住房需求获得满足的同时，随着社会生活水平的提高，选择组屋的条件也提高了，他们要求更优良的设计和居住环境，大多数人等待购买更优良、更完善的组屋。为确保组屋的供求得到更好的分配，建屋发展局在1989年7月实施了订购组屋制度，这个制度按照组屋的需求量来兴建新组屋，同时为了缩小新旧组屋间的条件差距，政府通过建屋发展局进行了一项长期的旧屋翻新计划，以便使它们能够更接近新组屋的水平。

11. 2　美国的物业管理

美国的物业管理法规制度比较系统，组织机构稳定，从业人员数量可观、素质较高。这与美国房地产业在整个国民经济中所占的重要地位是密不可分的，美国房地产业总值占国民生产总值的10%～15%，全国2/3的有形资产是房地产，其中土地占30.2%，房产约占50%，房地产投资占美国私人投资的一半以上，其中绝大部分是住宅投资。全国约有100万人从事与房地产业有关的工作，包括物业管理工作。

11. 2. 1　美国物业管理从业人员资格及其培训

1. 物业经理的职位层次

美国物业经理职位分为以下三个层次：

（1）物业管理的最高层次为资产经理（Asset Manager），主要负责地区物业发展战略规划，进行市场调研，确定物业的投资方式。

（2）中间层次的物业经理（Property Manager），主要负责联系相关代理商，拟定物业财务报表，做广告、物业招租等。

（3）最低层次的是楼宇经理（Site/Building Manager），相当于酒店里的住店经理，负责楼宇的日常管理工作，但一般不与小业主或租户发生联系。

目前美国物业管理经理三个层次的界限逐渐形成两个层次，即资产经理与物业经理逐渐合二为一，而物业经理的一部分职能也逐渐转由楼宇经理负责。

2. 物业管理从业人员资格认定与培训

美国物业管理从业人员资格认定，主要由全美物业管理协会进行。目前，美国有三种资质的认定：注册物业管理经理、合格楼宇经理和合格管理公司。

（1）注册物业管理经理（Certified Property Manager，CPM）

注册物业管理经理主要是指管理大型居住、商业、零售、工业物业或者综合物业，并且对管理的物业具有成效的负责管理者。

1）申请成为CPM候选人，其条件是：

① 提交CPM候选人申请，一般申请费用为几百美元，并不予退还；

② 有高中毕业证书并且已到法定年龄；

③ 申请时正在从事物业管理行业，并且至少有12个月合格的物业管理经历；

④ 持有物业管理许可并提交复印件，没有许可的要提交未被要求持有的原因；

⑤ 同意物业管理经理职业道德规程；

⑥ 取得全美物业管理协会（Institute of Real Estate Management，IREM）当地分会的同意。

被批准成为CPM候选人，须在1～10年间达到所有要求才能被批准成为CPM成员。

2）CPM的注册。当从CPM候选人批准成为CPM正式成员后，还必须达到IREM的要求，才能成功进行注册。IREM采取计算分数的方法来注册CPM。IREM要求成为CPM总共需要260分。其中，160分为规定分，100分为可选分，并还应满足其他要求。以下是IREM为获得CPM分值的八个方面：

① 经过IREM物业管理课程培训（至少取得30规定分，等于100可选分）；

② 取得CPM证书考试合格（30规定分）；

③ 撰写一份物业管理计划论文（20规定分）；

④ 道德考评（20规定分）；

⑤ 职业经历要求（60规定分，等于100可选分）；

⑥ 正规大学教育（90可选分），大学学位：可获得70分；大学课程：17门特定学科中任意学科的每门课程5分，每科一门；

⑦ 其他继续教育（等于100可选分）；

⑧ 其他职衔（20可选分）。候选人拥有任何一项认可的房地产职衔，如国际注册商业房地产投资师（Certified Commercial Investment Member，CCIM），就可获得20可选分。

（2）合格楼宇经理（Accredited Residential Manager，ARM）

合格楼宇经理主要是指管理一些住宅物业，如受政府补助的中低收入者居住的公寓、私房业主的活动或共管协会（相当于我国的业主委员会）、独立家庭住宅或活动住宅庭院，并且主要负责场所管理的管理者。

1）申请成为ARM候选人，其条件是：

① 提出ARM申请，并交一定的申请程序费；

② 作为ARM申请者，候选人可以保留申请资格5年，在此期间内须达到所有要求才能被批准具有ARM资格。

2）成为ARM要满足以下四个条件：

① IREM教育。候选人需要至少5分的IREM课程分数；

② 所有ARM候选人应通过一次考试以获得ARM职衔，这些考试的项目有：维护运营、营销与出租、合法与风险管理、人力资源管理、金融操作、道德等；

③ 遵守职业道德。ARM候选人需要承诺遵守合格楼宇经理的职业道德；

④ 经历。ARM候选人需要至少符合以下两项经历要求：最低住宅管理要求；不同住宅类型的最低组合。

（3）合格管理公司（Accredited Manager Organization，AMO）

合格管理公司主要是指房地产管理公司，或是房地产公司中的物业管理部门。

1）成为AMO的第一步是提出申请，并交一定的申请程序费。

2）如果符合以下标准，候选公司便可成为AMO：

① 有一位执行CPM负责。如果候选公司有一位CPM负责房地产经营管理，且在申请AMO程序前该人已在此职位上至少180天，则候选公司符合要求，该人

系候选公司的执行CPM；

②完成IREM教育。候选公司的执行CPM应成功完成特定的IREM课程，以达到AMO的教育要求；设定这些执行课程用于增加有工作经验的物业经理的技能且内含提高决策能力的范畴；

③道德要求。拥有AMO头衔的公司必须对遵照道德规章作出职业承诺，该规章由IREM严格执行；申请AMO程序，候选公司及所有雇员需要承诺遵守AMO的职业道德；

④商业稳定性。为展示相关经验与商业稳定性，在申请AMO程序前，候选公司需要已从事房地产管理行业3年，在此期间候选公司的经历有一定的限制：至多一次名称变更；一次或少于一次50%的公司股权和所有权变更；

⑤保险保证。候选公司必须满足最低保险要求，即一项保险契约覆盖公司全部雇员和业主，数值上等于公司月毛收入的至少10%，最低价值10000美元及最高价值500000美元；

⑥运营与金融标准。要证明候选公司有高水准的经营与金融，申请AMO程序时应出具一张不受限制的银行存款支票；另外，候选公司管理用的表格，包括给业主的收支财务报表以及一份关于公司业务与服务的简要介绍，均应提交作为申请程序的一部分；

⑦分办事处名单。AMO证书应用于公司的主要办事处和公司每一个运作业务的分办事处，在候选公司的AMO申请表上应提供候选公司所有分办事处的清单；

⑧其他标准。

11.2.2 全美物业管理协会

1. 全美物业管理协会所确定的基本物业管理功能

（1）代理业主对物业进行经营；

（2）财务计划和报表；

（3）客户沟通交流；

（4）最大出租率；

（5）合法经营；

（6）维修保养。

2. 全美物业管理协会所确定的物业管理流程

（1）了解客户的各种需求和期望；

（2）了解业主提供的情况；

（3）制订与客户期望保持一致的计划、文件和方案；

（4）实施有关策略；

（5）所有文字协议的签订须和业主与租客进行沟通；

（6）提供超值的服务，在客户没有想到之前的服务；

（7）征集及反馈意见；

（8）改善服务。

11.2.3 美国物业管理的特点

近年来，美国物业管理发展有所变化，特别是物业管理组织机构功能的变化。过去物业管理工作看重的是最大出租率，而现在看重的则是增加和创造利润。管理组织也从简单功能的组织向以顾客为中心的多元服务组织方向发展。投资管理模式从固定资产管理模式向企业资产管理方向发展，管理人员从物业管理人向首席执行官发展。

总体来看，美国物业管理呈现以下特点：

（1）物业管理边界在法律上（往往是通过合同和公约来界定）和物理外观上十分清晰。

（2）实际工作中，服务的量化指标尽量变小，减少纠纷。例如，有些城市城区独立住宅的垃圾清运由政府负责，但政府的垃圾清运不能够承受大量无序的垃圾，因此政府规定每次清运只负责两袋垃圾。若住户由于特殊原因垃圾增加较多，可以购买特殊标记贴于多余垃圾袋上，政府聘请的清洁公司才能清运。

（3）物业管理的专业化水平高。物业管理公司只负责管理的有关职责，管理中的服务行为一般由相应的专业公司负责。例如，除草公司、清洁公司、绿化公司等。

（4）地方化的财政政策对政府和私人在物业上的关系起到积极的协调作用。特别是物业税的征收，对地方政府财政的支持起到非常大的支撑作用，同时政府又将大量的财政收入投入市政建设和城市管理中，干净的街道、良好的治安、优雅的风景又反过来提高了城市的整体居住环境和物业的价值。

11.3 英国的物业管理

11.3.1 英国住房建设和分配制度

从1980年到现在，英国各地区地方政府将150万套房屋出售给了个人，70%的英国人拥有了自己的住房，其中在英格兰这一比例达70%，在威尔士达到了73%，在苏格兰为64%，在北爱尔兰为75%。一项调查表明，90%的英国人希望拥有一套有产权的住房。政府将公有房屋出售给个人，价格低于市场价格，给了租户很多优惠，促进了住房制度的改革。

11.3.2 英国物业管理的类型

英国的房屋类型决定了其物业管理的类型。一般来讲，非住宅（商业楼宇）的管理模式和我国差不多，管理的重点也是房屋及设施设备管理，包括设备的日常运行、维修和改造等。物业管理服务内容和标准通过物业管理委托合同约定，管理费用也大多采用酬金制。

英国的住宅物业管理模式和我国有很大不同，相对来说要简单，因为大部分人住在独立式别墅或联排别墅里，别墅之间的道路、绿地及各种市政管线、设施均由政府部门维护管理，业主需每年缴纳物业税。例如，一套建筑面积200m²左右的别墅，一年的物业税大约1600英镑，相当于一般职工年工资（年工资36000英镑）的4.4%，这是完全可以承受的。业主房屋本身的维修管理，则由业主自行选择物业管理公司来负责。当然，业主也可以自己做一些零星维修的活，因为在英国，水、电零星维修的人工费是非常贵的，基本上是每半小时50英镑。由于房屋互不相连，维修及管理服务都非常简单，社区关系也非常简单，很少产生邻里纠纷和共同事务的处理。

除了别墅外，还有少量的人住在高层楼房里，但是这些住宅区规模都较小，一般一栋楼为一个物业服务区域。这样的楼房一般由私人开发商建设，物业管理也分为前期物业管理和正常期物业管理。前期物业管理由开发商选定一家物业管理公司，开发商在出售房屋时会制定一个公约，公约中明确物业管理公司的名称，物业管理服务的内容、标准和服务收费，包括建设单位、物业管理公司和业主三方各自的权利义务关系，购房人要对此予以认可。业主入住以后，可以成立业主委员会，业主委员会对开发商选择的物业管理公司不满意的，可以解聘，自行选择满意的物业管理公司。

住宅区的物业收费一般也采用酬金制，每年预定一个固定的数目，包括清洁、保安、房屋维修等服务成本及物业管理公司的酬金。当然，账目是需要向业主公开的，业主可随时随地到税务部门去查询。对于小规模的楼宇，业主也许会直接选择一个房屋经理，负责管理房屋事务，这样对业主来讲会节约一些费用。

关于业主的决策机制问题则是通过召开业主大会来决定重大事务。例如，对楼宇公共部位的维修问题——到底该不该修？如何修？由所有受益业主共同协商决定。若达不成一致意见，则任何一个业主都可向政府主管部门申请政府裁决，政府主管部门接到申请后进行实地勘察，认为房屋存在安全隐患必须维修的，会责令全体业主限期达成一致意见，达不成一致意见的，政府主管部门会组织专业单位维修，维修费用由全体业主分摊，并在维修费用的基础上加收30%，此举在于督促业主自行达成一致意见。

11.3.3 英国皇家特许屋宇经理学会

在英国，政府对从事物业管理服务的企业和个人没有特别的限制，但有一个半官方的非营利性组织，即英国皇家特许屋宇经理学会（Chartered Institute of Housing，CIH），在物业管理服务行业非常有权威性，专门负责物业管理服务从业人员的培训和交流。该组织不受政治派别所左右，其宗旨在于提高房屋管理的科学性和艺术性。该学会成立于19世纪中叶，是一个只接受个人会员的组织，目前会员有18000多人，大部分会员在英国，我国香港地区有2000多名会员。该学会的经济来源主要靠会员会费和提供各种诸如培训服务所收取的费用，如有盈利归组织全体成员所有。学会的管理机构是理事会，理事由在行业里有名望的人担任，共31人。学会总部设在英国考文垂市（Coventry），总部设有专业发展部、联合服务部、政策部、培训教育部、企业事务及秘书部等，在英国很多地区及亚太地区设有分会。虽然加入学会并非是强制性的，但是一旦成为会员，受聘于物业管理公司或业主的机会就比较大。因此，要在英国从事物业管理，加入该学会非常必要，学会在行业里的地位非常高，可以代表全行业与政府就有关问题进行谈判。

加入该学会的条件是：直接从事房屋维修和服务的从业者，或者3年全职大学生或5年半脱产大学生，并且有一年的实践经验，就可以申请加入学会。应该说，入会门槛并不高。但加入学会以后，学会对会员提供的服务是非常多的，主要的服务是培训，通过培训传授专业知识，提高竞争能力，从而更好地为雇主服务。每年分会对会员都进行培训，总部每年还会召开一个全球性的年会。培训的内容包括房屋政策、实际操作经验、房地产金融知识等。学会平时给会员提供的服务包括各种各样的专题培训，还发放学会杂志周刊、月刊等。

11.3.4 英国住房管理注册学院

CIH最具特色的就是各种形式的、针对不同人群的培训课程。CIH下属的住房管理注册学院（CPD）是一所在住房管理领域内提供卓越的专业培训及专业学习的学院。无论是想要深造的个人，或是需要学习新政策的公司员工，或正在重组公司的人员，学院都能够提供量身定做的系列培训以符合需求，也可为业主或一线管理员工提供远程学习课程。

学习可以通过两种方式：一种是在遍布英格兰、威尔士、苏格兰和北爱尔兰的学院以职工脱产形式学习；另一种是以远程学习方式进行CIH资格认证的学习。具体来讲，培训方式有以下几种。

1. CIH的A级会员

成为CIH的A级会员可以享受：以会员价购买专业用书如报告等；有权从本地进入CIH网络；有权了解免费的政策信息及建议；以会员价格参加CIH培训、研讨会及会议；有权使用全部住房管理教育问题的建议书以及实践培训及职业信息和提供时事通信电子周刊，以保证学员掌握最新专业动态；提供住房管理资料及住房管理内部刊物。

2. 二级认证课程设计

二级认证课程设计可满足以下人群需求：现在并未从事住房管理行业，但考虑将来应聘住房管理相关职位的人士；希望了解住房知识的业主；加入住房管理行业的新人，希望提升对于住房管理的整体认识；在住房管理相关领域内工作的人士。二级认证相当于GCSE（A～C级），GCSE（General Certificate of

Secondary Education）是普通中等教育证书。

3. 三级认证课程设计

三级认证课程设计可满足以下人群需求：住房管理领域内的专业人士，如工程管理与维护人员；希望参与住房管理服务的业主；希望获取专业技能的一线住房管理工作者。三级认证须完成的课程有：房屋及设施设备管理与维护；可持续发展社区；看护及门房服务等。完成三级住房管理资格认证可成为CIH合作会员，在名字后面可使用CertCIH的缩写以证明专业身份。

4. 四级认证课程设计

四级认证课程设计可满足以下人群需求：希望在企业内达到管理层职位的人士；希望在支持性住房管理、学生宿舍管理或普通住宅管理领域内获得高级技能的人士；希望完成CIH专业资格认证第一部分的人士。在一年内，可以完成四级住房管理资格认证，包括：支持性住房管理；学生宿舍管理；普通住宅管理。完成四级资格认证可成为CIH的合作会员，并可以在名字后加上CertCIH的缩写以证明专业身份。

5. 远程教育

CIH建有远程教育中心，帮助学员在不方便脱产学习的情况下进行远程学习。远程教育中心每年3月和9月招生，并设有三级和四级全部课程。远程教育是一种灵活机动的学习方式，它可在工作之余及时对专业技能进行充电，以扩大个人职业前景。在无法选择脱产学习时，远程教育可提供一个获取专业资格认证的学习机会。当开始课程学时，学院将设定固定的指导日期，批改学员的作业并给予反馈意见。

另外，学员通过学习取得的CIH职业资格也是国家认可的职业资格认证，在竞争激烈的雇佣市场可帮助个人在申请职位时凸显优势。

本 章 小 结

新加坡物业管理资金的来源主要有以下途径：政府津贴，建屋发展局在售屋、租屋的利润留存资金，管理费。

新加坡的物业管理主要涉及对出售、出租公共住宅内部装修的管理规定、组屋内公共设施的保养、公共住宅的管理与维修服务。

美国物业经理职位分为以下三个层次，由低到高分别为楼宇经理、物业经理、资产经理；有三种涉及物业管理资质的认定：注册物业管理经理、合格楼宇经理、合格管理公司。

英国皇家特许屋宇经理学会在物业管理服务行业非常有权威性，专门负责物业管理服务从业人员的培训和交流。加入该学会的条件是：直接从事房屋维修和服务的从业者，或者3年全职大学生或5年半脱产大学生，并且有一年的实践经验，就可以申请加入学会。

复习思考题

1. 新加坡的物业管理有哪些主要内容?
2. 美国和英国的物业管理各有哪些特点?

参 考 文 献

［1］季如进. 物业管理［M］. 北京：首都经济贸易大学出版社，2008.

［2］陈德豪等. 高等学校物业管理本科指导性专业规范［S］. 北京：中国建筑工业出版社，2016.

［3］季如进. 物业经营管理［M］. 北京：中国市场出版社，2014.

［4］周心怡等. 物业管理实务［M］. 北京：中国市场出版社，2014.

［5］陈伟等. 物业管理基本制度与政策［M］. 北京：中国市场出版社，2014.

［6］陈德豪等. 物业管理综合能力［M］. 北京：中国市场出版社，2014.

［7］陈华彬. 现代建筑区分所有权制度研究［M］. 北京：法律出版社，1995.

［8］中国物业管理行业协会. 全国物业管理行业发展报告［R］，2018.

［9］缪悦. 物业管理招投标［M］. 北京：中国建筑工业出版社，2017.

［10］曹吉鸣，刘亮. 设施管理［M］. 北京：中国建筑工业出版社，2017.

［11］丁云飞等. 物业设施设备工程［M］. 北京：中国建筑工业出版社，2017.

［12］陈德豪等. 物业经营管理［M］. 北京：中国建筑工业出版社，2020.

［13］王青兰等. 物业管理理论与实务［M］. 北京：高等教育出版社，2018.

［14］杨一涵. 物业管理行业空间进一步打开［J］. 中国房地产，2021（5）：64-69.

［15］熊德琼. 物业质量管理体系实施中的难点及其对策探讨［J］. 企业改革与管理，2020（15）：42-44.

［16］孙锐. 住宅小区消防安全管理存在的问题及对策［R］. 2015中国消防协会科学技术年会论文集，2015.

［17］李聪.《民法典》对物业管理行业发展的影响［J］. 住宅与房地产，2020（19）：17-19.

［18］法律出版社法律应用中心.《中华人民共和国民法典》（实用问题版）［M］. 北京：法律出版社，2020.

［19］李宇嘉. 从疫情防控看社区治理和物业管理［J］. 中国房地产，2020，（13）：16-19.

［20］李欣钰. 包干制与酬金制下物业管理企业会计实务探究［J］. 财会学习，2021（19）：107-109.

［21］刘亚赛，孙爱华，刘秀秀. 疫情防控常态化下物业服务企业的应对措施研究［J］. 城市开发，2021（19）：68-69.

［22］中华人民共和国中央人民政府."智慧物业"搭起生活服务圈［EB/OL］.［2022-4-18］. http://www.gov.cn/xinwen/2021-02/01/content_5584060.htm.